Deininger · Helmut Remmler

Liebe
und Leidenschaft
in Mozarts
Opern

Bernd Deininger · Helmut Remmler

Liebe und Leidenschaft in Mozarts Opern

Eine psychologische Deutung

Kösel

ISBN 3-466-34432-8
© 2000 by Kösel-Verlag GmbH & Co., München
Printed in Germany. Alle Rechte vorbehalten
Lektorat: Petra Kunze, München
Druck und Bindung: Kösel, Kempten
Fotos: AKG, Berlin (S. 2, 22); AKG/Horst Maack (S. 60);
Claus Felix, Nürnberg (S. 136); AKG/Marion Kalter (Umschlag
und S. 172); Privatarchiv (Autorenfotos)
Umschlaggestaltung: Kaselow Design, München

1 2 3 4 5 · 04 03 02 01 00

*Gedruckt auf umweltfreundlich hergestelltem Werkdruckpapier
(säurefrei und chlorfrei gebleicht)*

Inhalt

Vorwort

Die Idee zu dem hier vorliegenden Buch reicht schon einige Jahre zurück. Helmut Remmler hat etwa ab Anfang der 80er Jahre, beginnend bei den Lindauer Psychotherapiewochen und später auf vielen psychotherapeutischen Fachkongressen, aber auch in Bildungszentren, Vorträge über Opern gehalten, wobei er eine Kombination zwischen einem Gespräch, dem Spiel auf dem Klavier und dem Vorführen eines Films wählte. Vielen Psychotherapeuten, die in den letzten zwanzig Jahren die Lindauer Psychotherapiewochen besucht haben, ist deshalb Helmut Remmler mit seinen Vorträgen, insbesondere über die Mozart-Opern, bekannt. Mich selbst verband eine tiefe Freundschaft mit ihm, und etwa ein Jahr vor seinem Tod tauchte dann die Frage auf, ob nicht auch einmal eine Publikation aus den Vorträgen entstehen könnte. Dieser Wunsch wurde auch des Öfteren an Helmut Remmler im Anschluss an seine Vorträge herangetragen.

Zwei Monate vor seinem Tod hielt er in Nürnberg im Juni 1997 in der Reihe »Nürnberger Gespräch«, die ich zusammen mit meiner Frau begründet habe, einen Vortrag über Verdis Oper *Otello*. Im Anschluss daran fragte er mich, ob ich nicht bereit sei, aus seinen Vortragsmanuskripten ein Buch zu machen. Leider hat Helmut Remmler nicht mehr erleben dürfen, dass das Buch zustande kam. Auch konnte er den langen Weg von seinen Vorträgen bis hin zum fertigen Buch nicht mehr mit mir gehen. Da sich Helmut Remmler für die Verbreitung von Mozart-Opern und deren tiefenpsychologische Deutung sehr verdient gemacht hat, soll dieses Buch an ihn erinnern und sein Andenken bewahren.

Mein besonderer Dank gilt seiner Ehefrau Ute Remmler, die mir in großzügiger Weise seine Vortragsmanuskripte und viele Bücher zur Verfügung gestellt hat. Darüber hinaus fühle ich mich meiner Frau Birgitta zu tiefem Dank verpflichtet. Sie hat mich immer wieder in vielen Gesprächen ermutigt, das Buch zu schreiben, mir viele meiner Zweifel genommen und mich mit ihren kritischen Fragen und Hinweisen begleitet. Daneben stand mir noch mein Freund Dieter Meier mit ermunternden Worten und seinem psychoanalytischen Rat zur Seite. Weiter gilt mein Dank den Freunden aus dem Bereich der Musik. Hier seien Rainer Bartke, Cellist am Nürnberger Opernhaus, und Willem Wentzel, Kapellmeister an der Staatsoper Stuttgart, genannt, die mir mit ihrem sachkundigen Musikverständnis, insbesondere bei der Oper *Die Entführung aus dem Serail*, hilfreich zur Seite standen. Zu danken habe ich auch Renate Werner-Schatz, die mit unermüdlichem Fleiß und Eifer die oft schwierigen Manuskripte in die schriftliche Form brachte, und Petra Kunze für die Bearbeitung des Textes. Einen wesentlichen Beitrag zu dem Entstehen dieses Buches trug auch der Kösel-Verlag mit seiner Lektorin Ulrike Reverey bei. Ihr ist es zu verdanken, dass das Buch in der jetzigen Form vorliegt.

Wenn Sie es nun zur Hand nehmen, lohnt es sich, die vier Opern einzeln zu betrachten. Vielleicht haben Sie auch Lust, die passende CD dazu aufzulegen, so dass Sie die Oper lesend und hörend und gegebenenfalls bei einem Glas Wein vollends genießen können.

Ich wünsche allen Leserinnen und Lesern, dass sie viel Freude beim Hören und Verstehen der Mozart-Opern haben, die in diesem Buch besprochen sind, und dass vielleicht beim nächsten Theaterbesuch sich ihnen die Opern in neuer Weise erschließen werden.

Nürnberg, im Juli 2000   *Bernd Deininger*

Einführung

Die Kunstform der Oper hat sich im 18. Jahrhundert verstärkt entwickelt und befand sich ganz in italienischer Hand. Die beiden vorherrschenden Gattungen, in denen die Oper eine weite Verbreitung fand, waren die »Opera seria« und die »Opera buffa«, also die ernste und die komische Oper, die fast ausschließlich in italienischer Sprache aufgeführt wurden. Erst in der zweiten Hälfte des 18. Jahrhunderts entwickelte sich zuerst in Frankreich eine so genannte französische Nationaloper, die auch in französischer Sprache geschrieben wurde. Es gelang aber dennoch nicht, den Einfluss der Italiener zurückzudrängen. Vielmehr existierten beide Operntypen mit unterschiedlichem Schwerpunkt nebeneinander. Auch im deutschsprachigen Raum wurden immer wieder Versuche unternommen, Opern in deutscher Sprache ins Theater zu bringen, mit wenig Erfolg, denn die italienische Oper ließ sich auch in Deutschland nicht verdrängen. Ein Opernkomponist, der im 18. Jahrhundert über seine regionalen Grenzen hinaus bekannt werden wollte, musste zwangsläufig in italienischer Sprache schreiben. Lediglich Christoph Willibald Gluck (1714–1787) schaffte es, in den 70er Jahren des 18. Jahrhunderts in Paris auch eine Oper in französischer Sprache zu schreiben; im Großen und Ganzen aber reihte er sich auch in die Vielzahl der italienisch textenden Komponisten ein.

In der italienischen Opera seria ging es primär darum, Handlungen, die auf historischen Begebenheiten aus der Antike beruhten, in veränderter Form auf die Bühne zu bringen und die Stellung des Adels und der Herrscherfiguren zu festigen. Einer der führenden Librettisten der damaligen Zeit war Pietro Metastasio (1698–1782), der es in ganz hervorragender Weise verstand, antike Texte so umzuformen, dass die Fürsten und Herzöge als standhaft und treu, und mit einer grandiosen Großmut ausgestattet, präsentiert wurden.

Von den großen Opern Mozarts, die er in seinem letzten Lebensjahrzehnt komponierte, gehören zwei der so genannten ernsten Gattung, also der Opera seria, an. Dabei handelt es sich zum einen um die Oper *Idomeneo* und zum anderen um die erst 1791 kurz vor seinem Tod entstandene Oper *La clemenza di Tito*. Diese Oper hat Mozart anlässlich der Krönung Leopolds II. in Prag komponiert.

In diesen beiden so genannten ernsten Opern Mozarts geht es auch darum, die Herrschenden in ein positives Licht zu setzen. Göttlich-fürstliche Verärgerung und Unmut wandeln sich am Ende zu Besänftigung und Großmut. Die ernste Gattung zeigt fast immer das herrschende gesellschaftliche System auf. Sie beschreibt die Auseinandersetzung zwischen zwei Ständen, einem oberen und einem unteren, dem Herrscher und dem Volk. In der Opera buffa hingegen, also in der komischen, der lustigen Oper, geht es jedoch nur mehr um einen einzigen Stand, um den Menschen an sich. Auch wenn z.B. in der Oper *Figaros Hochzeit* oder im *Don Giovanni* noch von unterschiedlichen Ständen die Rede ist, so wird am Ende doch die Gleichheit unter Freien zum Hauptthema gemacht. Zuletzt werden in diesen Opern fast immer Stände und Privilegien aufgehoben, und im Vordergrund steht die Versöhnung, das Glück, so dass die beschriebenen Figuren der Oper schließlich an ihr Ziel kommen. Selbst im *Don Gio-*

11

vanni ist dies so, obgleich dieser am Ende ja verschlungen wird. Don Giovanni suchte unbewusst den Tod, da er sich nur auf diese Weise identisch mit sich erlebte.

Die italienische Opera buffa, der alle im vorliegenden Buch behandelten Opern Mozarts angehören, hatte in der damaligen Zeit vordergründig auch die Funktion, bestimmte menschliche Schwächen, z.B. in *Cosi fan tutte* den Unglauben, im *Don Giovanni* die Wolllust und in der *Zauberflöte* das Unwahrhaftige, zu karikieren. Die Ursachen dieser so genannten menschlichen Schwächen fußen aber, wie wir dies heute wissen, immer auch auf entwicklungspsychologischen Aspekten, wie sie im vorliegenden Buch dargestellt werden sollen.

Die Mitwirkenden der frühen Buffa-Opern waren meist dem Mittelstand oder dem Dienstbotenmilieu entnommen. Erst zum Ende des 18. Jahrhunderts hin vermischten sich unterschiedliche soziale Gruppen (so ging auch der Adel in die Buffa-Oper ein), was zur Folge hatte, dass sich die gewohnten Trennlinien zwischen Volk und Adel zunehmend aufhoben. Diese Vermischung der verschiedenen sozialen Gruppen auf der Bühne war eine wesentliche Leistung der Opera buffa.

Mozart hat in seinen Buffa-Opern häufig Personen aus der oberen Schicht so dargestellt, dass sie wissentlich oder unwissentlich ein nicht mehr ihrer sozialen Stellung entsprechendes Verhalten gezeigt haben. Der Herr, wie in *Figaros Hochzeit* oder im *Don Giovanni* zu sehen, verliebt sich in eine Frau, die sozial unter ihm steht, und träumt sie sich als Partnerin, zumindest zeitweise, ohne sich dafür rechtfertigen zu müssen.

Die Opera seria zeigte einen sehr starren, einfachen Aufbau. Es wechselten sich so genannte Secco-Rezitative und Da-Capo-Arien gegenseitig ab, und die Sänger hatten je nach ihrer Bedeutung in der Oper vier bis fünf Arien zu singen, in den eher unwichtigeren Nebenrollen manchmal nur eine. In den Da-

Capo-Arien konnte der Sänger oder die Sängerin seine oder ihre Technik vorführen und die gesangliche Leistung entsprechend würdigen lassen. In der Opera buffa hingegen trat neben den einzelnen Solisten mit ihren Arien immer auch ein Ensemble auf. Insbesondere bei den Aktschlüssen, den so genannten Finale, traten die unterschiedlichen Darsteller gemeinsam auf und sangen in Duetten und Terzetten durcheinander. Den Typus des Handlungsfinales führte der venezianische Dramatiker und Librettist Carlo Goldoni (1707–1793) ein. Das Auftreten von Ensembles führte zu einer Lockerung und zu einer Bereicherung der Opernmusik. Dies hatte zur Folge, dass am Ende des 18. Jahrhunderts die Opera seria zunehmend an Bedeutung verlor. Mozart wuchs genau in diese Zeit hinein, in der in der Operngeschichte dieser Umbruch von der Opera seria zur Opera buffa stattfand. Er nahm deshalb die Gelegenheit wahr und schuf sowohl die größten italienischen Opern des ausgehenden 18. Jahrhunderts als auch die ersten wirklichen Meisteropern in deutscher Sprache.

Über die Entstehung der Opern gibt es meist nur spärliche Informationen. Fest steht aber, dass Mozart sehr kritisch und gezielt die Texte ausgewählt hat, zu denen er die Musik komponierte. Auch dies war für die damalige Zeit etwas Neues, da, wie gesagt, insbesondere in der Opera seria die Handlung und die Texte nur eine untergeordnete Rolle spielten. Wie wir aus den Memoiren von Lorenzo da Ponte wissen, hat Mozart ganz besonders auch die Wahl des Don-Giovanni-Sujets getroffen, das ihm von der Prager Operngesellschaft in Form eines Librettos von Giovanni Bertati vorgeschlagen worden war.

Dies bedeutete, dass Mozart auch gegenüber der klassischen italienischen Opera buffa einen weiteren Schritt nach vorne machte. Er schaffte durch die Einbeziehung des Textes in seine Musik eine wesentliche Weiterentwicklung, die am Ende in der *Zauberflöte* ihren höchsten Ausdruck findet. Sicherlich ist die

Zauberflöte im Grunde zwar ein Erzeugnis des volkstümlichen Wiener Theaters, in dem sich eine Mischung aus theatralischer Feierlichkeit und österreichischem Humor findet. In den Finale der *Zauberflöte* aber entwickelt Mozart den Stil der italienischen Komödie weiter.

Es gelang ihm, in seinen großen Opern die musikdramatischen Konzepte der Opera buffa, durch die er sich sicherlich sehr eingeengt fühlte, hinter sich zu lassen und die Figuren und Personen so zu zeichnen, dass sie für uns heute, insbesondere auch aus tiefenpsychologischer Sicht, noch eine wichtige Bedeutung haben.

Aus Goethes *Gesprächen mit Eckermann* am 11. März 1832, also elf Tage vor Goethes Tod:

»Das Gespräch wendete sich auf große Menschen, die vor Christus gelebt unter Chinesen, Indern, Persern und Griechen und daß die Kraft Gottes in ihnen ebenso wirksam gewesen, als in einigen großen Juden des Alten Testaments. Auch kamen wir auf die Frage: Wie es mit Gottes Wirkungen stehe in großen Naturen der jetzigen Welt, in der wir leben?«

»Wenn man die Leute reden hört«, sagte Goethe, »so sollte man fast glauben, sie seien der Meinung, Gott habe sich seit jener Zeit ganz in die Stille zurückgezogen, und der Mensch wäre jetzt auf ganz eigene Füße gestellt und müsse sehen, wie er ohne Gott und sein tägliches unsichtbares Anhauchen zurechtkomme. In religiösen und moralischen Dingen gibt man noch allenfalls eine göttliche Entwicklung zu, allein in Dingen der Wissenschaft und der Künste glaubt man, es sei lauter Irdisches und nichts mehr weiter als ein Produkt rein menschlicher Kräfte.

Versuche es aber doch nur einer und bringe mit menschlichem Wollen und menschlichen Kräften etwas hervor, das den Schöpfungen, die den Namen Mozart, Raphael oder Shakespeare tragen, sich an die Seite setzen läßt. Ich weiß recht wohl, daß diese drei Edlen keineswegs die einzigen sind, und daß in allen Gebieten der Kunst eine Unzahl trefflicher Geister gewirkt hat, die vollkommen so Gutes hervorgebracht als jene Genannten. Allein, waren sie so groß als jene, so überragten sie die gewöhnliche Menschennatur in ebendem Verhältnis und waren ebenso gottbegabt wie jene.

Und überall, was ist es und was soll es? – Gott hat sich nach den bekannten imaginierten sechs Schöpfungstagen keineswegs zur Ruhe begeben, vielmehr ist er noch fortwährend wirksam, wie am ersten. Diese plumpe Welt aus einfachen Elementen zusammenzusetzen und sie jahraus, jahrein in den Strahlen der Sonne rollen zu lassen, hätte ihm sicher wenig Spaß gemacht, wenn er nicht den Plan gehabt hätte, sich auf dieser materiellen Unterlage eine Pflanzschule für eine Welt von Geistern zu gründen. So ist er nun fortwährend in höheren Naturen wirksam, um die Geringeren heranzuziehen.«

Goethe drückt hier beispielhaft aus, dass die großen Genies der Kunst die menschliche Geschichte säumen und in einer ganz besonderen Beziehung zur göttlichen Schöpfung stehen. Menschen wie Mozart, Raphael oder Shakespeare haben in der kurzen Zeit ihres Daseins der Welt einen Reichtum an Kultur geschenkt, der vielen Menschen über Jahrhunderte, möglicherweise sogar über Jahrtausende hinweg geistige Nahrung gibt. In gewisser Weise erfüllen diese genialen Menschen dieselben Aufgaben, die in vorgeschichtlicher Zeit Menschheitsführern und Kulturbegründern zukamen und die von den alten Völkern als Heroen oder halbgöttliche Wesen verehrt wurden.

Mehr als in jeder anderen Kunstrichtung ist es gerade die Musik, die mit den Mythologien der frühen Epochen in Beziehung gesetzt werden kann. Die antiken Mythologien verbargen in ihren Bildern eine Offenbarungsweisheit, die sich zwar dem Denken verschloss, aber dem Gefühl und dem religiösen Empfinden des Menschen zugänglich war. Ähnlich entziehen sich auch die großen Schöpfungen der Musik einer verstandesmäßigen Deutung, enthalten aber, wie es Beethoven ausdrückt, »eine höhere Offenbarung als alle Weisheit und Philosophie«. In gewisser Weise bilden demzufolge die Werke der Musik in den letzten Jahrhunderten die Mythenwelt unserer Zeit ab. Es ist deshalb auch verständlich, dass insbesondere Richard Wagner seinen Musikdramen mythische Inhalte gegeben hat. Aber auch andere dramatische Stoffe, wie sie etwa im *Don Giovanni* oder der *Zauberflöte* vorliegen, werden über den Geist der Musik in das Mythische erhoben.

Der Mythos ist deshalb die Sprache, in der über die großen Werke und Meister der Musik in angemessener Weise gesprochen werden kann. Auch die Tiefenpsychologie versucht, zumindest seit Freud, über die Mythen zu Erklärungen des menschlichen Gefühls zu kommen und aus dem Mythos heraus die Seele des Menschen zu verstehen. Insofern verbindet der Mythos die Musik und die Tiefenpsychologie, was es beiden Disziplinen ermöglicht, zu einem tieferen Verständnis weit über das rationale Denken hinaus zu gelangen.

In der Musik, so Schopenhauer, komme der Weltenwille zur Erscheinung. Dieser Weltenwille zeigte sich schon bei den alten Griechen, insbesondere bei Platon. In seiner Lehre von der Anamnesis wird durch den Klang der Leier des Apollo in Kombination mit dem Gesang der Musen alles künstlerische Schaffen des Menschen inspiriert.

Die Griechen führten deshalb den Ursprung ihres Kulturlebens auf zwei mythische Gestalten zurück, in denen sie die hauptsächlichen Menschheitslehrer und Kulturbegründer sahen. Der eine davon war der Sänger Orpheus, das Urbild alles künstlerisch-musischen Schöpfertums, der Sohn einer Muse, namens Kalliope, und des thrakischen Königs Oiagros oder des Apollon.

Apollon schenkte ihm eine goldene Leier und unterrichtete ihn in der göttlichen Weisheit. In dem von der Leier begleiteten Gesang des Orpheus zeigte sich die Weisheit der gesamten Natur, des ganzen Kosmos, weil sich in seinem Gesang die Gesetze offenbarten, welche den Naturwesen innewohnen. Er besaß deshalb die Zauberkraft, Steine und Felsen zu bewegen, Blumen und

Bäume sich neigen zu lassen und wilde Tiere zu besänftigen, so dass sie in Eintracht seinen Schritten folgten. Dieser Mythos wird in ganz besonderer Weise von Mozart in der *Zauberflöte* aufgegriffen, wo ja auch die wilden Tiere beim Hören der Zauberflöte zu tanzen beginnen und sich besänftigen lassen. Die Menschen, die die Musik des Orpheus hörten, waren von einem tiefen Heimweh nach ihrer geistigen Ursprungswelt ergriffen. Der Sänger zog so als Weisheitslehrer und Verkünder der Weltengeheimnisse durch die Lande, und seine in der orphischen Mysteriengemeinschaft vereinigten Schüler und Nachfahren überlieferten noch über viele Jahrhunderte hinweg die Nachricht vom Lichtursprung der menschlichen Seele und ihrer – sich wiederholenden – zeitweiligen Einkerkerung in einen irdischen Leib.

Nach einem orphischen Mythos töteten die bösen Titanen Zagreos, den Sohn des Zeus und der Persephone, und aßen ihn auf. Zeus verbrannte die Titanen mit seinem Blitz. Aus ihrer Asche entstammten die Menschen, die so einen großen Teil der Verderbtheit der Titanen und eine Spur von Göttlichkeit verkörperten.

Es war die Aufgabe der Menschen, die sich dem orphischen Kult anschlossen, sich von den bösen Teilen ihrer Natur zu befreien und nur den göttlichen Teil zu bewahren. Diese Anstrengung führte zu einem langsamen Prozess der Selbstreinigung. Für diejenigen, die es fertig brachten, untadelig zu leben, wurde der Hades zu einer Art Fegefeuer, in dem die Seele dann völlig gereinigt wurde. Der orphische Kult, der sich auf Orpheus gründet, hat deshalb gerade auf die göttliche Musik großen Wert gelegt, da Orpheus mythologisch als der Begründer der Musik gilt.

Die Legende von Orpheus berichtet, dass er seine ihm in Liebe verbundene Gattin, die am Biss einer Natter gestorben war, trotz seines Hinabsteigens in die Unterwelt nicht wieder ins Leben zurückführen konnte. Er scheiterte an dem Gebot des Hades, sich nicht nach seiner ihm folgenden Frau umzudrehen. So schaffte es Orpheus zwar, durch seinen Gesang den Totengott zu erweichen, aber dies gelang ihm nur einmal, das zweite Mal blieb es ihm versagt. Er wurde dann später von den rasenden Bacchantinnen, den Dienerinnen des Dionysos, des Herrn der irdisch-unterirdischen Naturkräfte, erschlagen, weil sie sich von ihm verschmäht sahen.

Neben Orpheus, dem Urbild des Künstlerisch-Musischen, erblickten die Griechen in Prometheus aus dem Geschlecht der Titanen den Schöpfer ihres leiblich-naturhaften Seins. Er hatte nach der Legende aus irdischem Ton die Leiber der ersten Menschen geformt und mit Erdenseelen ausgestattet, indem er aus den Seelenkräften der Tiere Gutes und Böses zusammenmischte, wozu dann Athene, die Tochter des Zeus, noch einen Hauch göttlichen Geistes hinzufügte. Zeus, der sich vor dem neuen Menschengeschlecht fürchtete, entzog Prometheus sein Wohlwollen. Dieser stand aber zu den Menschen und brachte ihnen Feuer, lehrte ihnen die Beherrschung der Stoffeswelt und vervollkommnete so ihr kulturelles Schaffen. Aber auch das Schicksal des Prometheus war tragisch. Er wurde zur Strafe für den Raub des Feuers auf Befehl des Zeus an den Kaukasusfelsen geschmiedet und später von Zeus in den Tartarus hinuntergeschleudert, wo er der Befreiung entgegenharrte, die ihm durch Herakles zuteil werden sollte. Für den Menschen aber ließ Zeus durch die Jungfrau Pandora, die den Bruder des Prometheus, Epimetheus, ehelichte, alle Übel der Welt aus ihrer Büchse hervorquellen. Nur die Hoffnung verblieb in der Büchse als das einzige Gut, das den Menschen zum Trost gereicht.

So begründeten die Weisheit des Orpheus die Zauberkraft seines Gesangs einerseits und der Raub des Feuers durch Prometheus andererseits die menschliche Kultur. Im Gesang des Orpheus zeigte sich schon bei den alten Griechen die reine Sprache der menschlichen Seele, die sich dann im Laufe der Entwicklung bis in das Zeitalter der musikalischen Klassik hinein gehalten hat. In der klassischen Musik wurde die ganze Skala menschlicher Empfindungen, Gefühle und Willensregungen thematisiert. Bei Mozart zeigt sich dies in ganz besonderer Weise. Er war in der Lage, wie kein anderer Musiker seiner Zeit, Empfindungen und Gefühle im Menschen wachzurufen, ihn in seinem Innersten zu berühren und ihn auch mit eigenen verdrängten und verleugneten Bewusstseinsinhalten zu konfrontieren.

Mozart besaß in seinem Leben eine unerschöpfliche melodische Phantasie, wobei er in seinem Geiste musikalische Schöpfungen entwickelte, die er als fertige Gebilde zu Papier bringen konnte.

Mozart zeigte in vieler Hinsicht durch seine Musik, wie er sich bedingungslos seinen Mitmenschen stellte und deshalb in der Lage war, mit unübertroffener Sensibilität das innerste Wesen des Menschen anzusprechen – bis heute. Gerade in seinen Opern wird er deshalb zum umfassendsten musikalischen Gestalter von Charakteren und Seelenerlebnissen, die vor ihm kein anderer musikalischer Schöpfer erreichte. Es gelang ihm, sowohl Don Giovanni als auch Leporello, Sarastro oder die Königin der Nacht, Tamino oder Papageno, Pamina oder Monostatos, alle in ihrer Verschiedenheit, aber dennoch in einer abgerundeten, vollkommenen Form musikalisch zu zeichnen und darzustellen. Im Laufe seines Lebens durchdrang Mozart immer tiefer die dunklen Seiten und Verstrickungen des menschlichen Daseins; immer aber blieb er zugleich über allem stehend und, alles noch mit einem Glanze des Außerirdischen versehend, mitten in der Welt. Insofern zeigte er sich wie ein moderner Orpheus, der auf einer goldenen Leier spielte und mit seinen Musikschöpfungen in unserer Seele eine Erinnerung an unseren Ursprung aus der höheren Welt wachrief.

Ähnlich wie das Schicksal des Orpheus endet auch Mozarts Schicksal tragisch. Orpheus, der von den Bacchantinnen zerrissen wird und dessen Leichnam ohne Kopf bestattet wird, findet hier eine Parallele zu Mozart, dessen Leichnam in einem Massengrab landet. Dennoch gelingt Mozart am Ende seines Lebens ein Hinauswachsen über die Orpheustragödie. Orpheus, dem es nicht vergönnt ist, eine Vereinigung der Liebenden zu erreichen, steht hier Mozart gegenüber, der sich in seinen letzten Lebensjahren den Idealen des Freimaurertums verpflichtet fühlt, das in seinen Zeremonien uralte Mysterienbräuche und Initiationsrituale erneuert. In der *Zauberflöte* findet dann die Vereinigung der Liebenden statt, die Lichtwelt des Sonnenreiches wird errungen – eines Sonnenreiches, das aber nicht nur den kultiviert-ästhetischen Aspekt beinhaltet, sondern auch durch Papageno das Naturhaft-Gattungsmäßige im Menschen herausstellt. Wie wir später noch sehen werden, bilden Tamino und Papageno je einen Teil menschlichen Empfindens und menschlicher Seelenzustände ab, die eigentlich in jedem einzelnen Menschen integriert werden müssen.

In der neueren Musikentwicklung hatten in Rückerinnerung an das Griechentum die großen Meister der Oper von Monteverdi bis Gluck dem Schicksal des Orpheus als einem Urmotiv immer wieder neue musikdramatische Gestaltung verliehen. Mit Mozart nun trat ein neuer Orpheus in die Musikgeschichte ein, was dazu führt, dass seine Musik alles früher Geschaffene in den Schatten stellte. Er brauchte Orpheus nicht mehr als Motiv zu verwenden, sondern konnte über diesen hinaus, wie z.B. im *Don Giovanni* oder in der *Zauberflöte*, auf eine neue Menschheitsentwicklung hinweisen, die in den jeweiligen Kapiteln dieses Buches ausführlicher dargestellt wird.

Wenn wir die Musikgeschichte vor Mozart verfolgen, so zeigt sich, dass insbesondere zur Zeit Bachs die Musik noch einen Teil des Gottesdienstes ausmachte und in ganz besonderer Weise mit dem religiösen Erleben des Menschen verbunden war. Mozart aber hat in die Musik die Sphäre des Persönlich-Subjektiven, den Bereich der sinnlichen Erfüllung und die Auseinandersetzung des Individuums mit seinen Trieben und Bedürfnissen gebracht. So hat es Mozart dem Menschen in umfassender Weise über die Musik ermöglicht, sich mit seinen tiefsten Empfindungen auseinander zu setzen.

Mozart zeigt sich uns als der geniale Schöpfer der Opera buffa, wie im *Don Giovanni* oder in *Cosi fan tutte*. Er ist der Klassiker des deutschen Singspiels, wie in der *Entführung aus dem Serail* oder in der *Zauberflöte*. Er ist aber auch der Kirchenmusiker, der Sinfoniker, der Kammermusiker und der Liedkomponist, also der vielseitige, aus überquellendem Reichtum Schöpfende, der uns Facetten menschlichen Daseins in seiner Musik darbietet. Um mit Goethe zu sprechen, ist er nicht das Wunderkind, nicht der rosarote Märchenprinz, sondern eines der »außerordentlichen Individuen, die wir anstaunen und nicht begreifen, woher sie kommen.«

Die Entführung aus dem Serail

Die starken Frauen –
und was nun?

LIEBE – TREUE – VERZICHT

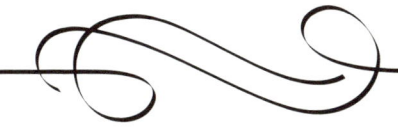

$\mathcal{M}$einem »persönlichen Künstlergefühle ist diese heitere, in vollster, üppiger Jugendkraft lodernde, jungfräulich zart empfindende Schöpfung besonders lieb. Ich glaube in ihr das zu erblicken, was jedem Menschen seine frohen Jünglingsjahre sind, deren Blütezeit er nie wieder so erringen kann, und wo beim Vertilgen der Mängel auch unwiederbringliche Reize fliehen. Ja, ich getraue mir den Glauben auszusprechen, daß in der ›Entführung‹ Mozarts Kunsterfahrung ihre Reife erlangt hatte und dann nur die Welterfahrung weiter schuf. Opern wie ›Figaro‹ und ›Don Juan‹ war die Welt berechtigt, mehrere von ihm zu erwarten; eine ›Entführung‹ konnte er mit dem besten Willen nicht wieder schreiben.«

So schrieb Carl Maria von Weber über Mozarts *Entführung* im Juni 1818. Weber hat sicherlich richtig erkannt, dass die Kraft und die Glaubwürdigkeit des Werkes im Lebensgefühl des 25 Jahre alten Mozart von 1781 lagen. Hin und her gerissen zwischen dem gewaltsamen Bruch mit dem Salzburger Fürstbischof und dem Konflikt mit dem Vater einerseits sowie der Heirat mit Constanze und dem neuen Aufbruch in eine Lebensautonomie andererseits. Gerade die schmerzliche Distanzierung vom übergroßen Vater, der in der Gestalt des Fürstbischofs sowie in der des eigenen Vaters vereint war, rief bei Mozart die heftigsten Gefühlsstürme hervor und kulminiert in den Figuren der *Entführung*, die auf diese Weise als Metaphern des eigenen Lebens betrachtet werden können.

Der Oberst-Kämmerer des Kaisers Joseph II., Franz Xaver Graf Rosenberg-Orsini, beauftragte im Frühjahr 1781 Mozart mit der Komposition der *Entführung*. Mozart sollte in deutscher Sprache eine neue Opernkonzeption vorlegen, wobei ihm das Türkensujet eine nicht unwesentliche Hilfestellung bieten sollte. Mozart wusste, dass die türkische Musik einen Aspekt reizvoller Exotik abdeckte, der in der Wiener Gesellschaft damals in Mode war. Dass das Türkische in Mode war, insbesondere in der zweiten Hälfte des 18. Jahrhunderts, ist heute zweifellos aus den Quellen gesichert.

Es gab aber auch eine literarische Mode der Türkenstücke im 18. Jahrhundert, wo insbesondere Goldonis Trilogie *Las Posa persiana, Ircana in Julfa* und *Ircana in Isphahan* um 1750 als Wegbereiter dienten.

Die erste italienische Opera seria mit Türkenthema war *Il gran Tamerlano* von Marc Antonio Ziani, die beim Karneval 1689 in Venedig uraufgeführt wurde. Darüber hinaus beschäftigten sich Scarlatti, Gasparini, Händel und Vivaldi mit einem ähnlichen Libretto.

Im deutschen Sprachraum eröffnete Adolf Hasse 1753 die Tradition der Soliman-Opern, in denen bereits das Modell des »bösen Türken« und des »guten Paschas« zu finden ist. Die Opera-buffa-Tradition im türkischen Milieu, die sich gewöhnlich um eine Mädchenentführung einerseits und um das Problem der standhaften Liebe andererseits dreht, tauchte fast zur selben Zeit auf. In Venedig erschien eine Gemeinschaftsarbeit mehrerer Komponisten mit dem Titel *La Vinta Schiava* im Jahre 1744 zu diesem Thema.

Vermutlich dürfte Christoph Friedrich Bretzner, auf dessen Stück Mozarts *Entführung* zurückgeht, von diesen Arbeiten gewusst haben und seine entscheidenden Anregungen empfangen haben.

Darüber hinaus hatte die Stoffgeschichte auch Wurzeln in Frankreich, und zwar in den so genannten *histoires galantes*, die bei allen gebildeten Bürgern in Mozarts Zeit bekannt waren. Innerhalb dieses Romangenres wurde unter dem Einfluss des Orientalismus ein bestimmter Handlungsablauf bestimmend: die Trennung und Wiedervereinigung eines Liebespaares. Die Umstände, die zur Trennung führten, waren fast immer Schiffbrüche mit anschließender Gefangennahme durch irgendwelche Seeräuber.

Nach der Ankunft im Hafen, meistens in Nordafrika, wurden die Europäerinnen sofort verkauft und kamen so in die Hände eines Paschas, der sie in seinem Harem unterbrachte. Als große Oper wurde diese Geschichte zum ersten Mal von Jean-Philippe Rameao realisiert, und zwar im ersten Teil seines Opern-Balletts *Les Indes galantes*, der *Les turc genereux* heißt. Hier kommt es zu einer Konfrontation zwischen einem orientalischen Pascha und einem europäischen Liebespaar. Der Pascha mit dem Namen Osman hat die Französin Emilie in seiner Gewalt und bittet um ihre Liebe; sie kann jedoch nicht darauf eingehen, da sie schon verlobt ist. Ihr Verlobter ist natürlich auf der Suche nach ihr und findet Emilie. Als die beiden sich in den Armen liegen, werden sie von Osman überrascht. Er bestraft sie jedoch nicht, sondern schenkt ihnen die Freiheit zurück.

Zusammenfassend ist festzuhalten, dass das Singspiel *Belmont und Constanze* und die *Entführung aus dem Serail* von Friedrich Bretzner (Leipzig 1781) nur Varianten in der großen Tradition der Türkenopern darstellen.

Christoph Friedrich Bretzner, ein deutscher Kaufmann und Bühnenautor, übergab seinen Text dem Offenbacher Komponisten Johann André, der ihn unter dem Titel *Die Entführung aus dem Serail oder Belmont und Constanze* vertonte. Die Uraufführung fand im Mai 1781 in Berlin statt, also etwa ein Jahr vor der Uraufführung der Mozart-Oper.

Der Librettist von Mozart, Johann Gottlieb Stephanee d.J., war Regisseur und Schauspieler und hat den Text von Christoph Bretzner als Vorlage übernommen, aber dennoch etwas ganz Eigenes daraus gemacht. Als die Oper Mozarts uraufgeführt wurde, gab es einen Protest von Christoph Bretzner, der 1782 schreibt: »Ein gewisser Mensch namens Mozart in Wien, hat sich erdreistet, mein Drama ›Belmont und Constanze‹ zu einem Operntexte zu mißbrauchen. Ich protestiere hiermit feierlichst gegen diesen Eingriff in meine Rechte und behalte mir Weiteres vor.«

Im weiteren Verlauf hat sich Bretzner aber wohl beruhigen können, da er gesehen hat, dass sein Name durch die Oper von Mozart weit mehr bekannt geworden ist als durch die Oper von Johann André, die völlig der Vergessenheit anheim fiel. In späteren Jahren hat Bretzner dann auch die Mozart-Oper *Cosi fan tutte* ins Deutsche übersetzt.

Die Uraufführung der *Entführung* fand am 16. Juli 1782 in Wien unter Mozarts Leitung statt. Mozart kam im Jahre 1781 nach dem Bruch mit dem Salzburger Erzbischof Colloredo nach Wien. Der berühmte Tritt in den Hintern, den Mozart noch von Graf Arco zum Abschied erhielt, erlangte historische Bedeutung.

Als Mozart in Wien ankam, fand er bei Frau Cäcilie Weber in einer Straße, die den Namen »Auf dem Peter im Auge Gottes« trug, ein Zimmer. Frau Weber war die Mutter der berühmten Sängerin Aloysia, in die sich Mozart verliebte, die aber seine Liebe nicht erwiderte. Dennoch heiratete er aber in die Familie ein, indem er 1782 die Schwester von Aloysia, Constanze, zur Ehefrau nahm. Wegen dieser Eheschließung kam es dann zum Bruch mit seinem Vater, der gegen die Heirat war.

Bei der *Entführung aus dem Serail* handelt es sich um ein so genanntes deutsches Singspiel. Im Unterschied zur italienischen Oper wird hier neben den Arien sehr viel gesprochen. Der gesprochene Dialog ist dabei für die Entwicklung der Handlung außerordentlich wichtig. Die Musikstücke orientierten sich an einfachen volkstümlichen Liedformen unter Berücksichtigung der Charakter- und Situationsschilderung. Die Singspiele hatten in der zweiten Hälfte des 18. Jahrhunderts viele Menschen erreicht. Sogar Goethe schreibt Singspiele, z.B. *Erwin und Elmire*. Er hatte allerdings noch das Bestreben, die ganze Gattung in eine höhere dichterische Sphäre zu erheben. Eine Weiterentwicklung stellt dann bei Mozart die *Zauberflöte* dar, in der ja auch das gesprochene Wort eine wichtige Rolle spielt.

Bei den italienischen Opern Mozarts, wie z.B. *Cosi fan tutte* oder *Don Giovanni*, wird alles das, was im Singspiel gesprochen wird, im so genannten Rezitativ gesungen. In der italienischen Oper gibt es also kein gesprochenes Wort. Es gibt die so genannten Secco-Rezitative, wo nur das Cembalo die Begleitung hat, und das Accompagnato-Rezitativ, wo das ganze Orchester begleitet.

1776 hatte Kaiser Joseph II. ein so genanntes »Nationaltheater« in Wien gegründet, dem zwei Jahre später ein Zweig »Deutsches Nationalsingspiel« angegliedert wurde. Joseph II. wollte also gerade diese Form des Singspiels fördern. Er war der Sohn Maria Theresias, die ein Jahr vor der Uraufführung der *Entführung* verstorben war. Der Kaiser hatte insofern eine Bedeutung, als Mozart ihn auch wie den Salzburger Erzbischof zu einer Art Vater hochstilisierte. In einem tieferen Sinne hatte Mozart deshalb eigentlich drei Väter, seinen eigenen biologischen, den Erzbischof Colloredo sowie den Kaiser Joseph II. Im Laufe seines Lebens hat sich Mozart von allen dreien lösen müssen.

Joseph II. gilt als Monarch der Aufklärung, der Toleranz und des Humanismus, wird aber auch als aufgeklärter Despot bezeichnet. Am Ende der Erstaufführung der *Entführung* sagte der Kaiser zu Mozart: »Zu schön für unsere Ohren und gewaltig viele Noten, lieber Mozart!« Mozart antwortete: »Grade so viele Noten, Eure Majestät, als nötig sind.« Der Kaiser wollte also darauf hinweisen, dass er gerne etwas Höfisches, galante Musik, und keine revolutionären Klänge, wie Mozart sie hier einbrachte, gehört hätte.

Die Dramatik bei Mozart wird über die Charaktere hergestellt. Der einzelne Charakter vertritt dabei keine bestimmte Idee, sondern ist eine unteilbare Einheit lebendiger Seelenkräfte, etwas Einmaliges, Individuelles, das seine Entwicklungsmöglichkeiten in sich selbst trägt. Die Figuren sind in Bewegung und erhalten durch die Musik immer neue Züge. Nebenzüge und Verästelungen kommen und verschwinden, zerstören jedoch nicht, sondern bekräftigen eher die Einheit der Personen.

Die *Entführung* ist dem Geiste wie der Form nach ein Singspiel mit dem dieser Gattung eigenen Gemisch deutscher, französischer und italienischer Aspekte. Stilistisch bringt das Werk nichts Neues, sondern lehnt sich an die älteren, schon vorhandenen Singspiele an. Wohl wird hier allerdings der Rahmen eines Unterhaltungsstückes gesprengt und mit dem Drama als Spiegel des menschlichen Lebens ernst gemacht. Deshalb wird zu Recht behauptet, Mozart habe mit diesem Singspiel die deutsche Oper geschaffen.

Die *Entführung* wurde schnell zum großen Bühnenerfolg, eigentlich zum größten zu Lebzeiten Mozarts, und wurde deshalb auch rasch in anderen Städten gespielt. 1783 in Prag und Leipzig sowie in Bonn, 1784 in München, Salzburg, Mannheim und Frankfurt, 1785 in Weimar sowie 1788 in Berlin.

Claus Hellmut Drese sprach von Mozarts *Entführung* als dem »Nathan der Oper«. Erst drei Jahre vor der Uraufführung der Mozart-Oper legte Gotthold Ephraim Lessing sein Drama *Nathan der Weise* vor. In diesem Drama spielt der Sultan Saladin eine entscheidende Rolle. Denn er hat den humanistischen Ideen der Aufklärung Gestalt gegeben und in der berühmten Ringparabel die drei großen monotheistischen Religionen Judentum, Christentum und Islam als ethisch von gleichem Rang eingestuft und damit auch ihre Anhänger im Morgen- und Abendland für gleichwertig erklärt. Es ist in diesem Zusammenhang außerordentlich lohnend, den vierten Akt, siebten Auftritt von Lessings *Nathan dem Weisen* mit dem dritten Akt, neunten Auftritt aus der *Entführung aus dem Serail* zu vergleichen.

Nun zum Inhalt der Oper:

Belmonte, der Sohn des Kommandanten von Oran, hatte mit seiner Verlobten Constanze, der Zofe Blonde und dem Diener Pedrillo eine Seefahrt unternommen. Seeräuber kaperten das Schiff, Constanze, Blonde und Pedrillo wurden gefangen genommen und an Bassa Selim, einen reichen Mauren, als Sklaven verkauft. Belmonte aber konnte entkommen.

1. Akt

Belmonte hat den Aufenthaltsort von Constanze herausgefunden und versucht, in den Palast des Bassa Selim zu gelangen. Zunächst wird er von dem strengen und martialischen Haremswächter Osmin verjagt. Doch dann trifft er Pedrillo, der Belmonte dem Bassa als berühmten Baumeister vorstellen will, denn Bassa Selim ist leidenschaftlicher Bauherr und Gartenliebhaber.

Bassa Selim, ein fortschrittlicher und humaner Potentat, liebt Constanze, will aber die Erwiderung seiner Liebe nicht mit Gewalt erzwingen. Den »berühmten Baumeister« Belmonte heißt er freudig willkommen.

2. Akt

Osmin ist in Blonde vernarrt, doch bemüht er sich vergeblich um ihre Gunst. Bassa Selim ist inzwischen ungeduldig geworden und drängt Constanze zur Entscheidung. Doch lieber will sie alle Martern ertragen, als ihrem Verlobten untreu zu werden. Belmonte hat inzwischen einen Fluchtplan entwickelt. Nachdem Pedrillo den Wächter Osmin betrunken gemacht hat, ist der Weg frei.

3. Akt

In der Nacht gibt Pedrillo mit einem Ständchen das Zeichen zur Flucht. Doch Osmin erwacht und alle werden erneut gefangen. Es stellt sich heraus, dass Belmonte der Sohn des einzigen Todfeindes von Bassa Selim ist. Alles scheint verloren. Doch großmütig schenkt der Bassa seinen Gefangenen die Freiheit.

Goethe, der ein großer Bewunderer Mozarts war, wies darauf hin, dass alle Opern, die von Mozart komponiert wurden, geistige Schöpfungen sind, die aus dem dämonischen Geist eines Genies entstanden. Dieser dämonische Geist des Genies ist ein Aspekt, der den Kräften aus dem Unbewussten zuzuordnen ist. Erst diese Kräfte ließen die Oper als ein Ganzes entstehen und machten deutlich, dass es sich nicht etwa um einzelne, zusammengesetzte Stücke handelt, sondern um ein gewachsenes Ganzes, das keine Schnittstellen aufweist.

Bei Mozart wird der Mensch in der widersprüchlichen Vielfalt seiner Gedanken, Gefühle, Gesten und Handlungen dargestellt, und zwar einbezogen und teilweise verstrickt in reale gesellschaftliche Zusammenhänge und machtvolle Wirkungen kollektiver Kräfte. Die gestaltenden Tendenzen, die aus dem Unbewussten aufsteigen, zeigen in der Oper bildhafte Darstellungen von Situationen und Personen, die sich aber auch an der Realität und an den wirklichen Menschen orientierten und nicht an allzu idealistischen Wunschvorstellungen.

Mozart war in ganz besonderer Weise in der Lage, sich den schöpferischen Impulsen aus seinem Unbewussten zu überlassen, und war dadurch auch mit den Bildern des kollektiven Unbewussten zutiefst verbunden. Diese Bilder konnte Mozart in einer intuitiven Gesamtschau erfassen und sie dann mit Hilfe seines »Selbst« in eine konkrete Form einpassen.

Unter dem Begriff »Selbst« versteht man, zumindest in Jung'scher Sicht, ein steuerndes Zentrum der Persönlichkeit, und zwar den Mittelpunkt der bewussten und unbewussten Bereiche im Unterschied zum »Ich« als dem Zentrum der bewussten Persönlichkeit, als die sich jedes Individuum primär erlebt.

Jung war der Ansicht, dass wir mit unserem »Selbst« in die Unendlichkeit des »kollektiven Unbewussten« hineinreichen, und wenn es dem Einzelnen gelingt, über sein »Selbst« eine Brücke zum Unbewussten zu schlagen, dann besteht ein Kontakt mit den Kräften und Energien des Unbewussten, die das einzelne »Selbst« über sein kleines individuelles Dasein auf eine überpersönliche, gleichsam archetypische Ebene heben.

Jung ging davon aus, dass es ein kollektives Unbewusstes gibt, also eine Größe, zu der jedes Individuum mit seinem »Selbst« hineinreichen kann, wenn es, wie oben gesagt, gelingt, eine Brücke zum eigenen, individuellen Unbewussten zu schlagen.

Die Heldin der Oper und gleichzeitig die tragende Figur heißt Constanze. Sie trägt den gleichen Namen wie die Frau Mozarts (Constanze Weber), die er etwa drei Wochen nach der Uraufführung der Oper geheiratet hat. Die Uraufführung fand am 16. Juli 1782 statt, die Heirat am 4. August 1782. Nun könnte natürlich der Verdacht nahe liegen, dass Mozart absichtlich die Zeit der Heirat mit der Uraufführung der Oper zusammengelegt hat. Aber, wie schon erwähnt, hieß bereits der Titel der Oper, die Friedrich Bretzner für Johann André geschrieben hatte, *Die Entführung aus dem Serail oder Belmont und Constanze*. Insofern ist der

Name Constanze mehr oder weniger zufällig. Dies mag Mozart selbstverständlich beflügelt haben. Möglicherweise hat er sich selbst ansatzweise in seiner Beziehung zu Constanze dargestellt, aber wohl nicht bewusst. Von verschiedenen Autoren wurde darauf hingewiesen, dass die Rolle des Belmonte diejenige war, mit der sich Mozart am stärksten selbst identifizierte. In der Oper darf auch Belmonte als Einziger vier Arien singen, die anderen – Constanze und Osmin – jeweils drei, Pedrillo und Blonde hingegen nur zwei.

Die erste Arie, die Constanze singt, zeigt bereits die ganze Spannung, die in dieser Frau steckt. Es ist im ersten Akt, siebenter Auftritt, die Arie Nr. 6, die mit der Aussage endet: »Kummer ruht in meinem Schoß«. Trotz ihres Kummers hält Constanze an ihrer Liebe unerschütterlich fest. Trotz der Bedrängung durch den Bassa Selim, den sie ja durchaus schätzt und achtet, möchte sie an dem Treueschwur zu ihrem Geliebten festhalten. Im Verlaufe der Oper wird zunehmend deutlich, dass der Bassa und Constanze auch gut zusammenpassen würden; jedenfalls wäre es für Constanze eine Alternative zu einem bürgerlichen europäischen Eheleben gewesen.

Wenn dann der Bassa durch das Festhalten Constanzes an ihrem Treueschwur und durch ihre Standhaftigkeit berührt wird, zeigt sich, wie er, der eigentlich die Macht hätte, etwas zu erzwingen, sich dem Recht des Menschen auf Freiheit unterwirft.

Mozart hat in seiner Oper schon sieben Jahre vor der Französischen Revolution das Recht auf die Wahrung des persönlichen Lebens und den Schutz der Menschenrechte durch die Gleichheit vor dem Gesetz angesprochen. Gerade in der Figur von Constanze zeigt sich dies deutlich. Es geht in der Oper zudem um die Sklaverei, und in einer englischen Inszenierung befreit Constanze auch während ihrer ersten Arie einen kleinen Sklavenjungen, der mit dem Janitscharenchor einzieht, von seinen Fesseln.

Dies war sicherlich nicht nur ein skurriler Einfall eines Regisseurs gewesen, sondern es macht deutlich, dass Mozart sich eben auch mit der Sklaverei zu seiner Zeit sehr kritisch auseinander gesetzt hat. Das Thema taucht z.B. auch in der *Zauberflöte* auf, wo ja Monostatos, ein Schwarzer, der Aufseher über die Sklaven des Sarastro ist. Ausgerechnet Sarastro, der gebildete und weltoffene Mann, hat Sklaven in seinen unterirdischen Gewölben. Er hat in seinem so genannten Schattenreich ganz dunkle Gestalten. Mozart hat sich sehr für die Unabhängigkeitsbewegung in Amerika interessiert. Dies mag wohl auch der Grund dafür gewesen sein, dass Mozart Osmin einen Schwarzen hat sein lassen.

Darüber hinaus ging es Mozart aber nicht nur um die politische Seite, sondern er wollte primär das Universum der Liebe, in dem jeder Liebende, vor allen Dingen auch die Frau, gleichberechtigt ist, entfalten. Diesen Aspekt können wir nicht nur in der *Entführung*, sondern auch im *Figaro*, im *Don Giovanni* sowie in *Cosi fan tutte* sehen. In allen Opern geht es um die Gleichberechtigung der Frau in der Liebe – und zuletzt in der *Zauberflöte* sogar um die Überhöhung der Frau, indem Pamina zur führenden Figur wird und dem Mann (Tamino) weit überlegen ist.

Alfons Rosenberg nennt Mozart deshalb den »Repräsentanten einer universalen Revolution«. Mozart ist für ihn gleichsam das tönende Instrument einer Weltrevolution, durch die der bisher noch nicht verwirklichte Zustand vollen Mensch-Seins als Utopie, als Wirklichkeit am Horizont der menschlichen Zukunft aufsteigt. Insofern ist Mozart ein Zukunftsmusiker, denn in seiner Musik wird bereits hörbar, was einmal, falls die Menschheit nicht zuvor untergeht, das Mensch-Sein bestimmen wird.

Bassa Selim versucht, am Anfang noch dem Patriarchat verhaftet, diese Gleichberechtigung zu untergraben und sagt zu Constanze: »Morgen mußt du mich lieben, oder ...« Darauf antwortet Constanze: »Muß? Welch albernes Begehren! Als ob man die Liebe befehlen könnte wie eine Tracht Schläge! ...« Selim erwidert: »Und du zitterst nicht vor der Gewalt, die ich über dich habe?« Constanze: »Nein! Nicht im geringsten. Sterben ist alles, was ich zu erwarten habe, und je eher dies geschieht, je lieber wird es mir sein.« Selim: »Elende! Nein! Nicht sterben, aber Martern von allen Arten ...« Auf diesen Dialog im zweiten Akt, dritter Auftritt, folgt dann die Arie Nr. 11, die als so genannte »Martern-Arie« in die Operngeschichte einging.

An dieser Stelle zeigt sich ganz deutlich, dass eine starke Frau nicht auf die Drohungen des patriarchalen Mannes eingeht, sondern wie in dieser so genannten »Martern-Arie« eine ungeheure innere Dynamik entwickelt: Musikalisch finden sich zwei Oktaven Stimmumfang und herrliche Koloraturen, und sprachlich zeigt sich die Unerschütterlichkeit ihrer Innenwelt. Es gibt vor der eigentlichen Arie eine lange Orchestereinleitung wie eine Art Symphonie, ein Hauptsatz. Dazu kommen noch vier Soloinstrumente, Oboe, Violine, Flöte und Cello. Diese vier Soloinstrumente entfalten musikalisch die Spannbreite der Persönlichkeit von Constanze. Es beginnt mit dem Cello, danach folgt die Violine, dann die Oboe und zum Schluss die Flöte. Zeitweilig gibt es hier Verbindungen zur *Zauberflöte*, denn Constanze singt: »Nur dann würd' ich zittern, wenn ich untreu könnte sein.« Dies taucht fast wörtlich auch bei Pamina so auf.

Constanze zeigt sich in dieser Arie als eine Frau mit der Fähigkeit, Spannungen auszuhalten. Das macht sie in ihrer Beziehung zu Belmonte stärker. Diese innere Gewissheit, auch die mögliche Konsequenz der eigenen Selbstauslöschung hindern sie nicht, an ihrer Position festzuhalten. In etwas abgeänderter Form gilt dies auch für Blonde in Beziehung zu Pedrillo, wir werden dies noch genauer betrachten, wo auch Blonde die stärkere Position einnimmt. Die beiden Männer sind jedenfalls nicht in der Lage, so wie Constanze und Blonde, Spannungen auszuhalten.

Erstaunlich in diesem Zusammenhang ist, dass die Handlungshöhepunkte der männlichen Figuren – als der Fluchtversuch gemacht wird, der dann fehlschlägt, und am Ende, als der Bassa überraschend einlenkt und den Gefangenen die Freiheit schenkt – alle als gesprochenes Wort abgehandelt werden. Die musikalischen Höhepunkte hingegen werden durch Constanze und Blonde dargestellt. So sind die beiden Frauen die eigentlichen Zentralgestalten, vor allen Dingen Constanze.

In der Oper findet sich außerdem ein ödipales Dreieck. Eine ödipale Situation entsteht ja dann, wenn das Kind zwischen den beiden Eltern steht. Aber es gibt natürlich so genannte verschobene ödipale Situationen, das heißt, man ist möglicherweise verheiratet und hat einen zweiten Partner dazu. Das mag dann eine Wiederholung einer frühen triangulären Situation sein. Hier in der Oper gibt es ein solches Dreieck, aber ganz im Gegensatz zu den Dreiecken, die man in der patriarchalen Gesellschaftsordnung findet – da hat der Mann eine Frau und ein Verhältnis zu einer anderen –, sind es hier die beiden Frauen, die zu entscheiden haben. Sowohl Constanze als auch Blonde haben zwei »Liebhaber«, und das ist äußerst wichtig, denn die Situation spielt ja vor mehr als 200 Jahren.

Constanze hat Belmonte und Bassa Selim als Liebhaber; Blonde hat Pedrillo und Osmin. Die Männer sind jeweils untereinander Rivalen. Die Entscheidung, wie sich die Situation auflöst, liegt eindeutig bei den Frauen. Es wird nicht ausdrücklich verbal gesagt, dass Constanze sich für ihren Liebhaber entscheidet, das geht einfach aus der Handlung hervor. Zumindest wird in den Arien deutlich, dass Constanze Belmonte treu bleiben will.

Aber die »Martern-Arie« zeigt auch noch eine zweite Seite auf. Sie wird von Constanze mit einer so ungeheuren emotionalen Betroffenheit gesungen, dass es dabei nicht nur etwa um Angst vor Gewalt geht, sondern sie scheint sich auch selbst Mut machen zu müssen, zu dem, was sie singt, zu stehen. Sie muss einen inneren Wall aufrichten, um nicht doch zu Bassa Selim überzuwechseln. Er ist ja menschlich ein großartiger Mann und hat einiges zu bieten. In der ödipalen Situation wäre er also die Vatergestalt im Gegensatz zu Belmonte, der sich in der Sohnrolle befindet.

Constanze schwankt also zwischen der Bindung an den Vater einerseits, von dem sie sich noch nicht endgültig gelöst hat, und dem Sohn, an den sie sich aber auch noch nicht richtig innerlich binden kann, da sie ihn nur bedingt als erwachsenen Mann wahrnimmt.

Hier wäre nun auch der Zeitpunkt gekommen, um Belmonte einzuführen. Mozart hat hier einen Menschen aus Fleisch und Blut und nicht irgendeine idealistische Heldenfigur dargestellt. Wie schon oben erwähnt, zeichnet er sich wohl in der Figur Belmontes teilweise auch selbst. Belmonte, der schon ganz am Anfang in der Arie Nr. 4 im ersten Akt, fünfter Auftritt, singt: »Oh, wie ängstlich, oh, wie feurig klopft mein liebevolles Herz!«, zeigt hier auf, dass die Ängstlichkeit und die Feurigkeit zu beiden Anteilen in ihm verankert sind. Am Ende der Arie dann heißt es: »Schon zittr' ich und wanke! Schon zag' ich und schwanke!« Also kein großer Held, kein Heroe, sondern einfach ein Mensch, wie er wirklich ist, mit seinen starken und schwachen Seiten. So hat sich wohl Mozart auch selbst erlebt: als den starken Mann, der in der Lage ist, sich durchzusetzen und seine Interessen zu vertreten, aber auch als den schwachen kleinen Jungen, der immer einen Vater braucht, der ihn durch die Welt führt. Wie sich dann später zeigen wird, spielt auch der Vater für Belmonte eine große Rolle.

Das Vaterproblem taucht in den Opern von Mozart insgesamt noch zwei weitere Male auf. Einmal im *Don Giovanni*, wo der Vater ja umgebracht wird, sowie in der *Zauberflöte*, wo der Vater bzw. die Vaterfigur gleichsam überwachsen und überwunden wird. In der *Entführung* löst sich das Vaterproblem ganz zum

Schluss auf, indem der Bassa Selim als der reife, erwachsene Mann den jungen Sohn (Belmonte) ziehen lässt – mit der Möglichkeit, sich mit ihm zu identifizieren. Diesen Aspekt werden wir dann im weiteren Verlauf noch ein wenig genauer betrachten.

Eine andere wichtige Männerfigur, musikalisch der einzige Bass in der Oper, ist Osmin. Er singt drei Arien, also eine mehr als Pedrillo und Blonde. Er wird von der Anzahl der Arien fast auf eine Stufe mit Constanze gestellt. Mozart zeichnet ihn sehr sympathisch. Es ist zu vermuten, dass Mozart in Osmin einen Teil des Rassenproblems anspricht, das sich später in der Figur des Monostatos, des »Mohren« in der *Zauberflöte*, wiederholt. Osmin singt einen so genannten »schwarzen Bass«. Darunter versteht man einen Bass, der bis in die tiefsten, unteren Regionen der menschlichen Stimme vordringt. Mozart war ein gesellschaftspolitisch interessierter Mensch, das Rassenproblem lag ihm sehr am Herzen. Dies war damals durchaus aktuell. So hatte der Kaiser einen hohen Offizier, einen Schwarzen, mit dem er öffentlich über die Straßen ging. Der Adel in Wien war deshalb sehr verärgert und mokierte sich darüber. Der Kaiser machte aber deutlich, dass er gegen die Rassentrennung war. Wie Mozart in der *Zauberflöte* Monostatos, zumindest teilweise, als einen liebenswerten Menschen zeichnet, so findet dies einen sehr starken Ausdruck bei Osmin. Der Begriff Mohrenland, das ist das, was man mit »dem Schwarzen« meint, ist eben auch der Schattenbereich. Der Schatten des Sarastro in der *Zauberflöte* ist Monostatos, der Schatten des Bassa Selim in der *Entführung* ist Osmin.

Zur menschlichen Reifung ist es nötig, so zumindest in der Theoriebildung von C.G. Jung, dass jedes Individuum mit seinem Schatten in Berührung kommt. Sarastro, der Repräsentant der patriarchalen Macht, hat es versäumt, mit seinem Schatten in Kontakt zu kommen. Er hat seinen Schatten abgespalten. In der *Entführung* ist das anders. Bassa Selim nimmt durchaus Teile auf, die Osmin lebt und ausdrückt, insbesondere die sehr patriarchale Weise, mit Frauen umzugehen. Gleichzeitig wächst Selim aber durch die Integration dieser Anteile über sich hinaus und kann am Ende als reifer Mann die Frauen mit ihren Liebhabern ziehen lassen, was Osmin, der in seinem Ärger und in seiner Wut stecken bleibt, nicht gelingt.

Mozart zeigt am Beispiel Osmins aber auch auf, wie sehr Intellektualität mit Aufgeklärtsein und Erwachsensein verschmolzen ist. Osmin singt bereits in der Arie Nr. 3 im ersten Akt, dritter Auftritt: »Mich zu hintergehen, müßt ihr früh aufstehen, ich hab' auch Verstand. Drum, beim Barte des Propheten! Ich studiere Tag und Nacht ...« Das ist nicht nur ein schöner, witziger Satz, vielmehr weist er deutlich auf philosophische Aspekte der Aufklärung hin. Kant hat ja gerade im Jahre 1781, also ein Jahr vor der Uraufführung der *Entführung* Folgendes geschrieben: »Aufklärung ist der Ausgang des Menschen aus seiner selbstverschuldeten Unmündigkeit. *Unmündigkeit* ist das Unvermögen, sich seines Verstandes ohne Leitung eines anderen zu bedienen. *Selbstverschuldet* ist diese Unmündigkeit, wenn die Ursache derselben nicht am Mangel des Verstandes, sondern der Entschließung und des Mutes liegt, sich seiner ohne Leitung eines anderen zu bedienen. Sapere aude! Habe Mut, dich deines *eigenen* Verstandes zu bedienen!« (1994, S. 55) Insbesondere dieser letzte Satz muss wohl als wichtiger Wahlspruch der Aufklärung verstanden werden.

Es geht also in der Aufklärung um das Grundanliegen, den Menschen mit Hilfe des Verstandes zur Mündigkeit zu verhelfen, um die Vorstellung, dass die Vernunft das Wesen des Menschen darstelle, wodurch alle Menschen gleich seien. Deshalb sagt auch Osmin: »Ich hab auch Verstand.«

Ich hab auch Verstand ist also eine Grundauffassung der Aufklärung. *Ich gehöre auch zu allen Menschen und habe auch das gleiche*

Recht und ich weiß wohl, meinen Verstand zu gebrauchen! Der Verstand ist die einzige und letzte Instanz, die befähigt, über Wahrheit und Falschheit von Erkenntnissen zu entscheiden und die in ihrer Gesamtheit vernünftig angelegte Welt zu erkennen. Wenn man so denkt, hat man natürlich eine kritische Einstellung zu allen autoritätsbezogenen, irrational bestimmten Denkweisen, besonders zum Weltbild des christlichen Offenbarungsglaubens und darum eben auch zu jedem moraltheologischen Dogmatismus.

Das ist einer der wichtigsten Aspekte in Mozarts Opern: Er ist nicht an irgendwelchen Leitbildern seiner Personen orientiert, nicht an irgendeinem sittlichen oder moralischen Wertmaßstab, sondern immer an der Realität seiner Figuren.

Osmin ist ein sehr sensitiver Mensch, der mit seiner Intuition vieles voraussieht. Schon im ersten Akt, zweiter Auftritt, im Duett mit Belmonte (Nr. 2) singt er: »So hübsch von ferne ums Haus rumschleichen und Mädchen stehlen? Fort, euresgleichen braucht man hier nicht.« Er weiß, wenn auch noch unbewusst, was gespielt wird, und versucht deshalb, dies auch zu verhindern, insbesondere, dass Belmonte Zugang zum Palast des Bassa bekommt.

In seiner Beziehung zu Bassa Selim zeigt es sich vor allem da, wo es um die Liebe zu Frauen geht, dass er der Schattenaspekt desselben ist. Osmin ist ja derjenige, der zu Blonde sagt: »Ich befehle dir, augenblicklich mich zu lieben.« (Zweiter Akt, erster Auftritt, Duett Nr. 8) Selim, der anfangs von der Standhaftigkeit und der Treue von Constanze so sehr angerührt ist, dass er sie noch mehr liebt, meint dann später in Anlehnung an Osmin: »Morgen mußt du mich lieben, oder ...« Und weiter: »Elende! Nein! Nicht sterben, aber Martern von allen Arten ...« (Zweiter Akt, dritter Auftritt) Diese Martern muss sie erdulden.

In einer tieferen Schicht wollen beide, in einer letztendlich noch patriarchalen Einstellung zur Frau, diese für sich gewinnen, indem sie ihr Befehle geben. Osmin vertritt die alte patriarchale Haltung, an die sich Bassa Selim mit einem Teil seiner Persönlichkeit anschließt. Erst in der Auseinandersetzung mit Blonde zeigt sich auch für Osmin, wo seine Grenzen, insbesondere die patriarchalen, sind. Zusammengefasst ist hier noch einmal darauf hinzuweisen, wie wichtig Mozart immer wieder auch die Schattenaspekte sind. In der *Zauberflöte* ist es Papageno, der den Schatten von Tamino darstellt, wie eben hier Osmin der Schatten von Bassa Selim ist. Für Mozart bestehen reale Personen immer aus zwei Teilen, die nur zusammen die ganze Persönlichkeit ergeben.

Mozart zeichnet auch die zweite tragende Frauenrolle, Blonde, die Dienerin von Constanze, als eine Frau, die durchsetzungsfähig ist und ihre Interessen vertreten kann. Schon in ihrer ersten Arie im zweiten Akt, erster Auftritt, Arie Nr. 8, legt sie dar, wie es möglich ist, ein Frauenherz bzw. sie selbst zu gewinnen. Sie richtet damit ihren Blick nicht etwa auf ihren geliebten Pedrillo, sondern auf den Türken Osmin. Osmin hätte also durchaus bei ihr reelle Chancen, wenn er sich denn von seiner patriarchalen Position wegbewegen würde, also die Grundeinstellung »Ich dein Herr, du meine Sklavin; ich befehle, du mußt gehorchen!« aufgeben würde.

Sie singt in dieser Arie: »Durch Zärtlichkeit und Schmeicheln, Gefälligkeit und Scherzen erobert man die Herzen der guten Mädchen leicht. Doch mürrisches Befehlen und Poltern, Zanken, Plagen macht, daß in wenig Tagen so Lieb als Treu entweicht.«

Hier finden wir eine Karikatur der alten, patriarchalen Einstellung. Osmin vertritt noch diese alte Position, und Blonde, die moderne »emanzipierte« Frau, weist darauf hin, dass es zwischen Mann und Frau um Zärtlichkeit und Liebe und nicht um Unterwerfung gehen muss. Aber es gelingt Osmin nicht, sich auf diese emotionale Ebene, die ihm von Blonde angeboten wird, einzulassen. Er verharrt vielmehr auf der Position, dass er selbst zu befehlen und die Frau zu gehorchen habe.

Blonde verstärkt dann kurz danach in dem Duett mit Osmin (Nr. 8) ihre Position, indem sie sagt: »Mädchen sind keine Ware zum Verschenken! Ich bin eine Engländerin, zur Freiheit geboren, und trotze jedem, der mich zu etwas zwingen will!« Darauf sagt Osmin leise zu sich selbst: »Und doch lieb' ich die Spitzbübin, trotz ihres tollen Kopfes« und laut meint er: »Ich befehle dir, augenblicklich mich zu lieben.« Blonde darauf: »Ha, ha, ha! Komm mir nur ein wenig näher, ich will dir fühlbare Beweise davon geben.« In verschiedenen Inszenierungen wird bei diesem Duett gezeigt, dass Blonde gerade beim Stricken ist und Osmin ihr die Wolle aufhalten muss. Am Ende dieses Duetts (Nr. 9) stellt sich dann Blonde so, als wolle sie ihm die Augen ausstechen, und singt: »Es ist um die Augen geschehen, wofern du noch länger verweilst!« Daraufhin weicht Osmin furchtsam zurück und singt: »Nur ruhig, ich will ja gern gehen, bevor du noch Schläge erteilst.« Er geht daraufhin ab.

Erich Neumann hat das Augenausstechen als eine Metapher für eine Form der Kastration bezeichnet. Er spricht in diesem Zusammenhang von einer unteren und einer oberen Männlichkeit. Wenn es dem Mann gelungen ist, den Sieg über den verschlingenden Aspekt der großen Mutter zu erreichen, dann kommt eine ganz neue Art von Männlichkeit ins Spiel, die so genannte »obere Männlichkeit«, die sich besonders im Kopf darstellt. Es entwickelt sich dann ein Mann, der weiß, wo es langgeht, ein Mann, der den Durchblick hat. Nach Neumann ist diese »obere Männlichkeit« ganz besonders auf die Augen zentriert. Die »untere Männlichkeit« hingegen hat ihren Fix- und Kristallisationspunkt im Bereich der Genitalorgane. Zum erwachsenen, reifen Mann gehört es deshalb, dass eine Verbindung von oberer und unterer Männlichkeit besteht. Es geht nicht darum, die »untere Männlichkeit« zu vernachlässigen. Unten meint auch keine qualitative Bewertung in irgendeinem negativen Sinn. Vielmehr drückt sie lediglich die Region des Körpers aus. Zentral ist jedenfalls, dass der obere Teil der Männlichkeit, also der Kopf, der Verstand, der Geist, das Auge, mit der unteren Männlichkeit, den Genitalorganen, in Einklang gebracht werden soll. Wenn das nicht der Fall ist, so könnte es phallusbesessene, obere Kastraten oder kopfbesessene, untere Kastraten ergeben. Die Kastration im Bereich der oberen Männlichkeit findet häufig dadurch statt, dass Männern der Kopf abgeschlagen wird. Es gibt hierzu viele Mythologien, so etwa bei Turandot, die die Köpfe der Männer, die sie besitzen wollen, auf die Zinnen der Burg steckt. Auch in dem Märchen *Die verwünschte Prinzessin* schlägt die Prinzessin mit dem Schwerte des Vaters den Männern den Kopf ab, wenn es ihnen nicht gelingt, das von ihr aufgegebene Rätsel zu lösen, das ihr ein Berggeist, zu dem sie nachts immer hinfliegt, aufgibt. Dieser Berggeist ist sozusagen ein »Supervater« im Hintergrund.

Ein weiterer Aspekt ist die Blendung, wie bei Ödipus, hier als eine Form der Selbstkastration. Ödipus löst das Rätsel der Sphinx nur ungenügend. Er hat ja nur den Rätselspruch gelöst und nicht das Rätsel, das die Sphinx ihm aufgibt. Dadurch fällt er wieder in den Schoß der Mutter zurück. Als er dann allmählich erkennt, was passiert ist, ist er nicht Manns genug, mit dieser Situation umzugehen. Er ist nicht in der Lage, mit seiner oberen Männlichkeit zu entscheiden, dass er sich der Verantwortung für seine Kinder, die er mit seiner Mutter gezeugt hat, stellen muss und dass er weiter versucht, aus der Situation das Beste zu machen. Nein, Ödipus nimmt die goldene Nadel vom Gewande der Mutter, sticht sich beide Augen aus und führt so eine Selbstkastration durch.

In der *Entführung* droht also auch Blonde mit einer Kastration im Bereich der oberen Männlichkeit. Osmin hat ja vorher in einer Arie gesungen: »Ich hab auch Verstand«, er drückt also aus, dass er eine obere Männlichkeit besitzt und diese auch entwickelt ist. Mit dieser oberen Männlichkeit möchte er auch Blonde befehlen, ihn zu lieben. Er sagt dann ja auch: »Du bist ja mein Eigentum, der Bassa hat dich mir geschenkt.« Aber Blonde lässt sich dadurch nicht von ihrer eigenen, nach Unabhängigkeit strebenden Position abbringen, vielmehr antwortet sie mit dem Lied »Ein Mädchen zur Freiheit geboren ...«. Sie setzt also diesem patriarchalen Befehl die zur Freiheit strebende Emanzipation der Frau entgegen. Diese innere Stärke von Blonde und auch die Angst, Blonde könnte ihn tatsächlich kastrieren, bringen Osmin dazu, abzutreten. Als Blonde am Ende dieses Duetts Nr. 9 singt: »Ein Herz, so in Freiheit geboren, läßt niemals sich sklavisch behandeln, bleibt, wenn schon die Freiheit verloren, noch stolz auf sie, lachet der Welt!« (Zweiter Akt, erster Auftritt) Sie zeigt damit, dass nichts sie von ihrer Position abbringen kann und dass der patriarchale Mann in Gestalt des Osmin, der hoffte, eine Frau einfach besitzen zu können, letztendlich das Feld räumen muss.

Bemerkenswert ist hier auch, dass die psychoanalytisch gesicherte Nähe von Spott und Angst in der Person des Osmin ihren Zentralisationspunkt findet, wobei sich beide Faktoren durchaus die Waage halten. Dabei wird das spöttische Element eher aus der Außenbetrachtung des Osmin heraus geboren, aus der Reaktion auf ihn, vor allem im unglücklichen Verhältnis zu Blonde. Sowohl das spöttische als auch das Angst machende Moment bleibt in der Auseinandersetzung mit Osmin in der Oper schwerpunktmäßig Blonde vorbehalten. Osmin ist ja kein Tölpel, kein Dummkopf, sondern ist, wie oben schon angemerkt, stolz auf seine ausgebildete obere Männlichkeit (»Ich hab auch Verstand«) und darüber hinaus auch sehr sensibel, was sich einerseits im Misstrauen gegenüber Belmonte und Pedrillo zeigt, andererseits gegenüber Constanze, auf die er ja aufpassen soll.

Osmin ist aber auch die Figur, die in der Oper am stärksten die türkische Sozialisation verkörpern soll. Dies meint einmal die patriarchale Einstellung der Frau gegenüber und darüber hinaus, zumindest in der Projektion, die Grausamkeit und das martialische Moment. Von Mozart wird dies musikalisch in gestischen, pathetischen Melodiemodellen ausgedrückt, die bei allen Figuren der Oper, außer gerade bei Osmins jeweiligen Gegenspielern, durchaus Respekt auslösen.

An dieser Stelle wäre nun auch eine Bemerkung zur Position zwischen Herr und Diener angebracht. Der Diener spielt bei Mozart, wie wir ja feststellen können, häufig eine sehr wichtige Rolle. Schon vorher, bei Gotthold Ephraim Lessing in seinem Stück *Minna von Barnhelm*, ist erstmals eine Dienerin auf die gleiche Stufe mit der Herrin gestellt worden.

In Mozarts Oper *Die Entführung* sind es Pedrillo und sein Herr Belmonte sowie Osmin und sein Herr Bassa Selim. Beide, sowohl Diener als auch Herr, sind stark aufeinander angewiesen. Ohne den einen könnte der andere eigentlich nichts ausrichten. Noch deutlicher wird dieses Thema in *Figaros Hochzeit* dargestellt, wo Figaro dem Grafen Almaviva eigentlich sogar überlegen ist; weiter im *Don Giovanni*, wo der Diener Leporello an einer Stelle wörtlich sagt: »Ich will selber den Herren spielen, ich will nicht mehr länger Diener sein!«

Eine ähnliche Situation finden wir auch in der *Zauberflöte* zwischen Papageno und Tamino. Papageno ist zwar nicht der eigentliche Diener, sondern der Diener der Königin der Nacht, wurde aber von dieser Tamino mit auf den Weg gegeben. Auch hier gilt, dass Papageno ein Teil von Tamino ist. Wenn wir uns noch einmal die von Erich Neumann postulierte Position der oberen und der unteren Männlichkeit betrachten, so könnte man sagen, dass Papageno die untere Männlichkeit darstellt, wobei dies nicht wertend gemeint ist, sondern mehr die animalische, instinkthafte Seite beschreibt, und Tamino stärker die obere Männlichkeit verkörpert, diejenige Seite, wo es um Kultur, Ästhetik und um Intellekt geht. Er singt an einer Stelle: »Wann also wird das Dunkel schwinden, wann wird das Licht mein Auge finden?« Bei Mozart hat es sicherlich eine sehr große Bedeutung, dass sowohl im *Don Giovanni* Leporello als auch in der *Zauberflöte* Papageno die erste und die letzte Arie singen dürfen.

Dadurch spielen diese beiden Dienerfiguren nicht irgendeine untergeordnete Rolle, sondern haben eine besonders wichtige Position inne. Papageno ist, wenn man die *Zauberflöte* als Ganzes betrachtet, möglicherweise sogar die stärkere Männerfigur als Tamino, insbesondere musikalisch. Also könnte man festhalten, dass Papageno und Tamino, bzw. in der *Entführung* Pedrillo und Belmonte, zwei auseinander geklappte Hälften ein und derselben Person sind, die erst in der Zusammenschau die volle Spannbreite dieser Person darstellen.

Die gleichberechtigten Situationen zwischen Herr und Diener bzw. Herrin und Dienerin zeigen sich auch in den Stimmlagen, die in diesen Fällen für alle gleich sind. Die beiden Frauen, Constanze und Blonde, haben Sopranstimmen, Constanze lediglich den eher dramatischen Koloratursopran, sonst aber gibt es keinen Unterschied. Bei den Männern handelt es sich um zwei Tenöre, wobei Belmonte eher der Kategorie des so genannten lyrischen Tenors zuzuordnen ist, aber dennoch bleibt auch Pedrillo in seiner Stimmlage Tenor. Durch die gleichen Stimmlagen werden auch die vergleichbaren Positonen der Figuren ausgedrückt.

Otto Rank hat darauf hingewiesen, dass bei Opern, aber auch bei Schauspielen, von der üblichen literarisch-ästhetischen Betrachtungsweise weggegangen werden soll, und dass es wichtig wäre, sich einer psychologischen Auffassung hinzugeben. Diese Betrachtung nimmt erst einmal von der tatsächlichen Bedeutung der Figuren Abstand. Dadurch wird es möglich, dass der Dichter oder Komponist weder die Helden noch die Diener etwa zur Belebung oder Kontrastierung der Handlung nutzt, sondern die Gestalt des Dieners ein notwendiges Stück der künstlerischen Darstellung des Helden selbst bedeutet. Rank weist in diesem Zusammenhang auch auf Freud hin, der ja schon feststellte, dass etwa Shakespeare häufig einen Charakter in zwei Personen zerlegte, von denen dann jede unvollständig begreiflich erscheint, solange man sie nicht mit der anderen wiederum zur Einheit zusammensetzt. Dies ist eine sehr wichtige und interessante Betrachtungsweise, da man sozusagen eine sekundäre Spaltung einer Gestalt in zwei Personen, die zusammen den vollständigen verständlichen Charakter ergeben, vorfinden würde.

Mozart hat in der *Entführung* in einer ganz besonderen Weise die Figuren selbst in ihrer besonderen seelischen Befindlichkeit dargestellt. Seine Aufmerksamkeit richtet sich auf das komplizierte Innenleben von Menschen und insbesondere auch auf die Beziehungsgefüge, die sich zwischen ihnen ausgestalten. Vor allem verstand es Mozart, über den einfachen Handlungsaspekt des Textbuches hinaus, musikalisch den seelisch-emotionalen Hintergrund darzustellen. Die inneren Konflikte der beiden Paare Constanze und Belmonte sowie Blonde und Pedrillo mit ihren widerstreitenden Gefühlen werden durch die Mozart'sche Musik besonders zugänglich.

Die Liebeskonflikte zeigen sich nicht als einfaches, sittlich-moralisches Problem, sondern spiegeln das Innenleben der einzelnen Personen wieder, wo Hass, Neidgefühle, Eifersucht und Besitzansprüche miteinander ringen.

Dieser Aspekt wird am deutlichsten im Quartett Nr. 16, wo es zwischen Belmonte und Constanze sowie Pedrillo und Blonde um die Eifersucht geht. Am Anfang freuen sich alle über das Wiedersehen und die wiedergewonnene Liebe, dann aber beginnt Belmonte mit seinen Sorgen und der Frage, ob sich Constanze denn doch in den Bassa Selim verliebt hat. Er singt in dem Quartett: »Doch ach, bei aller Lust empfindet meine Brust noch manch geheime Sorgen!« Und weiter: »Ich will. Doch zürne nicht, wenn ich nach dem Gerücht, das ich gehört, es wage, dich zitternd, bebend frage, ob du den Bassa liebst.« (Zweiter Akt, achter Auftritt)

Auch Pedrillo fragt gleich darauf bei Blonde an, ob sie ihm treu geblieben sei. »Hat nicht Osmin etwa, wie man fast glauben kann, sein Recht als Herr probiert, und bei dir exerziert? Dann wär's ein schlechter Kauf!« Auf diese Frage erhält er von Blonde eine Ohrfeige. Darauf antwortet Pedrillo, indem er sich die Wange hält: »Nun bin ich aufgeklärt!«

Durch diese Ohrfeige wird den Männern bewusst, wie ungerecht ihre Verdachtsphantasien waren. Aber diese Eifersucht, insbesondere wenn es aus der Sicht der Männer um das Besitzenwollen von Frauen geht, tritt häufig dann auf, wenn es besonders schön sein soll, wenn man sich besonders nahe kommen will. Am Ende dieses Quartetts, nachdem alle vier sehr betroffen und ratlos zu sein scheinen, singen die beiden Frauen dann: »Wenn unsrer Ehre wegen die Männer Argwohn hegen, verdächtig auf uns seh'n, das ist nicht auszusteh'n!« Die beiden Männer singen dann darauf: »Sobald sich Weiber kränken, wenn wir sie untreu denken, dann sind sie wahrhaft treu, von allem Vorwurf frei!«

Pedrillo bittet als Erster in einer liebevoll flehenden Melodie um Verzeihung, Belmonte schließt sich ihm an und übernimmt die Melodie von seinem Diener. Hier wird wieder deutlich, dass der Diener der Führende ist, wenn es um die Gefühlsebene geht. Pedrillo ist seinen Gefühlen sehr viel näher als Belmonte, wie wir dies ja auch aus der *Zauberflöte* von Papageno und Tamino kennen. Pedrillo singt in seiner liebevollen Melodie: »Liebstes Blondchen, ach, verzeihe! Sieh, ich bau auf deine Treue mehr jetzt als auf meinen Kopf!« Nach einem anfänglichen Zögern können sich dann doch beide Frauen entscheiden zu verzeihen. Blonde beginnt, indem sie singt: »Ich verzeihe deiner Reue. Wohl, es sei nun abgetan!« Alle vier stimmen dann zum Schluss des Quartetts in den Gesang ein: »Wohl, es sei nun abgetan! Es lebe die Liebe! Nur sie sei uns teuer, nichts fache das Feuer der Eifersucht an.«

Insbesondere in dieser Szene, die in dem Quartett musikalisch ausgedrückt ist, zeigen die Frauen, dass sie im Verhältnis zu den Männern die stärkeren in der Beziehung sind. Sie sind es, die die Entscheidung treffen und die in den jeweiligen Dreiecksbeziehungen, also bei Constanze im Dreieck zwischen Belmonte und Bassa Selim und bei Blonde im Dreieck zwischen Pedrillo und Osmin, die Gefühle zulassen und den Widerstreit zwischen sittlich-tugendhafter Über-Ich-Position und erotisch-vitalen Es-Impulsen wahrnehmen. (Über-Ich ist ein Begriff aus dem Instanzen-Modell Freuds. Ihm kommen die Funktionen des Gewissens und der Selbstbeobachtung zu. Und im »Es« werden nach Freud die angeborenen Triebe und Grundaffekte lokalisiert. Der Begriff tauchte bereits bei Nietzsche auf.)

Gerade auch das Zulassen der erotisch-vitalen Gefühle, die sie bei beiden Männern spüren, versetzen die Frauen in die Lage, eine innere Entscheidung zu treffen, nämlich bei ihren europäischen Liebhabern zu bleiben. Diese innere Entscheidung ist aber nur möglich, da beide auch ihre erotischen Gefühle den beiden anderen Männern gegenüber zulassen können.

In der Oper wird insbesondere durch die beiden Frauen die ganze Ambivalenz zwischen der Bereitschaft und der Unfähigkeit zu verzeihen dargestellt. Diese Ambivalenz der Gefühle, die in jeder der Personen vorhanden ist, wird durch die Eifersuchtsgefühle der Männer verständlich.

Im Quartett finden sich darüber hinaus auch verschiedene, sich wechselnde Paarbildungen, die in unterschiedlichen Untergruppen auftreten. Am Anfang sind es die zwei Paare Belmonte und Constanze sowie Blonde und Pedrillo, später dann lösen sich diese heterosexuellen Paare auf und werden zu gleichgeschlechtlichen Paaren, Männer und Frauen trennen sich voneinander. Zuletzt dann ordnen sich die Paare wieder in der zu Anfang dargestellten Weise, so dass durchaus anzunehmen ist, dass Constanze und Belmonte wie Animus und Anima in einer Person vereint sind, das Gleiche würde dann für Pedrillo und Blonde gelten.

Eine Fülle von Konflikten in Liebesbeziehungen beruht auf dem Gegensatz des weiblichen und männlichen Wesens, wobei die Konstellation zwischen Mann und Frau dadurch so kompliziert wird, dass auch zwischen Anima und Animus in jedem Menschen alle gegensätzlichen Beziehungen hervortreten, welche archetypisch das Männliche vom Weiblichen unterscheiden. Die Anima tendiert ihrer weiblichen Natur nach, unabhängig von dem Distanz wollenden männlichen Animus, zur Herstellung einer emotional betonten Zweierbeziehung zwischen Mann und Frau. Die Frau hat zwar in ihrer Weiblichkeit bewusst den Willen zum Zusammen-, zum Einssein in der Partizipation, kann es aber, von ihrer männlichen Animus-Seite verfolgt, nicht unterlassen, trennende und ärgerliche Gesichtspunkte zu haben. Gerade diese Aspekte leuchten in dem Quartett Nr. 16 noch einmal auf.

An der Stelle, an der nun eine emotionale Harmonie zwischen den Paaren hergestellt ist, taucht Osmin als derjenige, der in dem Dreieck mit Blonde und Pedrillo der Ausgeschlossene ist, wieder auf, um die Harmonie zu stören. Er überrascht die vier bei ihrem Fluchtversuch und nimmt sie gefangen. In der Arie Nr. 19 im dritten Akt, fünfter Auftritt, singt er dann: »Ha, wie will ich triumphieren, wenn sie euch zum Richtplatz führen und die Hälse schnüren zu! Hüpfen will ich, lachen, springen und ein Freudenliedchen singen, denn nun hab ich vor euch Ruh.« Osmin löst an dieser Stelle den Rivalitätskonflikt so, dass er sich in seiner patriarchalen Position mit der Macht identifiziert, die es ihm ermöglicht, zerstörerisch wirken zu können. Dies ist sicherlich eine durchaus nahe liegende Reaktion eines Mannes, der gekränkt wurde und einen Korb erhielt. Wie wir später sehen werden, reagiert dann der Bassa, der ja auch einen Korb erhalten hat, ganz anders.

Belmonte und Constanze lassen sich die Harmonie, die sie eben erreicht haben, nicht nehmen, wobei insbesondere Constanze wieder die stärkere Position einnimmt. Sie singt im Duett Nr. 20, dritter Akt, siebter Auftritt: »Laß, ach Geliebter, laß dich das nicht quälen. Was ist der Tod? Ein Übergang zur Ruh!«

Durch diese starke Position lässt sich Belmonte trösten. Daraufhin sind beide in der Lage, miteinander zu leiden und sich in eine beginnende Todeserwartung hineinzubegeben, die wunderbar musikalisch von Mozart ausgestaltet wird. Beide Stimmen singen im Terzengesang und sind in Erwartung des Todes gleichsam in eine Art Todesekstase geraten: Wenn wir schon nicht gemeinsam miteinander leben können, dann wollen wir im Tod miteinander vereint sein, also nicht: Bis dass der Tod euch scheidet, sondern: Bis dass der Tod euch vereint. Dies hieße dann, dass die Vereinigung im Sinne einer »Todeshochzeit« zu feiern wäre. In einer Inszenierung der Salzburger Festspiele von 1974 wird sehr schön sichtbar, wie die beiden Geliebten aneinander gefesselt sind und zuerst mit dem Rücken zueinander stehen. Im Verlauf des gesungenen Duetts gelingt es ihnen durch entsprechende Bewegungen, die Gesichter einander zuzuwenden, und zwar in dem Moment, wo sie gemeinsam die Melodie singen: »Geb ich gern mein Leben hin! Oh welche Seligkeit! Mit dem Geliebten sterben ist seliges Entzücken! Mit wonnevollen Blicken verläßt man da die Welt.«

Mozart lässt bei dieser Szene den Bassa Selim von außen zuschauen, so dass sich bei ihm, durch das Duett angestoßen, eine innere Wandlung vollzieht. Der Bassa ist von dieser Szene so beeindruckt, dass er später die beiden Liebenden ziehen lässt, da er spürt, dass es keinen Sinn hat, Constanze mit Gewalt zu halten. Die Enttäuschung, dass er innerhalb des Dreiecks derjenige ist, der verlassen wird, weicht einer einsichtigen Haltung: »Wen man durch Wohltaten nicht für sich gewinnen kann, den muß man sich vom Halse schaffen.« Diese erwachsene und weit blickende Position stellt er dem bitter enttäuschten Osmin gegenüber. Der Bassa wusste, dass mit dem Auftreten Belmontes Constanze für ihn nicht mehr zu erreichen war. Sie hat sich für ihr früheres Leben entschieden, was für sie berechenbarer war, als sich auf ein neues Leben mit dem Bassa einzulassen. Möglicherweise war es auch für Constanze wichtig, die stärkere Position in der Partnerbeziehung zu behalten. Hier war sie sich bei Belmonte wesentlich sicherer als bei Bassa Selim, den sie doch stark idealisierte und in dem sie sehr viel mehr Väterliches, also Ödipales, fand als in der Beziehung zu Belmonte.

In ähnlicher Weise gilt dies auch für Blonde, die in der Lage war, Pedrillo sehr viel besser emotional einzuschätzen als Osmin. Erstaunlich lediglich, dass die »Freiheit« für die beiden Frauen bedeutete, aus dem Beziehungsgefüge mit Bassa Selim bzw. Osmin herauszutreten, aber gleichzeitig die sozial sanktionierte Rolle einer europäischen Ehefrau einzunehmen. Das bedeutet, darauf weist Attila Csampai in seinem »Plädoyer für eine harmlose Oper«, in *W.A. Mozart: Die Entführung aus dem Serail*, S. 16 f., hin, dass sich diese Freiheit gegen die Freiheit des Gefühls, gegen die freie Bewegung erotischer Kräfte richtet. Eine Verbindung Constanze – Bassa wäre ja das Unmögliche, das Undenkbare, die wirkliche Utopie, die alle gesellschaftlichen Schranken sprengende Liebesbeziehung. Eine solche Liebesbeziehung wäre aber nur in einem völlig anderen Kulturkreis lebbar, auf keinen Fall an dem herkömmlichen, vertrauten, heimischen Ort in Europa.

Ein zweiter wichtiger Aspekt nach der Entscheidung der Frauen ist auch das Vaterproblem, das damit einhergeht. Wir wissen ja, dass der Vater von Belmonte der Todfeind des Bassa Selim gewesen ist. Mit der Gefangennahme und dem etwaigen Tod müsste also der Sohn für etwas haften, was dem Vater zuzuschreiben wäre. In *Don Giovanni* z.B. geschieht ein Vatermord. Erstaunlicherweise wird Don Giovanni gerade in dem Jahr uraufgeführt, in dem auch der Vater von Mozart stirbt. Mozart hatte seinen eigenen Vater in seiner Jugendzeit sehr geschätzt, der Vater hat ihn ja auch sehr gefördert. Mozart sagte 1781 in einem Brief an den Vater einmal: »Hinter dem lieben Gott kommt gleich der Herr Papa!« Erst in seinen späteren Lebensjahren gab es Schwierigkeiten, insbesondere als er seine Frau Constanze Weber heiratete, womit der Vater nicht einverstanden war. Als er sich zudem entschloss, aus künstlerischen Gründen in Wien zu bleiben und nicht nach Salzburg zurückzukehren, hat sich ein schweres Zerwürfnis zwischen Vater und Sohn entwickelt.

Dieses Zerwürfnis bestand bis zum Tode des Vaters und ließ sich nicht mehr klären und lösen. In einem Brief von 1784 schreibt der Vater an Mozart: »Du willst mich doch hoffentlich nicht ins Grab bringen, wie es damals schon mit deiner Mutter war, als sie in Paris starb.« Der Vater macht Mozart gleichsam zum Vorwurf, seine Mutter umgebracht zu haben, und prophezeit ihm ein schlechtes Gewissen, wenn er selbst eines jähen Todes sterben würde. Als der Vater dann kurz vor der Uraufführung des *Don Giovanni* starb, ging Mozart nicht zur Beerdigung. Er blieb bis zu seinem eigenen Tod in diesem ungelösten Konflikt mit dem Vater stecken. Erst in der *Zauberflöte*, vier Jahre später, verzichtete er auf den Vatermord. Sarastro hat am Ende nicht triumphiert, aber Tamino konnte ihn sozusagen überwachsen und sich zum noch reiferen Menschen entwickeln. Er ist dann der eigentliche Sieger, ohne aber Sarastro vorher umbringen zu müssen. Tamino nimmt ihm sogar die Frau, Pamina, die Sarastro auch für sich gerne als Partnerin gehabt hätte. Hier gelingt es, die ödipale Situation zu lösen, ohne den Vatermord auch wirklich zu vollziehen.

In der *Entführung* versucht Belmonte zuerst mit Geld, den Bassa Selim zu bestechen, dann aber wendet der Bassa dies völlig um. Der Vater von Belmonte hat die Partnerin des Bassa entführt, und es gibt Theorien, dass diese frühere Partnerin des Bassa die Mutter des Belmonte ist. Möglicherweise war sie sogar schon bei der Entführung durch Belmontes Vater von Bassa Selim schwanger.

In der Fassung von Friedrich Bretzner ist Belmonte tatsächlich der Sohn des Bassa. Beide erkennen sich am Ende des Stückes und fallen sich in die Arme.

Wenn nun der Vater von Belmonte die Partnerin des Bassa entführt hat, würde sich mit dem Weggehen zwischen Belmonte und Constanze eine Wiederholung mit etwas anderen Vorzeichen ereignen. Der Bassa würde in gewisser Weise zweimal das gleiche Schicksal erleiden, nämlich das Weggehen seiner Geliebten, die er an Männer aus der gleichen Familie verliert. Dies mag wohl auch ein Aspekt gewesen sein, der Bassa Selim dazu gebracht hat, die Szene umzuwenden. Er sagt am Ende: »Ich will nicht so sein wie dein Vater, ich bin großmütig.« Das wäre der Großmut des Barbaren. Dieser Aspekt taucht ja bei Goethe in *Iphigenie* auf, wo Thoas auch Orest und Iphigenie ziehen lässt. Auch hier zeigt sich diese Großmut, wo sich ein so genannter Barbar gegenüber den »guten Europäern« überlegen zeigt.

Wenn also Belmonte unbewusst in einer Sohnes-Position gegenüber dem Bassa steht, so würden beide, Vater und Sohn, die gleiche Frau lieben. Dann löst allerdings der Vater in einer reiferen inneren Haltung den ödipalen Konflikt dadurch, dass er die Frau mit dem Sohn ziehen lässt und versucht, den Konflikt nicht zu verdrängen, sondern die Beziehung zu dieser geliebten Frau erwachsen abzutrauern.

Nun stellt sich noch die Frage nach anderen Lösungen und Alternativen. Eine Alternative zur Todeshochzeit ist natürlich, wie schon oben angedeutet, dass die beiden befreiten Frauen in eine Ehe nach europäischen Gesichtspunkten, also in ein ganz normales, geordnetes und vorgezeichnetes Leben eintreten und sich somit für die Konvention entscheiden. Dies bedeutet allerdings, dass sie sich in ihre zugewiesene Rolle einer europäischen Ehefrau einfügen müssen, was dann in gewisser Weise auch einen Verzicht bedeutet (und damit auch eine Einbuße an Freiheit), da sie ja andere interessante Möglichkeiten des Lebensentwurfes gehabt hätten, wie sie ihnen z.B. Bassa Selim und Osmin angeboten haben.

Im Libretto wird immer wieder deutlich, dass sich sowohl Constanze als auch Blonde der so genannten sittlichen Liebe, also einer Liebe, die auch eine konventionelle Seite beinhaltet, verschrieben haben, gleichwohl in der Musik öfters ein Widerstreit der Gefühle herauszuhören ist.

An der Stelle, wo es im Quartett (Nr. 16) um die Frage der Eifersucht geht, wird deutlich, dass die beiden Frauen idealisierte Märchenprinzgestalten aufgeben müssen. Constanze, die Belmonte als einen Mann ohne Schwächen und Fehler phantasiert hat, spürt plötzlich, dass er auch die Seite des argwöhnischen, an ihrer Treue zweifelnden Kleinbürgers hat. Als sie dies erkennt, behält sie zwar die Fassung, dennoch wird spürbar, dass es bei Constanze, und abgeschwächt auch bei Blonde, um den Tod eines idealisierten Objektes geht und der reale Mann, so wie er wirklich ist, vor sie tritt. Dies bedarf einer Trauerarbeit, damit das idealisierte Objekt aufgegeben werden kann. In diese Lücke hätte dann später Bassa Selim als neues idealisiertes Objekt einspringen können, was dieser aber nicht zulässt, sondern sich lieber von Constanze trennt und ihr so ermöglicht, dass sie ihren Partner in seiner Schwäche sehen und akzeptieren kann. Deutlich wird für beide Frauengestalten, dass niemals alle Bedürfnisse, die an ein anderes Objekt gerichtet sind, von ihm befriedigt werden können. Das heißt dann aber auch, dass im eigenen subjektiven Erleben ambivalente Gefühle auftreten, dass also Zuneigung und feindselige Regungen durchaus nebeneinander bestehen können. Das Subjekt muss wahrnehmen und ertragen, dass sogar Hass auflodert gegenüber einem Partner, dem man doch insgesamt recht zugetan ist und den man keinesfalls verlieren möchte.

Am Ende der Oper geht es nun darum, einen echten Objektverlust zu verarbeiten, nämlich den Verlust des idealisierten Objektes, indem einerseits die negativen Aspekte des realen Objektes akzeptiert werden, andererseits aber auch auf das idealisierte, vollkommen positive Bild desselben in der eigenen Seele verzichtet wird.

Auch Belmonte muss ein idealisiertes Vaterbild abtrauern. Er erlebt in der Schlussszene noch einmal eine Auseinandersetzung mit seinem Vater, denn er erfährt ja hier, welche Untaten sein Vater begangen hat, für die er nun hätte büßen können. Es kommt dann zur Aufspaltung des Vatersbildes in den guten Vater und den bösen Vater. Der gute Vater tritt ihm in Gestalt des Bassa gegenüber, der böse Teil bleibt beim realen Vater, den er nun in seinem inneren Bild verändern muss. Ob nun der Bassa wirklich sein Vater ist, spielt hier keine Rolle, da ja Belmonte im Bewusstsein dieses anderen Vaters aufgewachsen ist. Um sich nun von diesem idealisierten, realen Vater zu distanzieren und auch die negativen Anteile des wirklichen Vaters zu akzeptieren, ist es für Belmonte äußerst wichtig, aus der Identifikation mit dem idealisierten Vaterbild herauszutreten. Der Bassa gibt ihm zum Schluss Folgendes mit auf den Weg: »Werde du wenigstens menschlicher als dein Vater, so ist meine Handlung belohnt.« Dies wäre dann die Möglichkeit für Belmonte, über den eigenen Vater hinauszuwachsen, ähnlich wie dies Tamino in der *Zauberflöte* gegenüber Sarastro gelingt.

»Der gute Vater« taucht am Ende auch in der Beziehung zwischen Constanze und Bassa Selim auf. Als der Bassa Constanze ziehen lässt, sagt sie zu ihm: »Herr, vergib, ich schätzte bisher deine edle Seele, aber nun bewundere ich.« Selim antwortet darauf: »Still! Ich wünsche für die Falschheit, die Sie an mir begingen, daß Sie es nie zu bereuen möchten, mein Herz ausgeschlagen zu haben.« Hier wird noch einmal offenbar, dass es zwischen beiden eine sehr enge emotionale Beziehung gegeben hat. Ganz deutlich wird dies auch, als Constanze am Ende singt: »Nie werd' ich im Genuß der Liebe vergessen, was der Dank gebeut, mein Herz, der Liebe nur geweiht, hegt auch dem Dank geweihte Triebe.«

In einer englischen Version heißt es an dieser Stelle: »Nie werd' ich selbst im Schoß der Liebe vergessen, was der Dank gebührt« bzw. »Nie werd' ich in der Liebesumarmung vergessen, was der Dank gebührt, mein Herz der Liebe nur geweiht, hegt auch dem Dank geweihte Triebe.«

Hier zeigt sich, dass Constanze auch in der Liebesumarmung an die Vaterfigur, die durch Bassa Selim repräsentiert wird, gebunden ist. Aus der Psychoanalyse wissen wir, dass sowohl Frauen als auch Männer in eine Liebesbeziehung bis hin zur geschlechtlichen Vereinigung häufig noch frühere Beziehungen mit hineinnehmen, die nicht vergessen werden konnten. Möglicherweise ist sogar der Mann, der es schafft, eine Frau von ihrem Vater zu lösen, in dieser Position und kann deshalb nicht vergessen werden. Eine vergleichbare Problematik taucht z.B. bei Donna Anna auf, die Don Giovanni liebt, obgleich er ihren Vater umgebracht hat. Mit dem Vatermord hat er ja auch das Vaterproblem von Donna Anna gelöst, zwar etwas barbarisch, aber doch so, dass sie auf der Realebene von der Vaterbindung befreit wurde. Das bewundert Donna Anna an Don Giovanni, insbesondere da Don Ottavio, ihr späterer Lebenspartner, ein sehr femininer Typ ist, der zu einer solchen Art von Lösung des Vaterproblems nicht fähig gewesen wäre.

Für Constanze könnte dies bedeuten, dass der Bassa an die Stelle ihres eigenen Vaters rückt und sie deshalb ganz tiefe Liebesgefühle in sich spürt, die sie einerseits fürchtet (da sie einen ödipalen Charakter haben), andererseits aber auch leben möchte, aber eben nur, indem sie in einer Liebesumarmung oder im Schoß der Liebe auch an den Bassa denkt.

In der Oper wird die ganze Spannbreite der einzelnen Personen mit ihren verschiedenen Facetten und Aspekten dargestellt. Es geht also nicht darum, sich mit einer Person zu identifizieren im Sinne einer Idealgestalt. Es ist vielmehr wichtig zu spüren, dass die einzelnen Personen Teile eines großen Ganzen sind und dass wir selbst Anteile von Belmonte, Pedrillo, Constanze und Blonde, aber auch von Osmin und Selim in uns haben. C.G. Jung hat immer wieder darauf hingewiesen, dass Männer auch eine weibliche, zunächst unbewusste Seite in sich tragen sowie Frauen eine zunächst unbewusste männliche Seite. Es geht in vielen Dingen einfach nur darum, welche Seiten wir derzeit nach außen kehren und mit unserem bewussten Ich zulassen und welche Seiten eben noch als Schatten, als ungelebte Möglichkeiten im Verborgenen des Unbewussten schlummern. Dazu kann uns insbesondere die Musik einer Mozart-Oper, wie die *Entführung aus dem Serail* anregen: unsere Schatten zu sehen und ungelebte Möglichkeiten lebbar zu machen.

Don Giovanni oder Der bestrafte Wüstling

FREIHEIT – LEIDENSCHAFT – TOD

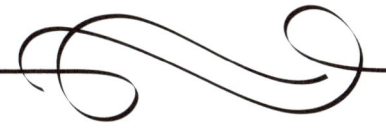

Don Giovanni – das heißt »Die Freiheitsliebe,
die Verantwortungslosigkeit,
die Liebe zum Hier und Jetzt
gegen die schreckliche Leere der Ewigkeit.

GIOVANNI MACCHIA

Die Gestalt des leidenschaftlich unglücklichen Verführers Don Juan ist wohl die in der Weltliteratur am häufigsten bearbeitete Figur.

Im so genannten »goldenen Zeitalter Spaniens« brachte ein Mönch namens Gabriel Tellez unter dem Namen Tirso de Molina 1613 sein Schauspiel *El burlator de Sevilla y convitato de pietra* zur Aufführung. Tirso de Molina (1571–1648) bildete zusammen mit Lope de Vega und Calderon das große Dreigestirn der spanischen Bühne im goldenen Zeitalter. Tirso wurde in Spanien geboren und trat am 14. November 1600 in der Nähe von Madrid als Novize in den Merzedarierorden ein, der sich der Augustinerregel verpflichtet fühlte. Im Dienst dieses Ordens stehend, starb er dann am 12. März 1648.

Er lehrte einige Jahre in Santo Domingo und Haiti und galt als ein Mönch, der über das Leben und Treiben der Menschen seiner Zeit gut Bescheid wusste. Seine Erfahrungen über menschliche Gefühle und Neigungen hat er nicht nur im Beichtstuhl gewonnen, sondern auch auf Reisen, die ihn bis nach Amerika brachten.

Gedruckt wurde das Schauspiel dann 1630 – und von da an eroberte es die Welt.

So entstanden in Italien, Frankreich, England und Deutschland Hunderte von *Don Juan*-Dichtungen, die alle ihren Urgrund in Tirsos Drama haben, auch wenn die jeweilige Ausgestaltung durch die unterschiedlichen Kulturen geprägt war. Seit Tirsos Schauspiel sind mehr als 500 Dichtungen in Form von Dramen, Komödien und Novellen über Don Juan erschienen, darüber hinaus etwa 50 *Don Juan*-Opern, -Ballette und -Sinfonien, die aufgeführt und gespielt wurden. Darüber hinaus kamen noch zahlreiche italienische, französische und deutsche Commedia-dell'Arte-Fassungen und die Bearbeitungen für Marionetten-Theater hinzu. Insgesamt gibt es also mehr als 600 Bühnenformen als Nachfolger der spanischen *Don Juan*-Überlieferung. Interessant ist in diesem Zusammenhang, dass mehr als die Hälfte der Bearbeitungen aus dem 20. Jahrhundert stammt, was dafür spricht, wie aktuell das Thema des »Ewigen Verführers« auch heute noch ist.

Die Bibliographien von Leo Weinstein verzeichnen zudem die umfangreiche Sekundärliteratur, die etwa 2000 Titel allein zu Mozarts *Don Giovanni* nennt.

Elisabeth Frenzel weist darauf hin, dass Tirso de Molina in seinem religiösen Drama zwei Stoffkreise zu einer Fabel verbindet, die ursprünglich nicht zusammengehörten. Zum einen sind es die Liebesabenteuer eines jungen, ungestümen Mannes, der ohne Rücksicht auf Verluste jede Frau nimmt, die er bekommen kann, und zum anderen geht es um die Bestrafung eines Frevlers durch die Erscheinung eines Standbildes, das er herausgefordert hat. Der religiöse Aspekt ist der, dass das Nicht-Zulassen von Reue und die Abkehr von Gott, die einen sündigen Lebenswandel bedingen, mit einem überraschenden Tod und der Verdammnis zur Hölle geahndet werden.

Die Bestrafung eines jungen Mannes durch ein Standbild oder durch einen Toten stammt aus der volkstümlichen Überlieferung in Spanien. Der Mythenforscher Marius Schneider hat aber herausgefunden, dass in den verschiedenen Volkstraditionen nicht Don Juan von einem Toten besiegt wird, sondern dass dort

Don Juan aus dem Kampf mit dem Tod als Sieger hervorgeht. Dieser Kampf gegen den Tod steht also als das eigentliche Thema im Vordergrund. Zum Inhalt der Volkssagen wäre kurz anzumerken, dass Don Juan beim Gang über einen Friedhof an einen Totenschädel anstößt, dem er einen Tritt versetzt und der ihn dann in den Fuß beißt. Nachdem er am gleichen Tag Hochzeit feiert, lädt er, erstaunt über die Reaktion des Totenschädels, diesen zur Hochzeit ein. Der Tote setzt sich auf den Stuhl des Bräutigams und isst unmäßig viel. Bei seinem Aufbruch verpflichtet er dann den Helden zum Gegenbesuch am gleichen Abend. Don Juan geht auf den Friedhof. Dort sind in einem offenen Grab zwei gedeckte Tische aufgestellt. Der Tote bietet ihm Speisen an, die sich als Schlangen und Kröten herausstellen, deren Verzehr er verweigert. Trotz aller Bemühungen des Toten, ihn zum Essen zu bringen, verweigert Don Juan dies und kann so den Friedhof verlassen. Hätte er von den Speisen genommen, so wäre er dem Tod verfallen gewesen.

Entscheidend ist hier, dass Don Juan den Versprechungen und Verlockungen widersteht, was unbewusst bedeutet, dass er nicht im Jenseits nach Erfüllung sucht, sondern im Hier und Jetzt, in seinem irdischen Leben Speis und Trank aufnimmt.

Dieser Held der spanischen Volkssage erweist sich so im Kampf mit dem Tod als Sieger. Er ist somit der Vertreter des Lebensprinzips als eines naturgemäßen Drängens auf das Erreichen der vitalen, der sinnlichen Seite menschlicher Existenz. Diese Lebenskraft setzt in menschlichen Beziehungen immer dann ein, wenn Leben bedroht ist, wenn es unerfüllt und langweilig zu werden droht. Aus diesem Grund hat die abendländische Literatur in ihren unterschiedlichen Gattungen die Figur des strahlenden Verführers gestaltet, dem Frauen ihre Hingabe schenken und die dafür eine starke Intensität ihrer Lebenskraft erfahren. In der Begegnung mit Männern löst die Don-Juan-Gestalt aber meist

Neid- und Rivalitätsgefühle aus, was aber auch hier bedeuten kann, dass das Gleichtun im Sinne einer Identifikation mit der verführerischen Kraft neue Perspektiven eröffnet.

Zurück zu Tirsos Stück. Das *Don Juan*-Drama nimmt seinen Anfang in Neapel, wohin Don Juan Tenero aus Sevilla geflohen war, weil er dort wegen seiner skandalösen Liebesabenteuer verfolgt wurde. Sofort versucht er im Dunkeln des königlichen Palastes die Tochter des Königs von Neapel, die Herzogin Isabella, zu verführen, indem er als ihr Liebhaber Octavio erscheint. Erst beim Abschiednehmen entdeckt die Getäuschte den Betrug. Angsterfüllt fragt Isabella den Unbekannten: »Herr des Himmels, Mensch, wer bist du?« Zynisch antwortet der Betrüger: »Wer bin ich? Irgendein Mann ohne Namen.« Hier schon wird deutlich, dass sich Don Juan als ein anonymer Vertreter seines Geschlechts darstellt. Denn, und das hat für die weitere Betrachtung große Bedeutung, Don Juan sucht in der Frau, die er gerade umarmt, nicht den Menschen, nicht eine menschliche Begegnung, sondern nur die Spenderin der Wolllust als Verkörperung des weiblichen Eros. Seine Liebe ist ja nicht emotional auf ein Individuum ausgerichtet, sondern sie ist ausschließlich sinnlicher Natur, deshalb ist er auch nicht treu, sondern treulos. Wie Kierkegaard anmerkt, die Liebe Don Juans meine nicht eine, sondern alle, will heißen, sie verführt alle.

Dieser erotische Zynismus zeigt sich auch, als durch den Lärm, den Donna Isabella macht, der König herbeieilt und fragt: »Wer da?«, worauf er zur Antwort bekommt: »Wer wird's schon sein? Ein Mann und eine Frau.« Don Juan wird dann verhaftet, aber der spanische Gesandte, dem er überstellt wird, erkennt ihn als seinen Neffen, so dass er ihn mit seinem Diener Catalinon fliehen lässt. Das Schiff strandet bei einem Sturm an der spanischen Küste. Dort lernt er dann, nachdem er ohnmächtig am Strand lag, das Fischermädchen Tisbea kennen, das den Schiffbrüchigen pflegt. Er verspricht ihr die Ehe, flüchtet jedoch nach der Hochzeitsnacht mit seinem Diener. Nachdem Tisbea den Betrug entdeckt, will sie sich ins Meer stürzen, wird aber von ihrem früheren Bräutigam Anfrisko daran gehindert. Anschließend versucht Don Juan im Mantel des Liebhabers von Donna Anna, des Grafen De la Mota, diese zu verführen. Doch Donna Anna bemerkt schnell, dass ein Betrüger die Stelle ihres Liebhabers eingenommen hat. Sie schlägt Lärm, und der ihr zu Hilfe eilende Vater Don Gonzalo wird von Don Juan im Zweikampf erstochen. Don Juan flüchtet daraufhin mit seinem Diener aufs Land, gerät in eine Bauernhochzeit und verspricht der Braut Aminta, sie zu heiraten. Er leistet ihr sogar einen Schwur: »Wenn ich dir einmal mein Treuwort brechen sollte, bitte ich den Herrgott, dass verräterisch und meuchlings mich ein Mann – ein Toter – töte; kein Lebendiger, bei Gott.« Mit diesem blasphemischen Schwur schläfert Don Juan das Misstrauen Amintas ein und macht sie sich gefügig. Hier klingt aber zum ersten Mal im Drama das Todesmotiv bei Don Juan selbst an. Don Juan, der sich durch die Aussage, ein toter Mann solle ihn töten, geschützt glaubt, beschwört aber gerade dadurch die Rache der Toten herauf. Auf seiner letzten Flucht gelangt er an das Grab Don Gonzalos, dessen drohende Grabschrift ihn reizt, das Standbild des Verstorbenen zu sich einzuladen. Der steinerne Gast kommt dann wirklich und lädt ihn seinerseits auf den Friedhof ein. Als Don Juan bei dieser Begegnung nicht zögert, dem Standbild die Hand zu reichen, verbrennt ihn ein höllisches Feuer.

So weit der Inhalt des *Ur-Don Juan*, der sich – wie gesagt – aus zwei Stoffkomplexen zusammensetzt und keine direkte Beziehung zu historischen Gestalten zulässt.

Im Laufe der weiteren Jahre und der Ausbreitung über die anderen Länder hat sich der *Don Juan*-Stoff etwas gewandelt. Am deutlichsten wird dies bei Molière sichtbar, dessen *Don Juan* am 15. Februar 1665 im Theater des Palais-Royal uraufgeführt wurde. Molière schuf mit seinem Don Juan kein Abbild irgendwelcher historischer Persönlichkeiten, sondern er prangerte die Einstellung und die Sichtweise des Lebens eines ganzen Standes an. Er wandte sich mit seiner *Don Juan*-Komödie gegen die zügellos lebende Aristokratie seiner Zeit, gegen die von ihm gehassten Höflinge und Adeligen, die er als gemein und skrupellos empfand. Molière war jedoch kein radikaler Sozialrevolutionär, sondern er zeigt in seinem Stück über die Figur des Vaters von Don Juan und die von ihm geschaffene Gestalt der Donna Elvira, dass es auch in der Aristokratie liebenswerte Menschen gibt. Dennoch hat Don Juan bei Molière seinen Charakter vollends verändert. Er ist zum Atheisten geworden, der über Gott nicht mehr nur lästert, sondern ihn sogar völlig verleugnet. Damit greift Molière einer theologischen Diskussion vor, die sich erst am Beginn des 20. Jahrhunderts entwickelt – eingeleitet von Rudolf Bultmann mit seiner historisch-kritischen Forschung, die in der »Gott ist tot«-Theologie gipfelt.

Schaut der Burlador (= Don Juan) bei Tirso noch nach einer Bestrafung von einer ihm übergeordneten Instanz, so kennt der Don Juan Molières überhaupt keine ihn bindende Macht mehr – außer seiner eigenen. Mit Alfons Rosenberg ist hier zu sagen: »War der Burlador in seinem Innersten gläubig und nur aus Leichtsinn scheinbar Gott mißachtend, war der Don Juan, der Italiener, indifferent und an der Gottesfrage weder positiv noch negativ interessiert, so ist Molières Don Juan zum Verhöhner Gottes geworden.« (1968, S. 38 ff.) Der Don Juan des Molière ist nicht wie der von Tirso ein naives, gebildetes, sinnliches Wesen, sondern ein reflektierender Zyniker, der sich auch durch das konventionelle Ehrgefühl seines Standes nicht abhalten lässt, jedermann zu betrügen und zu belügen.

Die Don-Juan-Gestalt wird oft in die Nähe der Faust-Figur gebracht. Margret Dietrich findet in beiden Gestalten den Ausdruck eines renaissancehaften Persönlichkeitsbewusstseins; ihre unmäßige Erfahrungssucht und Hemmungslosigkeit in der Anwendung geeigneter Mittel machen ihre Unmenschlichkeit wie ihre Übermenschlichkeit aus. Dietrich sieht die Don-Juan- und die Faust-Figur als Brudergestalten, wobei der eine im Sinnlichen die Vollendung sucht, der andere hingegen im Geistigen. Dennoch spürt die Faust-Figur, dass reine Wissenserweiterung auch zum inneren Leerlauf, zur Stagnation führen kann und dass es eines Liebeserlebnisses bedarf, um neben der Vernunft auch Affekte zu spüren, die unbedingt zum Leben gehören. Durch die Erfahrung der Liebe zu Gretchen und der sich daraus entfaltenden Geschichte gewinnt Faust an Leidensfähigkeit, die ihm sonst nicht zugänglich gewesen wäre. Dieser Weg bleibt der Don-Juan-Figur verschlossen, zumindest allen Don-Juan-Figuren, wie sie vor Mozart/Da Ponte dargestellt wurden. Am Don Giovanni Mozarts lässt sich zumindest am Schluss aufzeigen, dass auch er leidensfähig wird, diese Entwicklung aber unmittelbar mit seiner Todeserfahrung zusammenfällt.

Erst etwa 100 Jahre nach dem Erscheinen des Burlador hat sich der *Don Juan*-Stoff auch in der Musik durchgesetzt. Die wahrscheinlich erste musikalische Darstellung war ein Vaudeville in drei Akten von Le Tellier, das 1713 von einer Theatertruppe in Paris uraufgeführt wurde. Die Musik besteht aus gefälligen Modemelodien und der Erfolg war sehr groß.

Auf italienischen Opernbühnen tauchte der musikalische *Don Juan*-Stoff erst 1734 und zwar als Oper des Komponisten Bambini auf. Ab 1770 wurden dann die italienischen Bühnen förmlich von *Don Juan*-Opern überschwemmt. Ein von Vincenzo Righini komponiertes Drama wurde 1776 in Prag und 1777 in Wien aufgeführt. Eine weitere Oper mit dem Namen *Convitato de Pietra* mit der Musik von Caligari ging 1777 in Venedig über die Bühne. Im Jahre 1783 folgte in Neapel die Aufführung eines »steinernen Gastes« von Tritto. Ein Jahr darauf wird in Neapel dann eine ähnliche Oper von Albertini gegeben.

Im Don-Giovanni-Jahr werden drei neue *Don Juan*-Opern gespielt: *Ein steinerner Gast* von Fabrizi in Neapel, *Ein neuer steinerner Gast* von Gardi in Venedig und schließlich die wichtigste *Don Juan*-Oper vor Mozart *Don Giovanni ossia il convitato de Pietra* nach dem Text von Bertati und der Musik von Gazzaniga, die während des Karnevals 1787 in Venedig mit großem Erfolg aufgeführt wurde. Mozart wie Da Ponte haben dieses Werk gekannt, da es auch 1787 in Prag und Wien gespielt wurde. Offensichtlich hat Da Ponte dem Werk Bertatis wesentliche Teile für sein Libretto entlehnt.

Aber nicht nur zum Werk Bertati-Gazzanigas, sondern auch zu dem von Christoph Willibald Gluck komponierten *Don Juan*-Ballett, das 1761 im Wiener Theater am Kärntner Tor uraufgeführt wurde, besteht eine Beziehung. Gluck hat mit seinem *Don Juan* keine nur formale, lose gefügte Orchester- und Ballettsuite geschaffen, sondern eine Suite komponiert, die der inneren Logik einer Handlung folgt. Schon bei Gluck sehen wir, dass der Kontrast zwischen dem strahlenden, lebensfrohen Helden durch das D-Dur einerseits und andererseits die Geisterwelt durch das düstere d-Moll mit seinen drohenden, chromatischen Verzerrungen charakterisiert wird, wie dies dann auch später im *Don Giovanni* von Mozart auftaucht.

Neben der Vorlage von Bertati griff Lorenzo Da Ponte auch auf das Stück von Carlo Goldoni *Don Giovanni tenorio* von 1736 zurück, in dem Don Juans Bestrafung nicht etwa durch Himmel und Hölle, sondern allein durch einen Blitz geschieht. Stefan Kunze hat anhand von Textvergleichen festgestellt, dass Da Ponte den Text von Bertati, soweit er ihn kannte, umgearbeitet hat.

Dabei hat er aber die literarische und dramatische Qualität entscheidend verbessert. Die Uraufführung der Oper fand nach einer Verschiebung von zwei Wochen am 29. Oktober 1787 im Gräflich-Nostitzschen National-Theater zu Prag statt.

Zusammenfassend ist zu sagen, dass vor Mozarts Oper die Dramatisierungen von Molière und Goldoni die markantesten *Don Juan*-Interpretationen auf dem Boden des *Ur-Don Juan* von Tirso waren.

Mit Mozarts/Da Pontes Werk wird aber alles Frühere zur Vorgeschichte und alles Folgende zur Wirkungsgeschichte. Die Oper wird, um mit Harald Goertz zu sprechen, »zum unverrückbaren Zentrum der *Don Giovanni*-Genealogie«.

Mozart und Da Ponte hatten von Anfang an ein sehr gutes Einvernehmen, insbesondere da es Da Ponte verstand, den eigenwilligen Mozart mit seinen Texten zufrieden zu stellen. Mozart war ja nicht nur Komponist und Musiker, sondern sah ein Libretto zugleich mit den Augen eines Regisseurs und pflegte deshalb auch mit seinen Librettisten sehr regen Kontakt. Es ist davon auszugehen, dass Da Ponte in die Oper *Don Giovanni* auch sehr viel autobiographisches Material einbrachte. Er selbst war ja auch ein Verführer und musste sowohl Venedig wegen einer Affäre zu einer Frau verlassen als auch Wien, wo er im Sommer 1791 vom Nachfolger Josephs II., Leopold II., fortgejagt wurde. Der Grund, weswegen er beim Kaiser in Ungnade fiel, war wohl eine leidenschaftliche Liebe zu der Sängerin, die die Rolle der Fiordiligi in *Cosi fan tutte* verkörperte.

Die Uraufführung des *Don Giovanni* fand, wie gesagt, am 29. Oktober 1787 in Prag, die erste Aufführung in Wien am 7. Mai 1788 statt. Mozart hatte aber zur Aufführung in Wien noch einige neue Arien und Duette hinzugefügt. Dies lag möglicherweise daran, dass die Wiener Sänger mit manchem nicht zufrieden waren und noch einiges dazukomponiert haben wollten. In unserer Zeit werden beide Fassungen, also die Prager und die Wiener, häufig miteinander kombiniert.

Bevor wir uns aber jetzt der Oper als Ganzes zuwenden, möchte ich kurz den Inhalt wiedergeben.

1. Akt

Vor dem Palast des Komturs wartet Leporello auf seinen Herrn, der einem neuen Liebesabenteuer nachgeht. Plötzlich stürmt Don Giovanni aus dem Palast heraus und wird von einer Frau, Donna Anna, verfolgt. Sie versucht, den ihr Entrinnenden aufzuhalten und ihn zu demaskieren. Durch den Lärm aufgeschreckt, eilt ihr Vater, der Komtur, herbei und fordert den Bedränger seiner Tochter zum Duell. Unwillig lässt sich Don Giovanni auf den Kampf ein, in welchem er den Komtur tödlich verwundet. Danach flieht er mit seinem Diener. Unterdessen taucht auch Don Ottavio, der Verlobte von Donna Anna, auf. Entsetzt finden sie den getöteten Komtur, und Donna Anna lässt ihren Verlobten schwören, blutige Rache zu nehmen.

Auf der Suche nach einem weiteren Abenteuer nähert sich Don Giovanni einer verschleierten Dame. Er erkennt plötzlich in ihr Donna Elvira, seine verlassene Ehefrau, die ihm gefolgt ist, um sich an ihm für das Verlassenwerden zu rächen. Erneut gelingt es ihm zu fliehen. Leporello muss die Aufgabe übernehmen, Donna Elvira klarzumachen, dass nicht nur sie, sondern alle Frauen von Don Giovanni verlassen werden.

Zerlina und Masetto, ein junges Bauernpaar, stehen kurz vor ihrer Hochzeit. Don Giovanni findet sofort Gefallen an Zerlina und lädt die ganze Hochzeitsgesellschaft auf sein Schloss ein. Nachdem er es geschickt zustande gebracht hat, Zerlina von den anderen zu trennen, versucht er durch ein Heiratsversprechen ihre

Liebe zu gewinnen. Kurz bevor Zerlina Don Giovanni aber nachgibt, tritt Donna Elvira auf und führt die junge Bäuerin mit sich fort.

Donna Anna und Don Ottavio bitten Don Giovanni nichts ahnend, ihnen bei der Suche nach dem Mörder des Komturs behilflich zu sein. Don Giovanni bietet heuchlerisch seine Dienste an. Da erscheint erneut Donna Elvira und warnt die beiden vor Don Giovanni. Er aber meistert noch einmal die Situation, indem er erklärt, dass Donna Elvira verrückt sei. Doch plötzlich erkennt Donna Anna in Don Giovanni den Mörder ihres Vaters und fordert noch einmal ihren Verlobten auf, den Tod ihres Vaters zu rächen. Don Giovanni kann aber vorher noch einmal fliehen.

Zerlina ist es inzwischen gelungen, ihren eifersüchtigen Bräutigam zu beruhigen. Erneut nähert sich Don Giovanni Zerlina und zieht sie in eine Laube, wo er aber auf Masetto stößt, der sich dort verborgen hat, um Zerlinas Treue zu prüfen. Don Giovanni hat die Situation schnell im Griff und lädt beide zu seinem Gartenfest ein.

Vor dem Haus des Don Giovanni erscheinen verkleidet Donna Anna, Donna Elvira und Don Ottavio. Durch seinen Diener Leporello lässt Don Giovanni die drei Verkleideten zu seinem Fest einladen. Er begrüßt seine Gäste und gibt das Zeichen zum Tanz. Inzwischen nähert er sich erneut Zerlina. Es gelingt ihm, die sich Wehrende in ein Nebenzimmer zu ziehen. Kurz darauf aber ruft Zerlina um Hilfe. Inzwischen wurde Masetto von Leporello abgelenkt. Don Giovanni versucht sich nun erneut aus der heiklen Situation zu befreien, indem er angibt, Leporello habe Zerlina belästigt. Doch die drei Masken geben sich zu erkennen und zeigen, dass sie sein Spiel durchschaut haben. Don Giovanni sieht sich auf einmal unerbittlichen Rächern gegenüber; dennoch gelingt es ihm erneut, sich den Weg in die Freiheit zu bahnen und mit seinem Diener zu entkommen.

2. Akt

Leporello will nun, wie schon des Öfteren, seinen Herrn verlassen, doch Don Giovanni versteht es durch ein Geldgeschenk, ihn zum Bleiben zu bewegen. Er plant schon ein neues Abenteuer. Sein Interesse gilt der Kammerzofe von Donna Elvira. Um schneller zum Ziel seiner Wünsche zu gelangen, tauscht er mit Leporello die Kleider. Als Donna Elvira selbst auf dem Balkon erscheint, bringt er ihr ein Ständchen, zu dem Leporello die Gesten liefert. Donna Elvira erliegt erneut der werbenden Stimme und eilt vom Balkon herab in die Arme des vermeintlichen Geliebten, aber es ist Leporello in Don Giovannis Kleidern. Don Giovanni fingiert einen Straßenlärm, so dass sich das Paar entfernt. Endlich kann er der Kammerzofe das Ständchen bringen. Doch kaum hat er geendet, da erscheint Masetto mit einer Schar bewaffneter Bauern, die Don Giovanni suchen, um ihn zu richten. Der als Leporello verkleidete Don Giovanni schickt sie in eine falsche Richtung, behält aber Masetto zurück. Als die Bauern weg sind, verprügelt er ihn. Danach flüchtet er erneut. Zerlina findet ihren geschlagenen Bräutigam und versteht es, ihn liebevoll zu trösten.

Leporello hat mittlerweile genug von dem Abenteuer mit der getäuschten Donna Elvira und versucht, ihr zu entkommen. Da treten Donna Anna und Don Ottavio sowie Zerlina und Masetto auf, die sich alle auf der Suche nach Don Giovanni befinden. Ihre Wut entlädt sich an Leporello, der ja in den Kleidern Don Giovannis steckt. Da tritt Donna Elvira dazwischen und bittet um Gnade für ihren Geliebten. In diesem Augenblick wirft Leporello die fremden Kleider von sich und gibt sich zu erkennen. Der Zorn auf Don Giovanni steigert sich noch mehr, Leporello kann entfliehen.

Auf einem Kirchhof trifft Don Giovanni mit seinem Diener zusammen und berichtet ihm lachend von neuen Liebesabenteuern. Plötzlich ertönt eine unheimliche Stimme und warnt Don Giovanni vor neuen ruchlosen Taten. Don Giovanni erkennt die Statue des Komturs und fordert Leporello übermütig auf, den steinernen Herrn zum Abendessen einzuladen. Vor Angst zitternd, kommt Leporello seiner Aufforderung nach. Der steinerne Komtur nimmt die Einladung an. Bei seinem letzten Abendessen lässt es sich Don Giovanni gut schmecken. Donna Elvira besucht ihn und versucht ein letztes Mal, ihn zu einem besseren Leben zu bekehren. Voll Hohn weist Don Giovanni sie aber ab. Beim Hinausgehen stößt sie einen gellenden Schrei aus, ebenso Leporello, der ihr nachgeschickt wird, um die Ursache ihres Entsetzens zu ergründen. Don Giovanni geht dann selbst zur Tür und sieht sich plötzlich der Marmorstatue des Komturs gegenüber. Dieser fordert ihn auf, sein bisheriges Leben zu bereuen und sich zu wandeln. Don Giovanni bleibt aber seinem Wesen treu und hat für die Stimme aus dem Jenseits nur ein trotziges Nein übrig. Der Richtspruch muss sich deshalb erfüllen. Als Don Giovanni die Hand des Komturs ergreift, weiß er, dass seine letzte Stunde geschlagen hat. Unter Höllenqualen versinkt er.

Die nach dem Tod Don Giovannis erscheinenden Verfolger finden ihr Opfer nicht mehr vor. Sie vereinigen sich, bevor jeder seiner eigenen Wege geht, zum letzten Mal, indem sie Don Giovanni moralisch verurteilen und seinen Tod begrüßen.

Schon aus dem Inhalt der Oper wird deutlich, dass es um mehrere Themenkreise geht, die eine tiefenpsychologische Bedeutung haben. Zunächst steht natürlich die Beziehung zwischen Mann und Frau im Vordergrund, die Macht, die zwischen den Geschlechtern herrscht, und die gegenseitigen Abhängigkeiten. Aber es geht auch um die Vater-Kind-Beziehung, wobei der Vater Don Giovannis ja nicht auftaucht, dennoch aber in der Gestalt des Komturs zumindest eine väterliche Identifikationsfigur auftritt, die zudem Donna Annas wirklicher Vater ist. Weiterhin behandelt die Oper den Themenkomplex »Tod«: Inwieweit ist der Tod das Ende des Lebens, die höchste Erfüllung menschlicher Erkenntnis und auch der Abschnitt, an dem die Dinge lebbar werden, die im irdischen Leben nicht ausgekostet werden können? Und schließlich geht es auch um die Revolution. Mozart war ja ein revolutionärer Musiker. *Don Giovanni* entstand in den Vortagen der französischen Revolution von 1789, und er interessierte sich in ganz besonderer Weise für die Befreiungsbewegungen. Alfons Rosenberg weist in seinem Buch *W.A. Mozart – Der verborgene Abgrund* auf diesen Aspekt besonders hin. Mozart setzte sich sehr für das Recht auf Wahrung des persönlichen Lebens und den Schutz der Menschenrechte durch die Gleichheit vor dem Gesetz ein. Daneben hatte aber Mozart nicht nur die politische Seite im Auge, sondern er wollte eigentlich das Universum der Liebe verwirklicht sehen, indem jeder Lebende, Frau wie Mann, gleichberechtigt ist. »Mozart war und ist gleichsam das tönende Instrument einer Weltrevolution, durch die der bisher noch nicht verwirklichte Zustand vollen Menschseins als Utopie, als Wirklichkeit, am Horizont der menschlichen Zukunft aufsteigt. Insofern ist Mozart ein Zukunftsmusiker, denn in seiner Musik wird bereits hörbar, was einst, falls die Menschheit nicht zuvor untergeht, das Menschsein bestimmen wird.« (1976, S. 17)

Zunächst wollen wir uns mit der Ouvertüre befassen. Hierzu gibt es eine Anekdote aus dem Prager *Don Juan*-Mythenkreis zu berichten. Sie betrifft die Entstehung des Eröffnungsstücks. Es wird erzählt, dass Mozart die Komposition der Ouvertüre von Tag zu Tag verschoben habe. Noch am Tag vor der ersten Aufführung habe er mit Freunden gezecht und kräftig dem Wein zugesprochen. Am Abend gegen elf habe ihn dann seine Frau Constanze an die Ouvertüre erinnert, und Mozart habe dieses Meisterwerk in einer Nacht fix und fertig niedergeschrieben. In einer anderen Variante heißt es, Mozart habe seine Saufkumpane mit zu sich aufs Zimmer genommen. Sie hätten sich niedergelegt. Nach kurzer Zeit sei Mozart wieder aufgestanden, habe zur Feder gegriffen und, die Melodien vor sich hin summend, die *Don Giovanni*-Ouvertüre geschrieben. Kurz darauf seien dann die Kopisten gekommen, um die Stimmen für die Orchestermusiker abzuschreiben. Noch nass seien die Blätter den Musikern auf die Pulte gelegt worden.

Gegen diese Legende spricht allerdings eine Tagebuchnotiz Mozarts vom 28. Oktober 1787, aus der hervorgeht, dass die Ouvertüre schon sechs Tage vor dem Eintrag vollendet war. Auch die durchaus ruhige und sorgfältige Schrift des noch vorhandenen Manuskripts (im Besitz der Bibliothek des Pariser Konservatoriums) lässt sich mit den Anekdoten nicht in Einklang bringen. Dennoch, die Ouvertüre des *Don Giovanni* ist eine der größten Meisterleistungen. Sie führt unmittelbar in die Handlung der Oper ein und ist deshalb als ein echter Orchesterprolog zur Gesamtoper zu sehen.

Fest steht jedenfalls, dass die Ouvertüre die letzte Komposition des Gesamtwerkes war. Stefan Kunze meint dazu: »Nachdem das Ganze durch die kompositorische Einbildungskraft hindurchgegangen war, konnte Mozart in der Ouvertüre Rück- und Überschau halten. Die Summe zieht man am Schluß.« (1984, S. 370 f.) Er spricht somit von einer Hervorhebung der Ouvertüre als Quintessenz des Ganzen. Richard Wagner schätzte sie als in Tönen personifizierte Leidenschaft und Kierkegaard sagte: »Diese Ouvertüre ist kein Ragout von Themen, sie ist imprägniert vom Wesen der ganzen Oper.« In der Tat handelt es sich hierbei um keine typische Ouvertüre, wo in Potpourrieform die schönsten Melodien aneinander gereiht werden, sondern wirklich um eine Destillation des Wesentlichen.

Die Ouvertüre ist zweigeteilt in ein langsames Andante und ein nachfolgendes Allegro. Mozart verwendet für diesen feierlichen Einleitungssatz die Tonart d-Moll. Dazu verwendet er eine Stelle aus der Oper selbst, nämlich den Auftritt des steinernen Gastes. Diese Szene leitet den Schluss und Höhepunkt der Oper ein. Hier in der Ouvertüre steht sie gleich zu Anfang als eine Art Mahnung, die einen sinnlich dahinlebenden Menschen ohne moralische Verantwortung bestraft und zur Rechenschaft zieht. Zugleich aber deuten die tragischen Töne dieser Eröffnung die Ernsthaftigkeit des gesamten Stückes an, die sich hinter dem kurzweiligen Treiben, den Verführungen und hinter all den Irrungen und Wirrungen verbirgt.

Hermann Abert (1990, S. 464 f.) meint in diesem Zusammenhang, dass die »Darstellung bzw. die Aufstellung der beiden Gegensätze – einer furchtbar erhabenen, von allen Schauern des Jenseits umwehten Macht und einer dämonischen, aufgeputschten Leidenschaft« – sichtbar werde.

Darüber hinausgehend bemerkt Stefan Kunze: »Der monumentale Beginn der Ouvertüre, der zugleich Ebene und Anspruch des Ganzen unüberhörbar festlegt, steht trotz seiner Gewaltigkeit im Zeichen einer in ihren Grundfesten erschütterten Ordnung. Dies ist der bedrohliche Sinn, der gegen die Takt- und Zeitordnung gerichteten synkopischen Verschiebung in den beiden eröffneten Akkorden. Sie sind die Signatur jener Kraft, die die Handlung entscheidet, ohne an ihr teilzunehmen.« (1984, S. 373) Mit dem d-Moll-Akkord setzt das volle Orchester ein, und in schweren Synkopen schlagen die ersten und zweiten Violinen nach und gleich im zweiten Takt folgt eine angstvolle Generalpause. Danach beginnen die Streicher einen unheimlich klopfenden und stockenden Rhythmus, so als ob sie die Schritte des steinernen Kolosses darstellen wollten. Im weiteren Verlauf modulieren die ersten Geigen und die Flöten schaurige Mollskalen auf und nieder, während die Blechbläser in langen Tönen empordrängen, die zweiten Violinen und die Bratschen ein Stück Entsetzen vermitteln und diese den unheimlich pochenden Rhythmus markieren. Aber plötzlich entschwindet alles wie ein Spuk. Mit einem einfachen Dominantdreiklang verändert Mozart die Tonart nach D-Dur und der Allegrosatz beginnt.

Diese langsame Einleitung, die die Stimmung am Ende der Oper und die Macht des Komturs aufzeigt, ist von Mozart ins Zentrum gerückt worden. Sie stellt eine unheimliche Dynamik einer jenseitigen Welt dar. Hier schon wird deutlich, dass – in der Sprache der Psychoanalyse – die Dynamik des Unbewussten aufleuchtet und immer wieder ins Spiel kommt.

Wenn uns dieser Andantebeginn in die Nacht und in das Grauen hineinführt, so zeigt der zweite Teil, das Allegro in D-Dur, ein Bild reichen Lebens, ein Bild von großer Vitalität, von Liebe, vom Hier und Jetzt auf. Die Tonart D-Dur ist nach Alfons Rosenberg die Tonart der Lebens- und Liebesfreude des Don Giovanni. Schon in den ersten beiden Takten des Allegroteils wird das Drängen, die Unrast Don Giovannis deutlich. Waren die Synkopen in der Einleitung eher passiv, so sind sie jetzt aktiv. Beide schildern sie eine Kraftanstrengung, aber am Anfang zeichnen sie eine Kraft, die nur mit Mühe die ihr auferlegte Last bewältigt, während sie im zweiten Teil in ihrer Fülle kaum zu bändigen ist. In den letzten Takten taucht Don Giovanni gleichsam in seiner überschäumenden Lebenslust auf, wie er von einem Fest zum anderen eilt.

Der letzte Akkord der Ouvertüre ist der so genannte Schicksalsakkord. Es ist der Akkord, der einsetzt, als Don Giovanni den Komtur ersticht und, noch mal am Ende der Oper, als beide, Don Giovanni und der steinerne Gast, sich Auge in Auge gegenüberstehen. Bei diesem Schicksalsakkord werden wieder gewaltige Kräfte der Dynamik des Unbewussten freigesetzt, wo sich die niederdrückende Kraft des Komturs mit dem heiteren Dahinfliegen des schmetterlingshaften Don Giovanni auseinander setzt.

Diese Einführung in die Oper *Don Giovanni* ist die gelungenste Opernexposition, die man sich vorstellen kann. Denn schon hier am Anfang zeigt sich die Auseinandersetzung zwischen der Natur Don Giovannis, dessen Leben und Treiben im Allegro sichtbar gemacht wird, und dem rächenden steinernen Gast als verlängerten Arm des göttlichen Gerichts, der schwer und dumpf dröhnend im Andante zu Wort kommt. So wird das Ende der Oper auch schon ganz an den Anfang gesetzt, und somit bekommt der Zuschauer die Möglichkeit, die ganze Oper mit ihrer Vielschichtigkeit des Kampfes zwischen Lebenslust und Moral zu betrachten und auf sich wirken zu lassen.

Das Ende der Ouvertüre geht direkt in die Handlung, in die so genannte Introduktion oder Exposition, über. Leporello, der Diener Don Giovannis, steht nachts vor einem Haus, in dem sein Herr verkleidet versucht, Donna Anna zu einer Liebesstunde zu überreden. Donna Anna ist die Tochter des Komturs und zugleich die Verlobte Don Ottavios, den sie auf Wunsch ihres Vaters heiraten soll.

Leporello singt die erste Arie. Er beginnt ähnlich wie auch Papageno in der *Zauberflöte*. Leporello – das heißt eigentlich Hasenfuß – ist letztlich ein Feigling, der sich ganz gerne in die Ecke verdrückt, anstatt seinem Herrn zu helfen und zu ihm zu stehen. Aber er ist dennoch ein sehr doppelbödiger Charakter, da er auch revolutionäre Züge trägt. Schon in seiner ersten Arie macht er ja deutlich, dass er nicht mehr dienen will, sondern selbst ein Herr sein möchte. Dies ist für die damalige Zeit ein revolutionäres Ansinnen, gerade auch im Vorfeld der Französischen Revolution. Aber Leporello kommt nicht dazu, seinen Gedanken weiter nachzugehen und diese Phantasie zu Ende zu singen, denn mitten in seine Arie hinein hört man den Lärm eines verfolgten Mannes.

Es ist Don Giovanni, der von der Frau, die er versucht hat zu verführen, verfolgt wird, denn sie möchte wissen, wer sich hinter der Maske versteckt. Donna Anna, so stellt sich heraus, verfolgt Don Giovanni mit großer Leidenschaft, aber es gelingt ihr nicht, die Identität des Mannes, der sie bedrängt hat, herauszubekommen. Wegen des Lärms tritt dann aber der Vater von Donna Anna, der Komtur, hinzu, der aus dem Schlaf geweckt nun Rede und Antwort fordert. Der Komtur fordert Don Giovanni auf, sich mit ihm zu duellieren. Schon in diesen ganz wenigen Szenen gelangt die Oper zu einem ersten dramatischen Höhepunkt. Der französische Komponist Gounod sagte, dass es sich um die schönste Opernexposition handelte, die es überhaupt gibt.

Die Oper beginnt also mit einem Vatermord und mit einem »No.« Beides Ausdruck eines revolutionären Motivs. Leporello, der nicht mehr länger der Diener sein will, sagt zu seinem Dasein »No«, er will selbst den Herrn spielen. Der Vatermord, der die Frage der Schuld aufwirft, mündet am Ende der Oper in ein »No« bei Don Giovanni, ein »No« zu seiner Reue und zu seinem Lebenswandel, was dann auch sein eigenes Ende bedeutet.

Im vorigen Jahrhundert wurde die Oper oft als romantische Liebestragödie missverstanden und weniger als eine revolutionäre Oper gesehen, die alle menschlichen Gesetze, zumindest zur damaligen Zeit, in Frage stellte.

Im letzten Jahrhundert wies E.T.A. Hoffmann auf die Ambivalenz hin, dass nämlich Donna Anna Don Giovanni, obgleich er der Mörder ihres Vaters gewesen war, liebte. Innerlich war sie wohl in einem großen Konflikt, denn den Mörder des Vaters lieben verstößt gegen jede Moral. Dennoch lernte sie in der Begegnung mit Don Giovanni zumindest ansatzweise das Feuer der Liebe kennen. Durch sein stürmisches Bedrängen machte er sie mit der männlich-erotischen Kraft bekannt, die sie wohl bis dahin noch nicht kennen gelernt hatte. Der Vater, der Komtur, hatte sie ja an Don Ottavio versprochen, den sie eigentlich gar nicht liebte und zu dem sie zumindest keine Beziehung hatte. Bis zum Ende der Oper lässt auch Donna Anna offen, ob sie Don Ottavio überhaupt ehelichen will.

Die Beziehung zwischen Donna Anna und ihrem Vater, dem Komtur, war wohl sehr eng. Sie war anscheinend seine einzige Tochter. Er sorgte sich um sie und suchte ihr auch einen eher schwachen Mann aus, der zumindest nicht in unmittelbare Konkurrenz zu ihm treten konnte. Die Mutter von Donna Anna bzw. die Ehefrau des Komturs taucht überhaupt nicht auf. Dies spricht durchaus dafür, dass Donna Anna auch für ihren Vater zeitweilig weibliche, also ehefrauliche Funktionen übernahm und so für ihn auch die Frau ersetzte. Hier handelt es sich sicherlich um eine sehr enge ödipale Beziehung, in der Donna Anna ihren Vater einerseits verehrt, sich zu ihm hingezogen fühlt, ihn möglicherweise auch wegen seiner Stärke erotisch begehrt, gleichzeitig aber weiß, dass sie mit diesem alten Mann keine Zukunft aufbauen kann und dass er in vielen Bereichen ihre Wünsche nicht erfüllen kann.

Eine ödipale Beziehung kann dann beendet werden, wenn es in der Triangulierung eine Möglichkeit von Trauer und Abschied gibt. Das Hinzutreten des jugendlichen Mannes, Don Giovanni, in das Leben von Donna Anna zeigt diese Dreiecksbeziehung auf. Da der Komtur den Ambivalenzkonflikt, seine Tochter einerseits ziehen lassen zu müssen, sie aber andererseits behalten zu wollen, nicht lösen kann, war für ihn der Tod die einzig »sinnvolle« Lösung. Er fordert ja Don Giovanni geradezu auf, sich auf ein Duell mit ihm einzulassen, und nimmt möglicherweise so auch den Tod in Kauf. Don Giovanni seinerseits zögert zuerst, lässt sich dann aber doch auf den Kampf ein.

Mit dem Tod des Komturs besiegt Don Giovanni gleichsam auch ein ideales introjiziertes Männerbild bei Donna Anna und setzt sich selbst an diese Stelle. Dies führt dann bei Donna Anna unbewusst zu dem starken erotischen Gefühl, welches sie an Don Giovanni bindet.

Die Frage, die im letzten Jahrhundert aufgeworfen wurde, ob Don Giovanni nun tatsächlich mit Donna Anna intim wurde, spielt hier nur eine untergeordnete Rolle. Entscheidend ist, dass er der erste Mann ist, der sie mit der männlich-erotischen Kraft konfrontiert und der es auch schafft, sie aus der ödipalen Beziehung zum Vater herauszulösen und sich selbst an diese Stelle zu setzen.

Da die Liebe zu Don Giovanni unerfüllt bleibt, Donna Anna aber auch nicht in der Lage ist, die Gefühle abzutrauern, wandeln sie sich in Hass und Rachegefühle um. E.T.A. Hoffmann meint, Donna Anna widmete sich dem Geschäft der Rache so sehr und setzte sich ihm mit solcher Besessenheit aus, dass »gräßliche Larven« von ihr Besitz ergriffen.

Donna Anna entwickelt sich in der ganzen Oper als die treibende Gegenkraft gegenüber Don Giovanni. Diese ist nach Kierkegaard nur als eine erotische Kraft vorstellbar. Noch am Ort des Mordes fordert sie ihren Verlobten Don Ottavio auf, einen Racheschwur zu leisten. In Szene drei des ersten Aktes sagt Donna Anna: »Schwöre, dieses Blut zu rächen, wann immer du kannst!« Und Don Ottavio antwortet darauf: »Ich schwöre es ... Ich schwöre es bei deinen Augen, ich schwöre es bei unserer Liebe.« Danach singt dann Donna Anna: »Welch ein Schwur, oh Götter! Welch grausamer Augenblick! Zwischen hundert und hundert Gefühlen wird mein Herz hin und her geworfen.«

Hier spielt sie noch einmal auf ihre vielschichtigen, ambivalenten Gefühle an, der Liebe zum Vater einerseits, aber auch andererseits der Befreiung aus der ödipalen Situation, die sie durch den Tod des Vaters erlebt. Außerdem ist wohl auch die Liebe zu Don Giovanni gemeint, den sie aber zugleich, wenn er sie verweigert, lieber tot sehen möchte –, wobei sie dazu Don Ottavio braucht, dem sie sonst eher gleichgültig gegenübersteht.

Die Todesszene des Komturs inspiriert Mozart dazu, ein Terzett mit drei tiefen Männerstimmen (Bässe bzw. Bariton) singen zu lassen, was eine musikalisch seltene Zusammenstellung ist. Dies unterstreicht aber die unheimliche Situation: einerseits der sterbende Komtur, der sein Leben aushaucht, auf der anderen Seite Don Giovanni, der mit Gefühlskälte auf den Gegner herabblickt, um sich zu vergewissern, dass er auch wirklich stirbt, damit er unerkannt entkommen kann, und zum dritten Leporello, der inzwischen mit Grausen bemerkt, was sich da abgespielt hat, und dem die Glieder schlottern. Er singt: »Ach vor Schrecken und vor Zagen fühl' ich alle Pulse schlagen. Soll ich bleiben, soll ich fliehen?« Dieses Terzett hat auch in der weiteren Musikgeschichte Spuren hinterlassen. Ludwig van Beethoven wurde durch dieses Terzett zu seiner *Mondscheinsonate* inspiriert. Beethoven, der ja einmal über Mozart meinte: »Allzeit habe ich mich zu den größten Verehrern Mozarts gerechnet und werde es bis zu meinem letzten Lebenshauch bleiben.« Komponisten, die Vorgänger zitiert haben, haben damit ihre Verehrung zum Ausdruck bringen wollen. Dies war auch so bei Bach gegenüber Vivaldi oder bei Gluck gegenüber Bach.

Beethoven hat natürlich in der *Mondscheinsonate* etwas ganz Eigenes daraus gemacht, aber die innere Verwandtschaft zwischen dem Terzett aus der ersten Szene des *Don Giovanni* und der *Mondscheinsonate* ist durchaus spürbar.

Noch eine Bemerkung zu Don Ottavio. Alfons Rosenberg sagt sehr passend über ihn: »Ottavio ist immer der liebevoll Besorgte, aber niemals durch initiatives Handeln eine neue Situation herbeiführende Freund. Die Rollen des Männlichen und Weiblichen, zwischen Anna und Ottavio, scheinen vertauscht.« (1980, S. 244 ff.) Donna Anna tritt ja wie eine Rachefurie auf, wie jemand aus den Familienstrukturen, in denen noch die Blutrache durch Ehrverletzungen Gesetzmäßigkeiten hat. Der Vollzug der Blutrache war aber immer in den Händen der Männer. Als Donna Anna aus ihrer Bewusstlosigkeit erwacht, hält sie anfangs Don Ottavio für den Mörder ihres Vaters. Sie sagt: »Fliehe, Grausamer fliehe!« Sie merkt dann aber, dass es ihr Verlobter ist, und entschuldigt sich bei ihm. Das Duett, das dann folgt, zwischen Donna Anna und Don Ottavio am Ende der Szene drei, ist eines der ergreifendsten Stücke der gesamten Oper. Wir hören Donna Annas Klage über den Tod des Vaters und den Trost Ottavios, der singt: »Laß der Erinnerung Leiden, dein Gatte beschirmt als Vater dich.« Hier wird also deutlich, dass Ottavio sowohl Freund, geliebter Ehemann und auch Vater sein will. Er versteht gar nicht, dass Donna Anna ihre Trauer spüren möchte und sie einfach ihren Schmerz leben muss. Mit seiner Äußerung »Laß der Erinnerung Leiden, ich werde dein Vater sein«, und zwar unmittelbar nach dem Tod des Komturs, zeigt er seine tiefe patriarchale Einstellung. Die Gleichzeitigkeit zwischen Gatte und Vater, vereint in einer Person, wäre ja ebenfalls eine ödipale Situation, in die sich Don Ottavio bringen würde. Donna Anna spürt aber, dass er dafür nicht der richtige Mann ist, dass dies, um es etwas leger auszudrücken, eine Nummer zu groß für Don Ottavio ist. Sie kann sich nicht vorstellen, dass Don Ottavio ähnlich stark ist wie ihr Vater, sondern spürt, dass diese Funktion eigentlich längst Don Giovanni in ihren tieferen Schichten übernommen hat.

Bei dieser Einstellung bleibt Donna Anna bis zum Ende der Oper. Als Don Ottavio sie nach dem Tod Don Giovannis auf die Heirat anspricht, meint sie: »Gib mir mal ein Jahr noch Wartezeit.« An der Stelle aber, wo Don Ottavio den Vater für Donna Anna ersetzen will, wehrt sie dies ab. Sie will erst Rache, Rache für den Vater, Rache für seinen Tod, der durch Don Giovanni herbeigeführt wurde, was sie aber zu jenem Zeitpunkt noch nicht weiß. Der Rachegedanke hält sie davon ab, sich von Don Ottavio beschützen zu lassen, denn dies ist ja der männliche Anteil in Donna Annas Persönlichkeit, die keinen Schutz von einem anderen Mann wünscht.

An dieser Stelle wäre darauf hinzuweisen, dass sich die Szene des Zweikampfes zwischen Don Giovanni und dem Komtur am Ende der Oper noch einmal wiederholt, dort aber auf einer geistigen Ebene, wo der Komtur auf die Einladung des Don Giovanni hin erscheint und wo beide sich Auge in Auge gegenüberstehen und mit dem Händereichen gleichsam wieder einen Kampf ausfechten. Als Don Giovanni bei seinem Gegenbesuch dem Komtur die Hand reicht, stürzt er ja mit Höllenqualen, wie es heißt, in den Tod hinab.

In diesem Zusammenhang ist die Vaterproblematik bei Mozart besonders interessant. Wie wir aus der Biographie von Mozart wissen, hat er 1786 schwerste Auseinandersetzungen mit seinem Vater gehabt. In seiner Kindheit hat Mozart seinen Vater als sehr sorgend und fördernd erlebt. Er schreibt einmal: »Nach dem lieben Gott kommt gleich der Herr Papa.« Es gibt ja auch viele Briefe von Mozart an seinen Vater, die sehr freundlich und aufrichtig sind, aber auch sehr konventionell. Die späteren Briefe hingegen machen deutlich, dass er sich in vielen Bereichen energisch gegen seinen Vater wendet. Als sich Mozart zunehmend von seinem Vater emanzipiert und immer mehr seinen eigenen Weg gehen will, wird sein geliebter Vater immer mehr zum Problem für ihn und es kommt sowohl zur Auflehnung gegen seinen leiblichen Vater als auch gegen den Aspekt der Väterlichkeit überhaupt.

Wie schon an anderer Stelle erwähnt, hatte Mozart ja drei Vaterfiguren in seinem Leben. Neben seinem leiblichen, biologischen Vater noch den Salzburger Erzbischof Colloredo sowie den Kaiser Joseph II. Vom Salzburger Erzbischof wandte sich Mozart ja schon einige Jahre früher mit seinem Weggang von Salzburg ab. Mit Joseph II. setzte er sich über seine Opern auseinander. Zwei Jahre nach der Uraufführung des *Don Giovanni* starb Joseph II., der eine wohlwollende Herrschaft ausübte und der einmal zu Mozart sagte: »Mozart, zu viele Noten, zu viel Unruhe!« Joseph II. wollte etwas Harmonisches, eine Oper, die in das höfische Leben hineinpasste, und keine Revolutionsoper, die das feudale System der Aristokratie in Frage stellte. Einige Jahre später, 1793, wurde der *Don Giovanni* dann auch wegen seiner sozialkritischen Tendenzen in München verboten.

Zurück zum leiblichen Vater: Es gibt Briefe aus dem Jahre 1781, in denen Mozart von Wien aus den Vater bittet, seiner Selbständigkeit zuzustimmen, nachdem er mit dem Salzburger Erzbischof gebrochen hatte und in Wien blieb. Später wollte er auch für seine Heirat mit Constanze 1782 den Segen des Vaters. Aber auch diesen wollte der Vater nicht geben, und als es darum ging, Haydns Einladung nach London zu folgen, wohin Mozart mit Constanze gehen wollte, da lehnte der Vater es ab, seinen Enkel Karl zu nehmen, und verdächtigte Wolfgang, dass er ihm diesen vielleicht für immer aufhalsen wollte. Der Vater schrieb in einem Brief vom 17. 6. 1782 an Mozart: »Du mußt aber vor allem mit ganzer Seele auf das Wohl deiner Eltern denken. Sonst geht deine Seele zum Teufel. Von dir kann ich alles aus kindlicher Schuldigkeit hoffen. Ich will, wenn Gott will, noch ein paar Jahre leben, meine Schulden zahlen, und dann magst du, wenn du Lust hast, mit dem Kopf an die Mauer laufen.«

Wegen all dieser Dinge, aber insbesondere wegen des väterlichen Wunsches, Mozart von sich weiter abhängig zu halten, kam es zu einem tief greifenden Zerwürfnis, was sogar so weit führte, dass Mozart zur Beerdigung seines Vaters am 29. Mai 1787 nicht nach Salzburg kam. Bei Mozart kam es zu einer Aufspaltung des

Vaters in einen guten und in einen bösen Anteil, beide ließen sich für Mozart nicht miteinander versöhnen. Mit dem Tod des Vaters fiel ja auch die Komposition des *Don Giovanni* zusammen, so dass der Komtur möglicherweise als ein »väterlicher Riesenschatten« gesehen werden kann.

Mozart ging solchen Reifungskrisen – wie sie die Auseinandersetzung mit dem Vater bedeutet – nicht aus dem Weg. Er hatte nie eine einfache oder billige Lösung gesucht. Im Todesjahr des Vaters war für ihn keine gelungenere Lösung denkbar, als den Vatermord tatsächlich zu vollziehen, natürlich in einem übertragenen Sinne. Der Vatermord, wie er in der ersten Szene des *Don Giovanni* zum Ausdruck kommt. Eine endgültigere Lösung fand Mozart erst vier Jahre später, 1791, seinem eigenen Todesjahr, in der *Zauberflöte*. Hier gelingt es Tamino, Sarastro zu überwachsen, reifer und größer zu werden als dieser selbst, und deshalb muss er ihn nicht mehr umbringen. Tamino ist am Ende der Sieger, während Sarastro der Triumph versagt bleibt. Tamino gewinnt Pamina, er nimmt sie gleichsam dem Sarastro ab, aber er hat es nicht mehr nötig, Sarastro als den Übervater, den Riesenschatten des Vaters, zu töten. Das bedeutet für Mozart, dass die Lösung des ödipalen Konfliktes musikalisch für ihn erst in der *Zauberflöte* gelingt – bzw. lebensgeschichtlich für ihn auch erst am Ende seines eigenen Lebens eine Lösung möglich wird.

Alice Miller bemerkt, dass häufig sehr undifferenziert von gütigen und fördernden Eltern geschrieben wird. Wirkliche Menschen sind aber weder ausschließlich gütig noch ausschließlich böse. Leopold Mozart quälte seinen Sohn, weil er wohl selbst einst gequält worden war, denn ein Mensch, der nie eingeengt worden ist, hat keinen Grund, andere einzuengen und am Leben zu hindern. Aus dem Schicksal Wolfgang Amadeus Mozarts zeigt sich, wie er selbst die quälende, einengende Fürsorge des Vaters an seine Ehefrau Constanze weitergibt. Aus Briefen an

Constanze zeigt sich dies ganz deutlich, z.B. wenn er schreibt: »Gehe nie allein – ich erschrecke bei dem Gedanken ...« Alice Miller meint weiter, dass das Verständnis des Lebens vieler genialer Menschen sehr gefördert würde, wenn die Historiker anfingen, sich dafür zu interessieren, was die Eltern solcher Menschen über ihre Kinder gesagt und geschrieben haben, und wenn sie mit einem dafür geschärften Blick die alten Archive durchstöberten.

Bei Mozart steht das Vaterproblem unmittelbar auch in Zusammenhang mit dem Problem des Todes. Das Jahr 1787 war für Mozart ein Jahr der Todeserfahrungen, und diese Erfahrungen sind sicherlich in die Oper *Don Giovanni* mit eingeflossen. Es ist auffällig, dass das Requiem von Mozart, welches zwar erst vier Jahre später komponiert wurde, auch in der Tonart d-Moll steht, die ja die Grundtonart des *Don Giovanni* ist. Alfons Rosenberg hat bemerkt: »Das Jahr 1787 war für Mozart ein Gang in die Unterwelt.« (1968, S. 68 ff.)

Im Frühjahr 1787 starb sein Freund August Graf Hatzfeld, der von Mozart wegen seiner liebenswürdigen Menschlichkeit und hohen Musikalität überaus geschätzt wurde. Graf Hatzfeld war Geiger in einem Streichquartett und starb im Alter von 31 Jahren, das heißt, er war also im gleichen Alter wie Mozart. Etwa um die gleiche Zeit starb Mozarts drittes Kind im Alter von kaum einem halben Jahr, und am 28. Mai 1787 verstarb Mozarts Vater, gerade als Mozart mit der Komposition zu *Don Giovanni* begonnen hatte.

Wie bereits erwähnt, war Mozart wegen der Auseinandersetzung mit dem Vater nicht zu dessen Begräbnis gefahren. Dass dies aber für Mozart emotional nicht bedeutungslos war, drückt sich sicherlich auch darin aus, dass im *Don Giovanni* schon am Anfang ein Vatermord stattfindet.

Im September 1787 verstarb ein alter Jugendfreund Mozarts, Sigmund Barisani, der zugleich sein Hausarzt war, an einer Infektion. Diese vielen Todeserfahrungen, berührten Mozart emotional sehr und brachten ihn mit seinem eigenen Tod in Berührung, insbesondere dadurch, dass sein Freund Graf Hatzfeld im gleichen Alter war wie er selbst und sein drittes Kind ja eine Generation jünger als er. So wie Mozart seine Todeserfahrungen und -auseinandersetzung musikalisch verarbeitete, formuliert sie Rilke sprachlich etwa so:

>*Oh Herr, gib jedem seinen eigenen Tod,*
das Hingehen aus dem Leben, darin er Liebe hatte,
Sinn und Not.
Denn wir sind nur die Schale und das Blatt,
der große Tod,
den jeder in sich hat,
das ist die Frucht, um die sich alles dreht.«

Rilke sieht den Tod nicht als etwas, was als äußeres Ereignis auf uns zukommt und uns aus diesem Leben hinwegreißt, sondern was mit uns wächst wie eine Frucht – und wenn diese Frucht reif ist, dann ist es auch so weit, sich vom Leben zu verabschieden. Der Tod ist also nicht etwas Fremdartiges, was von außen auf jeden Einzelnen von uns zukommt, sondern etwas, was in uns ist, stets mit uns wächst und zur Reife gelangt.

Interessant ist in diesem Zusammenhang auch ein Brief Mozarts an seinen Vater, in dem er schreibt: »Da der Tod der wahre Endzweck unseres Lebens ist, so habe ich mich seit ein paar Jahren mit diesem wahren, besten Freunde des Menschen so bekannt gemacht, daß sein Bild nichts Abschreckendes mehr für mich hat, sondern recht viel Beruhigendes und Tröstendes. Und ich danke meinem Gott, daß er mir das Glück gegönnt hat, mir die Gelegenheit zu verschaffen, ihn als den Schlüssel zu unserer wahren Glückseligkeit kennenzulernen. Ich lege mich nie zu Bett, ohne zu bedenken, daß ich vielleicht, so jung ich bin, den anderen Tag nicht mehr sein werde. Und es wird doch keiner der Menschen, die mich kennen, sagen können, daß ich im Umgang mürrisch oder traurig wäre. Und für diese Glückseligkeit danke ich alle Tage meinem Schöpfer und wünsche sie von Herzen jedem meiner Mitmenschen.«

So weit aus dem Brief, den Mozart noch zu einer Zeit verfasste, als die Beziehung zu seinem Vater noch besser war. Rilke hat zum Thema »Tod« auch Folgendes geschrieben: »Der Tod ist groß. Wir sind die Seinen lachenden Munds. Wenn wir uns mitten im Leben meinen, wagt er zu weinen, mitten in uns.« Dieses lachende Weinen, wie es Rilke formulierte, scheint auch in der Hintergründigkeit und der inneren Spannung Mozarts und seiner Musik – ganz besonders im *Don Giovanni* – auf. Mozart selbst hat ja seine Oper ein »Drama Giocoso« genannt. Dies wäre ja eigentlich ein Widerspruch in sich selbst, denn es meint ja ein heiteres, ein lustiges Drama. Dennoch ist es gerade beim *Don Giovanni* zutreffend, denn hier wechseln ja immer wieder komische Szenen mit sehr dramatischen wie ernsten Szenen ab – wie das Leben eben ist. Im Leben gibt es nicht nur ein Entweder-oder, sondern es gibt eine große Vielschichtigkeit widerstrebender und ambivalenter Gefühle und Erfahrungen, die miteinander zu verknüpfen sind und nie eine klare und deutliche Zuordnung finden.

Mozart gibt dem Ernsten immer auch einen heiteren Charakter, aber auch dem Heiteren einen ernsten, so auch im *Don Giovanni*. Am Ende etwa ist Don Giovanni zwar untergegangen, er wurde also bestraft, aber er hat das Leben der Zurückbleibenden auch fundamental verändert. Sein Untergang kündigt zugleich etwas Neues an, eine neue Freiheit, die den Untergang nicht als Strafe kennt, sondern als Schicksal, als selbst gewähltes Schicksal. Albert Camus stellt in seinem Mythos vom Sisyphos fest: »Don Giovanni kann nicht bestraft werden. Ein Schicksal ist keine

Strafe.« Somit gibt dieses Neue, was Don Giovanni durch seinen Untergang auslöst, ihm selbst auch eine machtvolle Größe, die über ihn hinausweist. Deshalb wohl wirken die Zurückbleibenden über seine Bestrafung auch wenig befriedigt – möglicherweise ist das der Grund, warum Mozart den moralisierenden Schluss, wie er in der Prager Aufführung noch zu sehen war, in seiner Wiener Fassung einfach wegließ.

Verfolgen wir nun den Gang der Handlung weiter. Nach der Ermordung des Komtur, der Trauer von Donna Anna und dem Schwur des Don Ottavio befinden sich Don Giovanni und Leporello auf der Straße. Es ist Nacht. Leporello hat etwas auf seinem Herzen und lässt Don Giovanni zunächst einmal schwören, dass er ihn ruhig anhören werde. »Ich schwör's bei meiner Ehre«, sagt Don Giovanni, »nur laß mir den Komtur aus dem Spiel!« Leporello antwortet darauf: »Also wenn es so ist: Lieber Herr Gebieter, das Leben, das ihr führt, ist das eines Schurken.« Bei dieser Äußerung verschlägt es selbst Don Giovanni die Sprache, das hätte er nicht erwartet. Aber hier zeigt sich zum ersten Mal ganz deutlich, dass Leporello im Grunde ein Teil von Don Giovanni ist. Leporello und Don Giovanni bilden eine Person, die auseinander geklappt je eine Hälfte ausmacht. Mit seiner Äußerung spricht Leporello das Gewissen Don Giovannis an, das dieser verdrängt hat. In seinem tiefsten Inneren weiß Don Giovanni selbst, dass er ein Schurke ist, aber in seinem Bewusstsein kann er dies nicht zulassen, deshalb trifft ihn diese Äußerung von Leporello auch bis ins Mark. Don Giovanni droht ihm mit dem Degen, erst als Leporello sagt: »Ich sage nichts mehr«, antwortet Don Giovanni darauf: »So bleiben wir Freunde.« Leporello selbst spürt aber an dieser Stelle, wo er als Freund bezeichnet wird, dass Don Giovanni die ungelebten Möglichkeiten von ihm verkörpert. Wie schon ganz am Anfang, will Leporello selbst Herr sein und im Verlauf der

Oper gerät er ja in die Rolle des Verführers, auch wenn er dabei in den Kleidern seines Herrn steckt.

Musikalisch ist die Stelle dadurch gekennzeichnet, dass sehr schnelle Sechzehntelnoten gespielt werden, die in D-Dur stehen. Das geht bis zu der Stelle, wo es heißt: »Das Leben, das ihr führt ...« Danach wird es plötzlich ganz langsam und es folgt: »... ist das eines Schurken.« Zwischen diesen beiden Halbsätzen ist eine Pause, so als komme die Äußerung Leporello ganz schwer über die Lippen. Die Pause ist durch zwei Akkorde ausgefüllt. Bis zu dem Halbsatz »Das Leben, das ihr führt« ist die Tonart D-Dur und dann geht sie über in d-Moll. Es ist also die Tonart der anderen Mächte, der Don Giovanni feindlich gesinnten Mächte, aber auch der Macht des Unbewussten. Es zeigt sich an dieser Stelle also auch musikalisch, wie die bewussten und unbewussten Teile sich abwechseln und ergänzen. Hier wird das Geniale in der Komposition Mozarts besonders deutlich.

Nach diesem Duett erscheint plötzlich eine schöne Frau, die singt, dass sie hoffe, den Treulosen zu finden, der ihr die Liebe versprach und sie dann im Stich gelassen hat. Es ist natürlich niemand anderes als Donna Elvira, die Frau Don Giovannis. Wir erfahren, dass sie nur drei Tage zusammengelebt haben, was für Donna Elvira wenig, für Don Giovanni aber schon viel war. In manchen musikwissenschaftlichen Abhandlungen geht es häufig um die Frage, ob Donna Elvira nun auch nur eine Geliebte Don Giovannis war oder ob er sie wirklich geheiratet hat. Im italienischen Text steht das Wort »sposa«, was eigentlich verheiratet meint. Entscheidend ist aber, dass Don Giovanni auf jeden Fall Donna Elvira zumindest die Ehe versprochen hat, denn danach erst war es möglich, mit einer Frau zu schlafen. In der damaligen Zeit galt eine Ehe als vollzogen, wenn ein Eheversprechen abgegeben wurde und wenn ein Geschlechtsakt stattfand. Deshalb muss also Donna Elvira, zumindest aus ihrer Sicht, sich als seine Frau begreifen.

Von Mozart wird sie als eine sehr kraftvolle und schöne, als liebesstarke Frau, also als das direkte Gegenbild von Don Giovanni, gezeichnet. Sie war sicherlich keine verblühte Schönheit, wie E.T.A. Hoffmann meinte. Von Mozart bekommt sie auch eine sehr kraftvolle Musik zugeordnet. Ein punktierter Rhythmus, eine Art barocke Musik. Das zeigt auch, dass Donna Elvira noch in einer älteren Tradition steht. Donna Anna spricht in einer Begegnung mit Donna Elvira von deren holder Würde und ihrem edlen Anblick. Attila Csampai hält Elvira für die reifere, stabilere, stärkere und selbständigere Frau im Vergleich zu Donna Anna und betont, dass bei gemeinsamen Auftritten auch musikalisch Elvira stets den Vortritt vor Anna hat. Sie ist das weibliche Gegenbild zu Don Giovanni, nämlich die liebende, treue Gattin, die im Gegensatz zu dem untreuen, ständig wechselnden und sich verändernden Don Giovanni steht. Sie ist es auch, die im Verlauf der Oper sich immer wieder als Gegenspielerin Don Giovannis herausstellt, die mit ihren Aktivitäten die unseriösen Liebesabenteuer ihres treulosen Gatten zu verhindern sucht.

In ihren Äußerungen, in denen sie dem treulosen und schändlichen Gegenüber Rache androht, wird aber auch die tiefe Liebe und Bindung deutlich, die so stark ist, dass sie die Liebesgefühle nur durch ihre Rachewünsche abwehren kann. Am Anfang, als Donna Elvira noch nicht zu sehen war, sagt Don Giovanni: »Ich rieche Weiberduft.« Und dann sehen er und Leporello diese schöne Frau hinter einem Schleier, die singt, dass sie auf Rache wegen ihres treulosen Gatten sinnt. Don Giovanni hält sie deshalb erst für ein armes Mädchen, das er zu trösten versucht, und erst bei näherem Hinsehen merkt er, dass es sich um Donna Elvira handelt. Hier holt ihn also seine Vergangenheit ein. Donna Elvira, die er als armes Mädchen bezeichnet, ist die Rachegöttin, die ihn in die Enge treibt und die ihn zum »armen Mann« macht. In dieser Begegnung wird Don Giovanni erneut ein Aspekt seines

Unbewussten deutlich, wie schon bei der Äußerung von Leporello, er lebe das Leben eines Schurken. Wie er sich in seiner tiefsten Schicht selbst für einen Schurken hält, so spürt er auch, dass er eigentlich ein armer Mann ist, der sich auf keine Beziehung einlassen kann, der ruhe- und rastlos durch die Welt irrt, bis ihn der Tod erlöst.

Aber immer dann, wenn es um das Sicheinlassen auf ein emotionales Geschehen geht, bricht Don Giovanni die Situation ab. Im Gespräch mit Leporello droht er mit dem Degen, in der Beziehung zu Donna Elvira ergreift er die Flucht und überlässt Leporello das Feld. Dieser versucht Donna Elvira erst durch dumme Redensarten zu trösten und singt dann seine berühmte Registerarie (Nr. 4), in der er ihr mitteilt, dass sie weder die erste noch die letzte Frau im Leben des Don Giovanni sei.

Dies ist sicherlich für Donna Elvira eine zweite Demütigung. Es zeigt aber auch, wie sehr Leporello sich an dieser Stelle mit seinem Herrn identifiziert und welche Freude es ihm macht, eine Frau vor sich zu haben, die er demütigen kann. Die Registerarie steht in D-Dur, also in der Tonart der Lebens- und Liebesfreude Don Giovannis, im Orchester ist geradezu ein unbändiges Lachen, eine boshafte Schadenfreude zu hören. Leporello weidet sich offensichtlich daran, alle Praktiken Don Giovannis auszubreiten, aber eben so, dass es die ihm gegenüberstehende Frau auch trifft. In einer tieferen Schicht mag es bei Leporello auch Neidgefühle geben, die auf Donna Elvira gerichtet sind. Wenn er selbst ein Herr wäre, könnte er ja selbst eine so attraktive und liebesstarke Frau wie Donna Elvira gewinnen. Da sie sich aber seinem Herrn zugewandt hat, versucht er sie zu demütigen und zu kränken – gleichsam als Strafe dafür, dass sie ihn, also Leporello, nicht gewählt hat.

Szene sieben des ersten Aktes nimmt uns dann mitten hinein in ein Fest, und zwar in eine Bauernhochzeit. Eine junge Bäuerin, namens Zerlina, und ihr Bräutigam Masetto feiern mit ihren Freunden Hochzeit. Die Musik ist sehr anmutig mit leicht fasslichen Melodien in einem volkstümlichen Klang: wohlklingende Terzen, beschwingter Rhythmus, Naturklang der Hörner, also eine heile Welt, eine Welt des Glücks und der Zufriedenheit. Die ganze Hochzeitsgesellschaft singt vom Glück und Genuss der Ehe und den Freuden, die Masetto und Zerlina bevorstehen. Dann erscheinen Don Giovanni und Leporello und sofort sehen beide eine Möglichkeit, wieder etwas mit jungen Frauen anzufangen. Don Giovanni singt: »Welch schöne Jugend, welch schöne Frauen«, und Leporello antwortet sofort: »Unter so vielen, meiner Treu, wird auch etwas für mich sein.« Don Giovanni beginnt dann, sich mit Masetto und Zerlina anzufreunden, wobei Masetto seine Skepsis nicht verbergen kann. Don Giovanni versucht zwar Zerlina gegenüber, Masetto als einen Bauerntölpel hinzustellen. Dies ist er aber keinesfalls. Wie wir später im zweiten Akt sehen werden, ist Masetto vielmehr ein Revolutionär. Er stachelt die Bauern mit Mistgabeln und Gewehren zum Aufstand gegen Don Giovanni, einen Vertreter der Aristokratie, auf. Mozart greift dabei historisch auf den Bauernaufstand von 1525 zurück, wo die Bauern, im Gefühl des rechten Glaubens sich mit der Sache der Reformation identifizierend, sich auch gegen das Prinzip »eius regio cuius religio« (wessen Land, dessen Religion) auflehnten.

Aber hier im ersten Akt ist Don Giovanni noch Kraft seines sozialen Standes der Überlegene. Es ist weder sein Verdienst noch seine Ausstrahlung oder sein Aussehen, nein es ist einfach die Macht, die er durch seine Zugehörigkeit zum Adelsstand hat. Aus diesem Grund ist es für ihn ein Leichtes, sich gegen Masetto durchzusetzen. Aber schon an dieser Stelle wird der Widerstand von Masetto deutlich, wo er die Protestarie (Nr. 6) singt, die sich zum einen gegen den Feudalherrn wendet, aber auch gegen seine

Braut Zerlina als Vertreterin des weiblichen Geschlechtes, die er beschimpft: »Weibsbild, Dirne, du warst schon immer mein Verderben.« Die Arie steht in F-Dur, also einer Tonart, die durchaus mit Widerstand, Aufbruch und Energie zu verknüpfen ist. Am Ende singt Masetto: »Soll doch unser Kavalier dich noch zur gnädigen Frau machen.« Masetto hat hier ganz intuitiv erfasst, was in der Luft liegt. Er entwickelt ein feines emotionales Gespür für Unausgesprochenes, was er dann selbst äußert. Sein ganzer Trotz, sein ganzes Wissen und sein Widerstand, den er gegen die Feudalherrschaft spürt, werden in dieser Protestarie deutlich.

An dieser Stelle ist anzumerken, dass Teile dieser Arie eigentlich von Christoph Willibald Gluck sind. Mozart war einmal bei Gluck zum Mittagessen eingeladen und spielte am Klavier ein Thema von diesem, woraus er dann Variationen entwickelte. Die Improvisation hat er später auskomponiert, und es sind daraus zehn Variationen über ein Thema aus den *Pilgern von Mekka* von Gluck entstanden mit dem Titel *Unser dummer Pöbel meint*. Mozart zitiert sich in dieser Arie also selbst, nur in einer anderen Tonart. Masetto macht sich ja auch durchaus lustig über Don Giovanni, er äfft ihn geradezu nach. Er singt ja auch: »Hab schon verstanden, gnädiger Herr.« Und später: »Oh, wie könnt ich euch mißtrauen, seid ihr doch ein Kavalier!« Hier ist der ganze ironische Spott zu spüren. Im Staccato äußern sich dann die ganze Wut und auch der hartnäckige Widerstand des Masetto. Aber ihm bleibt nichts anderes übrig als nachzugeben.

Als Don Giovanni mit Zerlina allein ist, versucht er zunächst in einem Seccorezitativ den Widerstand bei Zerlina zu überwinden. Er macht ihr Komplimente über ihr goldenes Gesichtchen und ihren zuckersüßen Mund und sagt: »So eine attraktive Frau kann doch nicht die Beute eines rohen Bauern werden.« An dieser Stelle wird wieder auch der Klassenkampf deutlich. Don Giovanni selbst hält den Adel und das Leben, das dieser führt, für das bessere Los als das Leben von Bauern und Arbeitern. In dieser Haltung ist er selbst gefangen und versucht nun, Zerlina auch von seiner Lebensansicht und Weltanschauung zu überzeugen. Aber Zerlina selbst hat wohl auch längst diese Position eingenommen. Sie erlebt es als Ehre, von einem Edelmann umworben zu werden, und sieht sich selbst in ihrer Phantasie vielleicht sogar schon als Herrin, ähnlich wie sich dies ja auch Leporello wünscht. Dies war in vielen historischen Episoden auch ein Grund, warum Revolutionen gescheitert sind, denn es passierte häufig, dass Knechte zu Herren wurden, sich dann aber genauso wie die Herren vorher aufführten. Das beste Beispiel hierfür ist die kurz nach dem Entstehen des *Don Giovanni* stattfindende Französische Revolution.

Zurück zu Zerlina: Diese spürt in ihrem tiefsten Inneren, dass sie eben auch selbst gerne Herrin wäre, und so sind die Verführungen und insbesondere das Eheversprechen von Don Giovanni für sie Anlass genug, Masetto aufzugeben. Don Giovanni sagt ja in Szene neun: »Wohlan, verlieren wir keine Zeit. Auf der Stelle will ich dich heiraten.« Danach folgt das berühmte Duettino »La ci darem la mano« (»Reich mir die Hand mein Leben, komm in mein Schloß mit mir. Kannst du noch widerstreben, es ist nicht weit von hier.«) An dieser Stelle ist der Widerstand von Zerlina dann völlig gebrochen. Sie antwortet Don Giovanni in der gleichen Melodie: »Ich möchte, und ich möchte nicht, mir zittert ein wenig das Herz; wohl wäre ich glücklich, aber noch kann er mich zum Besten haben.«

Die Melodie weist viele Halbtöne auf, die die seelische Zerrissenheit von Zerlina aufzeigen. Im weiteren Verlauf braucht Don Giovanni aber gar nichts mehr hinzuzufügen, Zerlina kommt ihm immer näher. Es beginnt mit einem Septimenakkord, das könnte ein Akkord der Sehnsucht sein. Don Giovanni bleibt weiter bei der Position des Eheversprechens, um dann nur noch hinzuzufügen: »Oh komm, oh komm«, bis dann auch Zerlina in dieses »Oh komm« bzw. »Gehen wir« (*andiam*) einstimmt. Das Duettino endet dann in einem Dominantseptakkord der Sehnsucht, wo beide in vollem Gleichklang der Herzen sich spüren, wobei das Herz von Zerlina nicht nur vor Liebe, sondern auch vor Stolz hüpft, da sie sich nun als Schlossherrin sieht. Das Duettino steht in A-Dur, also nicht in der bisherigen Don Giovanni-Tonart, was auf etwas Neues, auf einen neuen Abschnitt der Lebensgeschichte von Don Giovanni hindeutet. Zurückgeholt wird er aber gerade da, als beide eng umschlungen weggehen, von Donna Elvira, die in D-Dur, also in der angestammten Tonart Don Giovannis, singt und ihn auf diese Weise wieder mit seiner Vergangenheit konfrontiert. In der Arie (Nr. 8) entfaltet sich noch einmal die kraftvolle Art Donna Elviras, wo sie in einer fast schon an Händel erinnernden Arie die Persönlichkeit Don Giovannis auffächert und Zerlinas Hoffnungen zerstört. Eine kraftvolle, hoheitsvolle Musik, die Mozart hier erneut Donna Elvira zugeordnet hat.

Am Ende dieser Arie Nr. 8 zieht Donna Elvira auch Zerlina mit sich weg. Zum einen hat Don Giovanni hier das Nachsehen, zum anderen gibt es aber auch eine Form von Frauensolidarität. Donna Elvira möchte Zerlina ihr eigenes Schicksal ersparen, sie soll nicht mit diesen leidvollen und enttäuschenden Gefühlen konfrontiert werden. Donna Elvira tritt wie eine Mutter gegenüber Zerlina auf und schützt sie vor dem Verführer und seinen Übergriffen. Eine kurze Arie in G-Dur trägt die Szene, nur vom Streichquartett begleitet, was aber gerade die innere Bewegung, die emotionale Anspannung Elviras vortrefflich in Szene setzt.

An dieser Stelle soll im Zusammenhang noch etwas über die drei Frauengestalten in der Oper gesagt werden. C.G. Jung und Marie-Louise von Franz (siehe Literatur) haben gemeinsam eine Einteilung von Frauenbildern versucht, die unterschiedliche Charaktertypen mit Vornamen verbinden. Diese Typologie hat erst einmal nichts mit der Oper *Don Giovanni* zu tun, dennoch könnte versucht werden, die drei Frauengestalten aus der Oper mit dieser Typologie in Beziehung zu setzen. Marie-Louise von Franz benennt ihre weiblichen Typen mit den Namen Maria, Eva, Helena und Sophia. Maria ist dabei die Frau, die alle Lasten auf sich nimmt, die in der Lage ist, gut verzichten zu können, und die es versteht, alles, was an sie herangetragen wird, zu akzeptieren und zu verstehen. Darüber hinaus ist sie eine Hüterin der Moral und der Konvention, aber auch bei Verstößen gegen diese Konventionen ist sie immer wieder die, die alles zu verstehen sucht. Sie ist eine Frau, die geben kann, ohne etwas für sich zurückzufordern. Also nicht im Sinne des *do ut des*, was heißt: gib, damit dir gegeben wird. Sie ist in der Lage, einfach alles großzügig zu geben, auch wenn damit viel verloren ist. Insofern wäre sie die ideale Gattin und Mutter, die mit ihrem umfassenden Verständnis und Geben alle von ihr Abhängigen zufrieden stellt. Diesen Typ verkörpert in der Oper am ehesten Donna Elvira, dies auch in einem ganz positiven Sinne als Gattin und potentielle Mutter, eine liebesstarke und lebensbejahende Frau. Trotz aller Demütigungen, die sie durch Don Giovanni und auch durch Leporello erfährt, versucht sie bis zum Schluss der Oper, Don Giovanni zu bekehren, ihn auf den moralisch besseren Weg zu bringen und so vor dem Tod zu bewahren. Zuletzt geht es ihr dabei nicht mehr darum, Don Giovanni für sich zu gewinnen. Sie sagt: »Ich will keine Zärtlichkeit mehr, aber ich möchte deine Seele retten.« Hier am Schluss zeigt sich, dass sie Don Giovanni wirklich aus einer ganz tiefen Schicht heraus liebt.

Der zweite Typ, genannt Eva, wäre in der Oper Zerlina. Bei diesem Typ Frau spielen nicht die Last, das Geben, das Verstehen und das Aushalten die vorrangige Rolle, sondern mehr die Lust am Leben selbst. Der Eva-Typ ist oft etwas einfältig oder naiv, zumindest begibt sich »Eva« in diese Position, um damit dem Mann großzügigerweise die Chance einzuräumen, der Überlegenere und Intelligentere sein zu können. Zerlina hat eine sehr naive Seite. Sie ist verführerisch und verführend, sexuell aktiv, aber auch etwas bequem und konfliktvermeidend. Sie erlebt sich in der Welt körperbezogen, neben der erdhaften Sexualität auch in Bezug auf gutes Essen, und versucht darüber hinaus all das zu genießen, was dem Körper gut tut.

Donna Anna schließlich wäre dem Typ der Helena zuzuordnen. Helena ist nach Marie-Louise von Franz eine Femme fatale oder auch eine Femme inspiratrice, also außerordentlich aufregend und verführerisch, aber auch konfliktliebend. Durch das Erzeugen von Konflikten werden aber auch Dinge, die vorher unbewusst blieben, ins Bewusstsein gerückt. Dieser Prozess findet allerdings mehr auf der Instinktebene statt, weniger auf der Reflexionsebene. Der Helena-Typ wird selbst meist stark in die Konflikte hineingezogen und darin verwoben, was aber für diesen Frauentyp einen starken erotischen Aspekt hat. Es scheint so, als ob der Konflikt immer an erster Stelle stünde. Für den Helena-Typ gibt es kaum eine moralische Bremse, dennoch leidet sie zeitweilig auch selbst unter ihren Konflikten, wobei dies wegen der erotischen Spannung eine ambivalente Situation ist. Wie schon im griechischen Mythos, wo Helena, die Frau des Menelaos, von Paris nach Troja entführt wurde und es daraufhin zu einem zehnjährigen Krieg zwischen den Griechen und den Trojanern kam, blieb dieser Konflikt bei Helena unbewusst. Sie konnte kaum begreifen, was diese Entführung an Dynamik in Gang gebracht hatte. Primär schafft der Helena-Typ für Männer Konflikte. Dadurch kann es aber auch zu größerer Bewusstheit von Seiten der Männer kommen.

Möglicherweise spielt beim Helena-Typ sowohl eine schwierige Vater- als auch eine konfliktreiche Mutterbeziehung eine Rolle. Häufig ist sie eine so genannte »Vater-Tochter«, wie dies in der Oper bei Donna Anna ja deutlich der Fall ist. Der Tod des Vaters bedeutet für Donna Anna nicht den Verlust des Vaters, sondern sie wird dadurch gleichsam gezwungen, eine ganz neue Position in Beziehung zum Mann einzunehmen. Das zeigt sich ganz besonders, wie oben schon ausgeführt, in der Begegnung mit Don Giovanni, wo sie spürt, dass das Erdhaft-Erotisch-Männliche neue Möglichkeiten eröffnet, die sie bislang insbesondere in der Beziehung zum Vater noch nicht kennen gelernt hat und die der Vater ihr auch verstellte. So hat Don Giovanni sie gleichsam von ihrem Vater befreit. In gewisser Weise löste er für sie das Vaterproblem, wenngleich auch auf eine barbarische Art. Dennoch hat Donna Anna in diesem Augenblick einen ganz bedeutsamen inneren Wandel vollzogen.

Häufig ist es so, dass der Helena-Typ den Vater in der Kindheit und frühen Jugend sehr verehrt und liebt und aus dem Vater einen großen, idealen Mann macht, der gleichsam unerreichbar ist. In der Pubertät treten dann erste Konflikte auf, und es zeigt sich manchmal, dass dieser ideale Vater gar nicht so stark ist, wie es die Tochter immer erlebt hat, was eine große Enttäuschung nach sich zieht. Diese Enttäuschung führt dann zu einer ganz eigenartigen, ambivalenten Beziehung. Auf der einen Seite wird der Vater noch geliebt, auf der anderen aber auch gehasst, weil er nicht so ist, wie sie (Helena) es sich immer vorgestellt und gewünscht hat. Somit entsteht eine Form von Hassliebe. Zu diesem ambivalenten neurotischen Konflikt kommt hinzu, dass Helena versucht, einen Schuldigen dafür zu finden, warum der Vater so schwach ist. Die Rolle des Schuldigen wird dann meist der Mutter zugewiesen. Die Mutter ist schuld, dass der Mann so schwach ist, sie hat ihn so schwach gemacht, weshalb zu der Hassliebe noch Mitleid hinzukommt. Gleichzeitig entwickelt sich aber auch der Konflikt mit der Mutter, die die Trägerin der Schuld ist. Helena versucht nun, dieses Mutterproblem zu lösen, aber, da es unbewusst ist, nicht bei sich selbst, sondern eben bei Männern.

Die Frau vom Helena-Typ lernt Männer kennen, die ein Mutterproblem haben, und dieses Problem versucht sie dann zu lösen. Dies heißt aber häufig, dass der Mann als Person nur teilweise gemeint ist, das eigentliche Interesse gilt dem Problem mit der Mutter. Dies kann sich so zeigen, dass z.b. eine Frau mit einem Mann eine sehr intensive Beziehung hat und eine Heirat geplant ist. Der Mann hat eine starke Bindung an seine Mutter, die sehr ambivalent und konfliktreich ist. Plötzlich stirbt nun die Mutter beispielsweise an Herzinfarkt oder Krebs, und innerhalb von kurzer Zeit wendet sich die Frau von diesem Mann ab, weil sich ja nun sein Mutterproblem von selbst gelöst hat, was den Mann dann völlig uninteressant für sie macht. Häufig wird von diesen Frauen nicht verstanden, warum sich plötzlich ihre Gefühle so verändert haben. Sie können sie nur registrieren.

Eine andere Variante ist die, dass ein Mann mit einer Frau verheiratet ist, die letztendlich seine Mutter sein könnte, also einer Frau mit einer starken versorgenden und altruistischen Komponente. Es gibt ja auch viele Männer, die zu ihrer Frau »Mama« sagen. Auch diesen Männertyp findet Helena interessant, aber nur so lange, bis der Mann sich von seiner Mutter-Frau getrennt hat. Dann mit der Trennung, wenn also das Mutterproblem gelöst ist, wird er wieder vollkommen uninteressant, und die Gefühle, die die Frau vom Helena-Typ vorher hatte, sind völlig erloschen.

Bei allen drei Formen, Maria, Eva und Helena, steht nicht das intellektuelle Verstehen im Vordergrund, sondern das unbewusste emotionale Erleben. Alle drei Typen sind aber notwendig und haben deshalb ihre Lebensberechtigung. Der vierte Typ nun wäre die Sophia.

Sophia wäre eigentlich die Frau, die durch leidvolle Erfahrungen alle anderen drei genannten Formen durchlebt hat und sie dann für sich bewusst einsetzt. Bei diesem Durchleben der Erfahrungen geht es nicht um eine Reihenfolge, sondern nur darum, dass diese Formen überhaupt erlebt werden können. Die Aufgabe des Sophia-Typs ist es dann, alle diese Qualitäten in sich zu vereinen und zur Ganzheit zu bringen, d.h. Sophia wäre in der Lage, durch das Integrieren der leidvollen Erfahrungen von Maria, Eva und Helena diese für sich bewusst zu machen und einzusetzen. Das wäre dann die höchste Form weiblicher Individuation im Sinne einer weiblichen Weisheit. Nach der Jung'schen Tradition kann aber der Sophia-Typ nicht direkt erreicht werden, sondern muss den Umweg über die drei anderen genannten Typen machen.

Tiefenpsychologisch ist es außerordentlich wichtig, sich diese drei ersten, so unterschiedlichen Frauentypen vor Augen zu halten, denn dadurch wird auch die Person des Don Giovanni in seiner Vielschichtigkeit deutlicher. Alle drei Frauen, die ja aus ganz unterschiedlichen Traditionen kommen, verlieben sich in ihn bzw. finden ihn als Mann faszinierend. Insofern löst er auch bei allen drei Frauen unbewusst etwas ganz Unterschiedliches aus.

Wesentlich ist weiter, dass es sich hier nicht um Schwarzweißzeichnungen handeln soll, um sich dann mit einer dieser Personen zu identifizieren und die anderen zu verdrängen oder auch die ungelebten Anteile auf andere Menschen zu projizieren. Es geht vielmehr darum, die differenzierten Aspekte und Facetten sowie auch die ganze Spannbreite der einzelnen Personen zu erkennen und gegebenenfalls auch in sich selbst zu akzeptieren. Das heißt also zuzulassen, dass eine Donna Elvira, eine Donna Anna oder auch eine Zerlina ein Teil von uns selbst sein kann. Weil darüber hinaus, wie C. G. Jung sagt, jeder Mann auch eine weibliche und jede Frau eine männliche Seite besitzt, gilt es auch, sich die gegengeschlechtliche Seite, die noch unbewusst ist, bewusst zu machen. Jeder Mann hat eine unbewusste weibliche Seite und jede Frau eine unbewusste männliche Seite, die im Laufe des Lebens immer mehr ins Bewusstsein rücken kann. So kann auch bei einer Frau ein Don-Giovanni-Aspekt zutage treten und jeder Mann kann einen Donna-Anna-Aspekt in sich verkörpern. Es fragt sich nur, welche dieser Seiten vom einzelnen Menschen derzeit nach außen gekehrt sind und welche deshalb von unserem bewussten Ich zugelassen werden. Es gilt, sich darauf einzulassen, dass es auch ungelebte Möglichkeiten im Unbewussten gibt, die dort schlummern und gleichsam als Schatten verharren. Dies könnte zusammenfassend heißen: Don Giovanni ist unter und in uns. Wir können in ihm das sehen, was wir nicht sein wollen, wir können aber auch das sehen, was wir leider nicht sind oder nicht zu sein wagen.

Zurück zur Handlung. Don Giovanni war gescheitert, da Donna Elvira zwischen ihn und Zerlina getreten ist und er gegen die Solidarität der Frauen keine Möglichkeiten entfalten konnte. In Szene elf ist er allein und der erste Satz, den er hier in einem Rezitativ singt, hat eine ganz weit reichende Bedeutung. »Mir scheint, heute macht sich der Teufel einen Spaß daraus, meine vergnüglichen Pläne zu durchkreuzen; sie gehen alle schief.« Diese Stelle ist natürlich auch ein Argument gegen die These, dass er Donna Anna verführt hat, sonst müsste er nicht sagen, heute will mir nichts gelingen.

Unmittelbar darauf trifft er auf Donna Anna und Don Ottavio, wobei beide nicht wissen, dass er der Mörder von Donna Annas Vater ist. Sie bitten ihn vielmehr als einen Freund um Hilfe. In dieser Szene wird deutlich, dass Don Giovanni zumindest ein Bekannter von Don Ottavio war. Deshalb wohl auch die Frage von Donna Anna an ihn: »Wir brauchen eure Freundschaft.«

Im *Burlador* des Tirso de Molina ist das Verhältnis zwischen Don Ottavio und Don Juan noch sehr stark betont, insofern lehnt sich hier Da Ponte an den Urtext an. Als Don Giovanni sich als Helfer zur Verfügung stellen will, taucht erneut Donna Elvira auf und tritt dazwischen. Sie hat wohl mitbekommen, dass sich Don Giovanni dem Paar genähert hat, und möglicherweise erwachte sofort wieder, wie schon bei Zerlina, ihre Eifersucht und sie bemühte sich, Donna Anna vor dem Verräter zu warnen.

Es beginnt dann das Quartett (Nr. 9) in B-Dur. Don Ottavio und Donna Anna sind von der Person Donna Elviras beeindruckt. Beide singen »Himmel! Welch edler Anblick, welch holde Würde! Ihre Blässe, die Tränen erfüllen mich mit Mitleid.«

Don Giovanni spürt, dass das Paar auf der Seite seiner Gattin steht, und versucht mit allen Mitteln, sich aus der Affäre herauszuwinden. Er suggeriert den beiden, dass er eine Beziehung zu Donna Elvira hat und dass sie psychisch nicht ganz in Ordnung ist. Don Giovanni singt dies alles mit vielen Halbtönen, die Zeichen seiner inneren Unsicherheit und die ausgesprochene Unwahrheit sind. Er begegnet ja der Tochter des von ihm ermordeten Komturs und weiß selber nicht genau, wie viel Donna Anna nun ahnt. Dies und die Aussagen seiner Gattin, er sei ein Heuchler und Lügner, machen ihn extrem unsicher. Donna Elvira gibt aber nicht klein bei. Sie singt sehr rasch mit vielen Sechzehntelnoten und Halbtönen und stellt so die ganze Verlogenheit Don Giovannis auch musikalisch dar. Dann gibt es plötzlich eine Situation, wo sich Don Ottavio Don Giovanni zuwendet und Donna Anna zu Donna Elvira hintritt. Es kommunizieren die beiden Männer sowie die beiden Frauen untereinander. Die beiden Männer verständigen sich darüber, dass Donna Elvira nicht ganz zurechnungsfähig ist, wohingegen die Frauen sich darüber einigen, dass mit Don Giovanni etwas nicht stimmt. Als sich dann die Paare wieder einander zuwenden, regen sich zunehmend Zweifel bei dem Paar Ottavio – Anna. Das heißt also, in dieser Vierergruppe setzen sich die zuerst noch unbewusst vorhandenen Gefühle der Frauen durch. Einmal das Gefühl bei Donna Elvira, ihr Gatte könne auch der Mörder des Komturs sein, und das Gefühl bei Donna Anna, hier stimme etwas nicht, dieser Mann sei ein Lügner. Als am Ende dieser Szene Don Giovanni mit Donna Elvira abgeht und mit einer eleganten Handbewegung sagt: »Freunde, lebt wohl«, wird Donna Anna plötzlich deutlich, dass dieser der Mörder ihres Vaters ist. Sie hat Don Giovanni am Tonfall der Stimme, aber vor allen Dingen an der Art der Gebärde erkannt. Es folgen dann das Rezitativ und die Arie (Nr. 10). In dem Rezitativ schildert Donna Anna Don Ottavio noch einmal den ganzen Hergang der Nacht, in der Don Giovanni versuchte, sie zu verführen. Donna Anna befindet sich in einem Zustand von herabgesetzter Bewusstheit. Sie schildert ihrem Verlobten, auch körpersprachlich, was geschah, und musikalisch wird mit einigen raschen Akkorden eine ganz eigenartige Atmosphäre hergestellt. Donna Anna geht gleichsam in diesem Stück durch vier Molltonarten, so, als ob sie gar nicht die richtige Tonart finden könnte, um die schrecklichen Ereignisse zu schildern. Diese Szene erinnert an die *Iphigenie* von Christoph Willibald Gluck, wo sich Iphigenie auch mehrmals in einer Art Traumphantasie oder einem Wachtraum befindet.

Es ist eine objektiv atemberaubende, aber subjektiv atemlose Stimmung zu spüren. Don Ottavio reagiert auf diese Schilderung zunächst so, dass er sich vor allem dafür interessiert, ob Don Giovanni ans Ziel gekommen ist. Als Donna Anna aber endlich sagt, dass sie sich nach heftigem Wehren und Ringen befreien konnte, sagt Don Ottavio: »Ach, ich atme auf!« Er atmet auf, weil sie der Verführung widerstanden hat. Auch diese Stelle in dem Rezitativ, gerade unter dem Aspekt der herabgesetzten Bewusstheit, spricht dafür, dass man Donna Anna wirklich glauben kann. Sie ist nicht eine Frau, die ihrem Verlobten in dieser Situation die Unwahrheit sagen würde, sondern sie zeigt hier ein authentisches Gefühl und entwickelt sehr glaubhaft eine wahrhaftige Darstellung des Geschehens, wie es in jener Nacht abgelaufen ist. Musikalisch ist dieses Rezitativ vom Orchester begleitet, das die ganze Seelenstimmung, die Atmosphäre jener Nacht musikalisch dargestellt hat. Es zeigt sich hier besonders deutlich, dass gerade das Ausdrücken von Gefühlen musikalisch dramatischer dargestellt werden kann als sprachlich. Donna Anna berichtet zwar objektiv, was geschehen ist, die Gefühle aber werden musikalisch mitgeteilt.

Entscheidend dabei ist, dass es nicht nur um die Trauer dem toten Vater gegenüber geht, sondern dass sie auch die Begegnung mit Don Giovanni noch nicht verarbeitet hat. Donna Anna kann noch gar nicht richtig erfassen, was ihr in der Begegnung mit Don Giovanni passiert ist. Schon am Anfang der Oper, in der Ouvertüre, taucht ja der so genannte Schicksalsakkord auf, der auf den Tod des Komturs im Duell verweist und dort auch noch einmal gespielt wird. Zum Weiteren taucht dieser Schicksalsakkord in der Schlussszene auf, wo die beiden, Don Giovanni und der Komtur, sich auf einer geistigen Ebene begegnen. Und außerdem ertönt der Schicksalsakkord hier in diesem Rezitativ, genau an der Stelle, wo es heißt: »Macht das Maß seiner Untat voll, indem er ihn umbringt.« Danach schließt sich die berühmte Rachearie an, wo Donna Anna mit aller Bestimmtheit zu Don Ottavio gewandt fordert: »Jetzt weißt du, wer die Ehre mir rauben wollte, wer der Verräter war, der mir den Vater nahm; ich fordere Rache von dir, sie fordert dein Herz.«

In dieser Rachearie ist Donna Anna in flammender Empörung und innerlich davon überzeugt, dass sie Don Giovanni erledigen muss. Sie hat ja schon am Anfang in der ersten Szene, bevor ihr Vater überhaupt getötet war, gesungen: »Wie eine Furie werde ich dich verfolgen! Wie eine Furie sieh mich rasen!« Donna Anna zeigt sich hier von ihrer männlichen Seite. Man könnte auch sagen, sie wird von ihrem Animusanteil dominiert. Don Ottavio hingegen zweifelt noch daran, dass ein Edelmann zu so einem schwarzen Verbrechen fähig sein könnte, er will erst noch auf einen Beweis warten. Er singt nach seinem Rezitativ am Ende der Szene vierzehn die Arie (Nr. 11) in G-Dur, die Mozart für die Wiener Fassung dazukomponiert hat. Diese Arie »Nur der Geliebten weih ich mein Leben« ist nun alles andere als eine Rachearie. Es scheint so, wie bereits Alfons Rosenberg meint, dass Don Ottavio hier in den Händen seiner weiblichen Seite, also seiner Anima, gefangen ist. Die Kantilene mit ihrer ruhigen Instrumentalbegleitung weist an dieser Stelle musikalisch ganz auf diese weibliche Seite des Don Ottavio hin.

Im Anschluss daran, in Szene fünfzehn des ersten Aktes, kommt Leporello wieder ins Spiel. Er berichtet, was er auf dem Schloss mit der Bauerngesellschaft alles getan habe, damit Don Giovanni sein Schäferstündchen mit Zerlina haben könne. Don Giovanni ist begeistert von den Erzählungen Leporellos, immer wieder sagt er zu ihm: »Bravo! Bravo! Gut gemacht!« Und dann ganz genüsslich kehrt sich die Rolle um, und Leporello sagt: »Ratet mal, wer uns da überrascht hat?« Don Giovanni: »Zerlina.« Und Leporello: »Bravo!« Er wendet die Situation, indem er nun seinerseits immer wieder zu Antworten, die Don Giovanni gibt, »Bravo« ruft. Hier wird noch einmal deutlich, wie sehr sich Leporello mit der Seite des Lebemannes Don Giovanni identifiziert.

Nach diesem Rezitativ folgt dann die so genannte Champagnerarie (Nr. 12). Es ist die einzige Arie, die Don Giovanni selbst singt. Sie ist sehr schnell und anspruchsvoll zu singen, da sie ein atemberaubendes Tempo hat und deshalb sehr schwer auszugestalten ist. Sie verdeutlicht die dahinfliegende Lebensfreude des Don Giovanni, der singt: »Also auf zum Feste, froh soll es werden, bis meine Gäste glühen von Wein! Siehst du ein Mädchen nahe dem Garten, laß sie nicht warten, führ sie herein!« Die Arie steht in B-Dur und hat eigentlich mit Champagner nichts zu tun, sondern es geht darum, dass Don Giovanni in höchster Lebendigkeit und bester Stimmung Anweisung zur Vorbereitung des weiteren Festes gibt. Die Bezeichnung »Champagner« entstand, weil das Stück diese überschäumende Lebendigkeit aufzeigt und deshalb an das Spiel der Perlen im Champagnerkelch erinnert.

Tiefenpsychologisch bedeutet die Champagnerarie aber auch eine Reaktionsbildung auf den gescheiterten Versuch, Zerlina zu gewinnen. Es zeigt sich ja im Verlauf der Oper sehr deutlich, dass Don Giovanni, gerade wenn er Niederlagen erleiden muss, immer noch aktiver, noch lebenssprühender und noch unruhiger reagiert. Auch die Aussage am Ende der Arie: »Ah, meine Liste wirst du morgen früh um rund zehn erweitern müssen«, zeigt, wie sehr Don Giovanni seine bisher erlittenen Niederlagen treffen. Zehn andere Frauen müssen nun herhalten, um ihn wieder zu versöhnen.

Als Erstes will er aber auf dem Fest noch einmal einen Versuch bei Zerlina starten. Er will sie in ein stilles Gemach entführen, während Leporello den eifersüchtigen Masetto ablenken soll. Zuerst trifft in Szene sechzehn Zerlina erneut mit Masetto zusammen. In dem Rezitativ macht Masetto ihr heftige Vorwürfe und sagt zu ihr: »Faß mich nicht an! Du fragst mich warum? Falsche! Ich sollte die Berührung einer treulosen Hand ertragen?« Masetto ist also sehr verärgert, aber dennoch gelingt es Zerlina, ihn umzustimmen. Sie singt die Arie (Nr. 13) in F-Dur: »Schlage, schlage, oh schöner Masetto, deine arme Zerlina: Ich werde hier bleiben wie ein Lämmchen und deine Schläge abwarten.« Die Arie ist in einem volksliedhaften Ton und ist wohl eines der lieblichsten und einschmeichelndsten Gesangsstücke, die je geschrieben wurden. Musikalisch wird sie von einem obligaten Cello begleitet, wobei die Melodie bittend und neckisch zugleich wirkt. Mozart wechselt dabei aber die Musikinstrumente häufig ab, einmal spielen die Violinen die Melodie mit, dann die Holzbläser. Dieser einschmeichelnden Melodie erliegt dann auch Masetto und singt zum Schluss: »Sieh nur, wie diese Hexe mich einzuwickeln wußte! Wir sind doch immer die Dummen!«

Nun beginnt das Finale des ersten Aktes (Nr. 13) in C-Dur. Masetto will sich in einer Laube verstecken, um zu überprüfen, wie Zerlina auf Don Giovanni reagiert, wenn er sich nun erneut an sie heranmacht. Als Don Giovanni dann in Szene achtzehn auf Zerlina trifft, versucht er, sie sofort erneut zu verführen, dann tritt aber Masetto aus seinem Versteck hervor und stellt sich Don Giovanni gegenüber. Obwohl Don Giovanni Masetto spüren lässt, dass er ihn als Störenfried empfindet und seine feudale Übermacht ins Spiel zu bringen sucht, bleibt Masetto standhaft und will den schwelenden Konflikt nicht einfach überdecken, sondern ihn aushalten. Dieser Konflikt, den Don Giovanni sowohl mit den Frauen, aber auch mit den jeweiligen Männern hat, mündet ja dann am Schluss in die Katastrophe.

Nach der Laubenszene geht es wieder zum Fest. In Szene neunzehn treten Donna Anna, Donna Elvira und Don Ottavio in der Maske eines schwarzen Dominos auf. Die Musik nimmt eine düstere, unheimliche Färbung an, die Tonart ist d-Moll. Es ist gleichsam eine Verschwörungssituation zu spüren, wobei die drei Verschworenen sich gegenseitig Mut zusprechen, um Don Giovanni zu fassen. Es beginnt dann in Szene zwanzig das Fest, an dem alle bislang aufgetretenen Figuren teilnehmen.

Am Anfang ertönt von einem auf der Bühne platzierten Orchester das weltbekannte Menuett, wobei Don Giovanni und Leporello am Fenster der Villa erscheinen. Die drei Masken treten zusammen und singen in einem feierlichen Adagio das so genannte Maskenterzett. Wie Rachegötter schweben diese drei maskierten Gestalten durch den Festsaal. Dieser schweren, tragischen Musik setzt Don Giovanni mit seiner Einladung zum Tanz Fröhlichkeit und Genuss entgegen. Die Musik wandelt sich zu C-Dur, Fanfaren erschallen, und nach der Begrüßung der Masken schließt sich das berühmte »Hoch auf die Freiheit« an. Leporello singt: »Kommt nur näher, reizende Masken!« Und Don Giovanni darauf: »Es ist für alle offen. Es lebe die Freiheit!« Die drei Masken antworten: »Wir sind dankbar für so viele Zeichen von Großmut. Es lebe die Freiheit!«

Ursprünglich war mit diesem »Hoch auf die Freiheit« einfach die Maskenfreiheit gemeint, aber für Don Giovanni ist die Maskenfreiheit zugleich ein Symbol eines freien und unbegrenzten Lebens. Mozart selbst ging noch weiter. An dieser Stelle wird ganz deutlich, dass es sich bei der Oper um eine Revolutionsoper handelt. In der Musik zeigt sich das, indem auf diesem Ball drei verschiedene Tänze gespielt werden, ein »Menuett«, ein »Kontratanz« und ein schneller »Deutscher«. Es handelt sich hier um eine vorrevolutionäre Musik, denn das Ende des aristokratischen Menuetts steht gleichsam bevor. Das Menuett wird getanzt von den Aristokraten, also von Donna Anna, Don Ottavio und Donna Elvira. Es ist übrigens eine der bekanntesten Melodien von Mozart. Eigentlich sind aber drei Orchester da, und während die Aristokratie tanzt, erklingt auf einmal ein anderes kleines Orchester und spielt einen Kontratanz, den Don Giovanni und Zerlina tanzen. Sie stehen so im Kontrast zu dem aristokratischen Menuett. Das Menuett ist gleichsam auf der gesellschaftlichen Bühne der Welt im Verschwinden begriffen, und der Vertreter dieser untergehenden Welt, Don Giovanni, tanzt mit Zerlina, die aus der neuen Welt hervorgeht, eigentlich sogar am Beginn eines neuen Zeitalters steht. Nach dem Menuett und dem Kontratanz folgt als dritter Tanz noch ein schneller Deutscher, den tanzen Leporello und Masetto, also das so genannte niedere Volk, sowie die anderen

Bauern, die sich dann alle miteinander mischen. Es ist sehr schwer, die einzelnen Tänze, die zusammen gespielt werden, noch voneinander zu unterscheiden. Es klingt fast etwas polyrhythmisch, da die drei Stücke im Dreiviertel-, Zweiviertel- und Dreiachteltakt ineinander greifen. Hier findet sich schon ein Vorgriff auf das 20. Jahrhundert, wo Ähnliches bei Arnold Schönberg auftaucht. Zu Mozarts Zeiten war das an sich musikalisch etwas Revolutionäres, was es bis dahin noch nicht gab.

Darüber hinaus muss noch einmal gesehen werden, dass die Oper zwei Jahre vor der Erstürmung der Bastille entstand. Das bloße Wort »Freiheit« bedeutete deshalb für die damalige Welt weit mehr als nur die Maskenfreiheit. Mozart selbst fand sich ja in seinem ganzen Leben in Abhängigkeiten, die sich insbesondere aus seiner finanziellen Situation heraus ergaben. Deshalb ging es Mozart hier wohl vor allem auch um die geistige und moralische Freiheit, die Don Giovanni in diesem berühmten Hoch begrüßt. An dieser Stelle blickt Mozart weit nach vorne und zeigt sich als Vorläufer, vielleicht sogar eines Friedrich Nietzsche. Mozart war sicherlich kein moderner Umstürzler oder Widerstandskämpfer, aber er trug die große Sehnsucht nach Befreiung aus gesellschaftlichen und moralischen Zwängen in sich, in denen er sich besonders als Künstler stark erlebt hatte. Das »Hoch auf die Freiheit« hat deshalb auch auf die Zuhörer stets die größte Wirkung gehabt. Es genügten Mozart nicht mehr allein die Singstimmen der Solisten, der ganze Chor wurde eingesetzt und hat sich so zum »Freiheitschor« entwickelt.

Ein weiterer Hinweis auf den Revolutionscharakter der Oper sind die schon am Anfang in der ersten Arie bei Leporello sich zeigenden, aufwärts strebenden Triolen, die bei Mozart ein Revolutionsmotiv sind. In etwa der gleichen Zeit wie *Don Giovanni* sind noch andere Werke entstanden, die diese aufwärts strebenden Triolen aufweisen. Zum einen 1788 seine letzte Sinfonie, die so genannte *Jupitersinfonie*, die mit diesem Revolutionsmotiv beginnt. Ein Jahr vor *Don Giovanni* 1786 schrieb er die *Prager Sinfonie* in der gleichen Tonart wie den *Don Giovanni*. Sie beginnt in d-Moll und geht im ersten Satz in D-Dur über, genau wie bei der Ouvertüre des *Don Giovanni*, wo ja auch das Andante in d-Moll und das folgende Allegro in D-Dur steht. Auch hier sind die aufstrebenden Triolen als revolutionäres Motiv anzutreffen, ebenso in dem 1785 entstandenen *Klavierkonzert* in d-Moll. Das zeigt, dass in diesen ganzen Jahren das revolutionäre Element bei Mozart eine sehr starke Rolle gespielt hat. Im *Don Giovanni* taucht das revolutionäre Motiv außerdem in der schon beschriebenen Protestarie des Masetto auf und später im zweiten Akt, als Masetto die Bauern bewaffnet und zur Revolution aufruft und diese Don Giovanni verfolgen.

Aber zurück zum Schluss des ersten Aktes, wo gerade auf diesem Fest das eigentliche Abbild der Revolution zu finden ist. Es gibt leider viele Inszenierungen, die diese Schlussszene des ersten Aktes verharmlosen, indem sie den Ball zu einem Sommerfest oder einem Gartenfest degradieren, so als ob es nur um eine persönliche Liebestragödie ginge, wo ein Mann eine Frau zu verführen versucht und die anderen ihn daran hindern wollen.

Aber so ist das Ende des ersten Aktes auf keinen Fall zu verstehen, sondern, wie oben schon erwähnt, bedeutet gerade das »Hoch auf die Freiheit« einen Vorgriff und zugleich einen Hinweis auf das Ende der alten Zeit. In seiner Vorgängeroper, dem *Figaro*, wird dies bereits deutlich. Die Oper beruhte auf einem Text von Beaumarchais, der lange Jahre verboten war. Als Mozart seine Oper schrieb und sie aufgeführt wurde, wandte sich auch die Wiener Adelsgesellschaft zunehmend von Mozart ab, was ihn sehr bedrängte, da er von ihr materiell abhängig war. Hier ging es primär um das *ius primae noctis* (das Recht auf die erste Nacht des Herrn bei seinen Dienerinnen), welches im *Don Giovanni* am

Rande noch mitschwingt – insbesondere als Don Giovanni sich um Zerlina bemüht, scheint es so, als ob er auch hier »das Recht der ersten Nacht« einklagen wollte.

Auf dem Ball versucht Don Giovanni noch einmal, mit Zerlina in eine Kammer zu gehen. Zerlina ruft aber um Hilfe, und so wendet sich das ganze Volk, nicht nur die Adeligen, unter Anführung Masettos gegen Don Giovanni. Es wird dann wirklich die Tür der Kammer eingeschlagen, was einem echten Sturm auf die Bastille entsprechen könnte. Vorher sind ja in den einzelnen Musikstücken die verschiedenen sozialen Ebenen schon dargestellt worden. Aus dieser Musik heraus, dieser polyrhythmischen, aus drei verschiedenen Tanzstücken bestehenden Musik, spitzt sich der Konflikt zu. Plötzlich, wie eine Art Gewitter, wird die Musik sehr hektisch, und man spürt, wie das ganze Volk in Bewegung gerät und das Geschehen auf die Katastrophe hinführt. Vorher singen aber alle gemeinsam noch elf Mal: »Viva la libertà!« (Es lebe die Freiheit).

Das ist ja später auch die Losung der französischen Revolution. Mozart lässt in seiner Oper Volk und Adel gemeinsam das »Hoch auf die Freiheit« singen. Er hatte gehofft, dass die Aristokratie so verständig sein könnte, um zu erkennen, wo die Entwicklung hinläuft. Aber letztendlich hat nur das Volk diese Freiheit durchgesetzt, die Aristokratie war nicht in der Lage, sich diesem modernen, neuen Zeitalter anzuschließen. In der Oper aber herrscht noch seine Hoffnung, der Adel würde sich auch für Gedankenfreiheit und politische Freiheit sowie für die Gleichberechtigung in der Liebe einsetzen.

Als das Zimmer gestürmt ist, versucht Don Giovanni noch einmal, Leporello für die Verführung verantwortlich zu machen. Es gelingt ihm aber nicht mehr, die anderen zu täuschen. In der Verwirrung, die dann entsteht, gelingt Don Giovanni erneut die Flucht. Er singt am Ende: »Mag die Welt in Trümmer gehen, wird mich nichts erbeben machen. Mag die Welt in Trümmer gehen, trotz ich noch der Rache Strahl!«

Der italienische Revolutionspolitiker Gramsci sagte einmal: »Das Alte stirbt, das Neue kann noch nicht entstehen, und aus diesem Interregnum erwächst eine große Vielfalt von Symptomen der Morbidität.« Dies ist auch ein passendes Motto für diese Oper, denn in einem solchen Interregnum, in dem Übergang von einer untergehenden Welt zu einer neuen im Vorfeld der großen Revolution, steht auch *Don Giovanni*, der nur in diesem universalen und auch gesellschaftspolitischen Zusammenhang zu deuten ist und auf keinen Fall, wie es andere Autoren meinen, als eine romantische Liebestragödie.

So endet das erste Finale, das gleichsam eine Parallele zur Katastrophe darstellt. Noch ist Don Giovanni der menschlichen Rache entronnen. Der geistigen göttlichen Rache, die auf ihn wartet, wird er aber nicht entweichen können.

Lassen Sie uns nun noch einmal kurz einen Blick zurückwerfen auf das, was bislang geschehen ist. Insbesondere die Beziehung zwischen Donna Anna und Don Giovanni in der Nacht, als er sie verführen wollte, hat musikgeschichtlich bislang das größte Interesse hervorgerufen. Was war wirklich in Donna Annas Zimmer geschehen? Das ist die Frage, die E.T.A. Hoffmann im vorigen Jahrhundert aufwarf. Nach Hoffmann, der ja eine Novelle (*Don Juan*) über diesen Stoff geschrieben hat, ist Donna Anna von Don Giovanni entehrt worden. Aber bei genauerer Betrachtung der Oper gibt es keine Bestätigung dafür. Vielmehr ist zu vermuten, dass E.T.A. Hoffmann die Oper uminterpretierte. Er sieht in ihr eine romantische Liebestragödie, und die anderen Aspekte, etwa der revolutionäre oder der tiefenpsychologische, bleiben ausgeblendet. Donna Anna ist ja die Frau, die Don Giovanni die erste Niederlage zufügt. Der Regisseur Walter Felsenstein meint dazu:

»Eine Vergewaltigung widerspräche völlig Don Giovannis Wesen und Prinzipien.«

Es spricht nichts dafür, dass sich Donna Anna Don Giovanni hingegeben hat, dennoch löst die Begegnung mit ihm in ihr sehr viel aus – das wird auch durch die Musik ausgedrückt –, was Donna Anna nicht in Worten wiedergibt. Sie ist nur in der Lage, ihrem Verlobten Don Ottavio das faktische Geschehen zu schildern. Die Gefühle von Ambivalenz, von starker Zuneigung und gleichzeitiger Abwehr kann sie sprachlich nicht mitteilen.

Don Giovanni selbst ist anfangs fassungslos, dass sein Verlangen nach Liebe unerfüllt bleiben soll. Für ihn geht es wohl nicht primär um Sexualität, sondern wichtig ist für ihn wohl die Verführung als solche. In seinem Verhalten ist er zu vergleichen mit einem Jäger; in der Literatur wird ein Mädchen symbolisch häufig als Reh dargestellt. Der Jäger denkt bei der Jagd aber nicht an den Rehbraten, den er später essen könnte, ihm geht es vielmehr hauptsächlich um die Lust am Erlegen des Wildes; das ist der eigentliche Aspekt. Die Verführung, der Triumph, ans Ziel gekommen zu sein, das Begehren der Frau, welches sich auf ihn richtet, das ist das, wonach er sich sehnt und was ihm wichtig ist. Hinter diesem Wunsch, begehrt zu werden, steckt aber eine abgewehrte Angst vor dem Verlassensein. Aus diesem Grund muss er selbst in dem Augenblick, wo eine Frau sich ihm hingibt, diese verlassen, bevor sie ihn selbst verlassen könnte. Möglicherweise ist dies eine frühkindliche Erfahrung, die er selbst gemacht hat.

Das könnte auch das Motiv für Don Giovanni sein, das Motiv, sich immer wieder in die Position des Verführers zu begeben, der immer wieder eine neue Frau braucht, um in ihr Hoffnungen zu wecken, die er dann enttäuschen muss. Ein Verführer löst bei Frauen immer ambivalente Gefühle aus. Zum einen wird er geliebt, bewundert und verehrt, weil er mit seiner Position Frauen gegenüber in diesen Hoffnungen und Erwartungen weckt, die auf unerfüllte Bedürfnisse der frühen Kindheit zurückzuführen sind. Es sind die Hoffnungen, endlich von einem Vater geachtet und anerkannt zu werden, Wünsche nach Respekt und Zuwendung, Verständnis und Austausch. Aber da diese Bedürfnisse von einem Verführer wie Don Giovanni gerade nun nicht erfüllt werden, folgt die maßlose Enttäuschung, die in Hass umschlägt. Bevor ihn dieser Hass trifft, weil er die geweckten Bedürfnisse nicht erfüllen kann, verlässt er die Frau. Diese Enttäuschung wird von der Frau dann als Betrug und als Entwertung ihrer Person, als narzisstische Kränkung erlebt, weil sie es nicht verstehen kann, warum sie verlassen wird. Verstehen kann das aber Don Giovanni auch selbst nicht, würde es ihm bewusst sein, so könnte er auf die zwanghafte Wiederholung verzichten.

Es scheint, als hätte ein Mensch wie Don Giovanni selbst in seiner eigenen Kindheit eine enorme Abhängigkeit von der Mutter erlebt, wobei die Mutter es ihm nicht gestattet hätte, seine oralen sowie analen Triebströmungen zu leben. Vielmehr müsste sich dieser kleine Junge, um die Liebe der Mutter zu erhalten, völlig unterordnen. Er dürfte sich den Wünschen der Mutter nicht verweigern, müsste vielmehr schon vorher erahnen, welche Wünsche sie an ihn hätte. Jede Verweigerung des Kindes der Mutter gegenüber würde auf deren Seite eine totale Ablehnung provozieren, was dann eben den Liebesverlust zur Folge gehabt hätte.

Diese erste frühe Abhängigkeit versucht nun der Verführer als erwachsener Mann dadurch aufzuheben, dass er durch das Verlassen der Frau einem Verlassenwerden durch die Mutter (für die die Frauen stehen) zuvorkommt. Er schenkt der Frau zwar Bewunderung, beschreibt ihre Attraktivität, wendet sich ihr emotional zu, ähnlich wie er dies auch von seiner Mutter als Kind erlebt hat, lässt sie dann aber plötzlich fallen, um, wie gesagt, einer Verweigerung durch die Frau/Mutter bei der Entwicklung eigener Bedürfnisse zuvorzukommen.

In einer ganz tiefen Schicht handelt es sich also um eine Abhängigkeit eines Menschen, der nicht in der Lage ist, »nein« zu sagen, weil seine Mutter es nicht aushielt, wenn er sich ihr entgegenstellte. Daraus resultiert die Hoffnung, das nachholen zu können, was ihm bei der Mutter nie möglich war, nämlich sagen zu können: »Mutter ich stehe zu dir in einer engen Beziehung, du bist mir wichtig und ich möchte auch gerne dein Sohn sein, aber du hast trotzdem keinen Anspruch auf mein ganzes Wesen.« Dies möchte der Verführer als erwachsener Mann dann mit den verschiedenen Frauen leben: ihnen eine Beziehung anbieten, aber ihnen gleichzeitig mitteilen, dass sie keinen Anspruch auf sein Leben haben. Dies erlebt der Verführer dann zwar als Sieg, aber es macht den Schmerz der frühen Kindheit nicht rückgängig und löst ihn auch nicht auf – er wird bestenfalls verdrängt. So können die frühen alten Wunden nicht heilen und ein Wiederholungszwang entsteht.

Ein weiterer Aspekt erscheint ebenfalls wichtig. Im ersten Akt in Szene zwei sagt Leporello dem Don Giovanni: »Bravo! Zwei reizvolle Unternehmungen! Die Tochter vergewaltigen und den Vater ermorden.« Don Giovanni antwortet darauf: »Schweig, geh mir nicht auf die Nerven, komm mit, wenn du nicht auch was abhaben willst!«

Für Joachim Kaiser kommt dies einem Eingeständnis des Don Giovanni gleich. Für Attila Csampai dagegen ist das gerade ein Hinweis für das Ertapptwerden bei einem missglückten Liebesabenteuer. Leporello will Don Giovanni gleichsam durch die Unterstellung – »die Tochter geschändet« – reizen, seinen Misserfolg einzugestehen, aber gerade dies ist Don Giovanni nicht möglich. Csampai sagt deshalb mit vollem Recht: »Mit der Verführung hätte er ohnehin geprahlt!« (In: W.A. Mozart, *Don Giovanni*. 1981, S. 14 ff.) Im Folgenden sagt ja auch Don Giovanni zu Leporello: »Zehn neue Namen kannst du morgen meinem Buche anfügen!« Er hat gleichsam mit dieser Verzehnfachung schon angedeutet, dass er sich impotent fühlt, dass er ein missglücktes Liebesabenteuer hinter sich hat, und muss dies jetzt durch diese verbale Äußerung kompensieren.

Es zeigt sich hier ganz deutlich, dass es um einen Wendepunkt in seinem Leben geht. Die Begegnung mit Donna Anna ist sein erster Misserfolg, eine schwere narzisstische Kränkung für ihn, und so ist dann auch der Satz zu verstehen: »Mir will heute nichts gelingen!« Der Wendepunkt in der Lebensgeschichte Don Giovannis in der Beziehung zu Frauen steht ja schon am Anfang der Oper. Der Anfang ist somit der Beginn des Weges in die Katastrophe. Dem Misserfolg mit Donna Anna folgen ja noch weitere. Er kommt in der Oper bei keiner Frau mehr zum Ziel, nicht nur bei Donna Anna, sondern später auch bei Zerlina sowie bei der Zofe Elviras. Attila Csampai sieht darin auch ein Zeichen des anbrechenden neuen Zeitalters. Don Giovanni bekommt die »Dialektik der Aufklärung« (Adorno/Merkheimer) zu spüren. Er sagt ja auch: »Die Frauen reagieren jetzt anders.« Es geht also in der Oper hier nicht nur um ein individuelles Liebesabenteuer, sondern vielmehr darum, darzustellen, wie Don Giovanni an einem Wendepunkt der ganzen Zeit, an einem Wendepunkt der gesellschaftlichen Entwicklung steht. Immer wieder muss in diesem Zusammenhang bedacht werden, dass Mozart die Oper kurz vor der Französischen Revolution geschrieben hat – und diese war nicht nur eine politische Revolution, sondern hat auch das ganze Denken der Menschen verändert.

Nun noch einmal zurück zu den drei Frauen. Donna Elvira haben wir ja oben dem Typ der Maria zugeordnet, Donna Anna der Helena und Zerlina der Eva. Donna Elvira als Maria will Don Giovanni alles geben, was ihm bisher keine Frau gab. Maria hat ja nicht die Einstellung des »Gib, damit dir gegeben werde«, sie fragt nicht, was bekomme ich dafür, sondern sie liebt ihn vorbe-

119

haltlos ohne Gegenforderung, obwohl sie, zumindest unbewusst, seine Problematik kennt. Don Giovanni spricht bei Donna Elvira ihre tiefen Mutterinstinkte an, die sie aufnimmt. Sie möchte Don Giovanni anders begegnen als die wirkliche Mutter, die er in seiner Kindheit erlebt hat. Sie möchte ihn spüren lassen, dass sie ihn liebt, auch wenn er ihr ein Nein entgegensetzt. Sie möchte ihn auch durch ihre Liebe erlösen. Da sie aber diesen Aspekt nicht bewusst wahrnimmt, sondern es sich im Unbewussten abspielt, kann sie den Konflikt nicht lösen.

Donna Anna, der Helena-Typ, will Don Giovanni vernichten, schon bevor er ihren Vater getötet hat. »Gleich der Furie sieh mich rasen, dein Verderben will ich sein!« Sie möchte ihn vielleicht deshalb vernichten, weil er etwas in ihr ausgelöst hat, was ihre Liebe zu Don Ottavio völlig in Frage stellt. Don Giovanni könnte – jedenfalls in der Phantasie von Donna Anna – der Mann sein, der dazu fähig wäre, ihr all das zu geben, was ihr der tote Vater gegeben hat, und darüber hinaus noch mehr, nämlich auch die bedingungslose Liebe und Leidenschaft. Don Giovanni ist aber nicht der Mann, der dazu fähig wäre, weil er ja keine wirkliche Liebesbeziehung eingehen kann. Don Ottavio möchte das, er sagt ja nach dem Tod des Vaters gleichsam als Trost zu Donna Anna: »Dein Gatte und Vater will ich sein!« Aber Donna Anna spürt in einer tiefen Schicht, insbesondere nach der Begegnung mit Don Giovanni, dass Don Ottavio diese Position nicht ausfüllen kann, dass er nicht der Mann ist, der die Rolle des Vaters, die starke Rolle, die er in ihrem Leben eingenommen hat, wirklich einnehmen könnte. Sie spürt aber zugleich Don Giovannis verwundbare Stelle. Sie spürt, dass er Frauen verlassen muss, bevor sie ihn verlassen können. Aber im Falle Donna Annas ist er nun in die Situation geraten, dass er sie gar nicht verlassen kann, weil er sie ja nicht gehabt hat, weil sie ihn nicht an sich herangelassen hat. Das ist nun das große Problem bei der Begegnung mit Donna Anna, und darum ist Don Giovanni auch so tief in seinem Selbst betroffen, weil er plötzlich sein seit Jahren gewohntes Ritual nicht mehr einhalten kann, weil es ihm das erste Mal nicht gelungen ist, eine Frau für sich zu gewinnen.

E.T.A. Hoffmann geht sogar so weit, dass er vermutet, Donna Anna habe eine unbezwingbare Leidenschaft ihrem Verführer gegenüber entwickelt, obwohl er der Mörder ihres Vaters war. Dies mag in gewisser Weise zutreffen, zumindest können wir davon ausgehen, dass Donna Anna sich in einer Art von Hassliebe zu Don Giovanni hingezogen fühlte.

Wenn wir also von einer Hassliebe ausgehen wollen und von einem tiefen Getroffensein der Donna Anna durch die Begegnung mit Don Giovanni, so wäre der Wunsch, ihn ins Verderben zu stürzen, gleichzeitig auch der Wunsch nach seiner großen Liebe, die sie keiner anderen Frau gönnt, will heißen: Erst wenn der Geliebte tot ist, kann er keiner anderen Frau mehr zur Verfügung stehen.

Auf einer anderen Ebene wäre dies bei Donna Elvira ähnlich, die immer wieder versucht, die Zuneigung Don Giovannis zu erringen. Selbst als Leporello sich in Don Giovanni verkleidet, sagt sie im zweiten Akt: »Mein angebeteter Gatte.« Sie genießt das vermeintlich erneute Miteinander, und alle Rache, die sie vorher angedroht hatte, ist in Vergessenheit geraten. Das bedeutet, dass sämtliche Rachegefühle Donna Elviras eine verborgene Sehnsucht nach einer noch bestehenden tiefen Liebe sind, die sie eigentlich will. Don Giovanni muss nur eine kleine Bewegung auf sie zumachen, und sofort stellt sie ihm wieder ihre ganze Sehnsucht und ihre ganze Liebe zur Verfügung.

Auch am Schluss der Oper, zum letzten Festmahl, erscheint sie ja noch einmal, sucht da aber keine Zärtlichkeit mehr, sondern will nur die Seele Don Giovannis retten. Als eine echte Maria geht sie am Ende, nach dem Tode Don Giovannis, in ein Kloster, denn sie hat Don Giovanni so stark geliebt und kann sich nicht vorstellen, einem anderen Manne jemals noch einmal eine solche Liebe entgegenbringen zu können.

Gerade aber dieser Aspekt der Maria, die Verknüpfung von Gattin und Mutter, treibt Don Giovanni, den unruhigen Verführer, in die Flucht. Letztendlich hat er Scheu vor einer tiefen Bindung, weil er wegen seiner frühkindlichen Erfahrungen Angst hat, verlassen zu werden, und deshalb lieber vorher selbst die Frauen verlässt. Auf der ständigen Suche nach dem guten Aspekt der Mutter bleibt er fest in der Hand der furchtbaren, verschlingenden »Großen Mutter«. Deren Fähigkeit besteht darin, ihn immer wieder mit schillernden Frauen zusammenzubringen, auf die er seine ihm unbewusste Anima projiziert, wobei natürlich diese Frauen gar nicht wirklich gemeint sind und es daher auch nicht zu einer tieferen Liebesbeziehung kommen kann. Es gibt zwei große Möglichkeiten der Großen Mutter, mit denen sie den Sohn festhält: Das ist zum einen die Erzeugung von Schuldgefühlen und zum anderen das Hinführen zu begehrenswerten, schillernden Frauengestalten, die ihn aber nie richtig erreichen können. Die Große Mutter weiß genau, dass die Begegnungen zwischen dem Sohn und den Frauen nie zu einer tiefen Bindung führen. Ihr Ziel ist es ja gerade – in dem negativen Aspekt der Großen Mutter –, den bindungsunfähigen Mann selbst für sich zu behalten. Solange er keiner anderen Frau wirklich gehört, bleibt er bei ihr und ist fest in ihrer Hand.

Zuletzt noch ein Blick auf Zerlina. Sie befindet sich anfangs in einer ambivalenten Situation, indem sie sozusagen auf Abruf als Frau für Don Giovanni bereitsteht, es sich gleichzeitig aber mit Masetto nicht verderben will, weil sie natürlich unbewusst an der Treue Don Giovannis zweifelt. Die Versöhnungsszene mit Masetto gestaltet sich ja im ersten Akt entsprechend schwierig, aber als sie dann nach der Versöhnung zum Fest auf das Schloss gehen, wendet sie sich wieder intensiv Don Giovanni zu, was deutlich macht, dass sie sich für beide Richtungen offen halten will. Erst später, als sich der Verdacht der Untreue immer mehr verdichtet, spürt Zerlina die Liebesunfähigkeit Don Giovannis und stellt sich im zweiten Akt endgültig auf die Seite Masettos.

Don Giovanni erkennt natürlich in der Begegnung mit diesen Frauen selbst seine Liebesunfähigkeit. Bislang ist es ihm immer gelungen, dies zu überspielen. Er versucht dies auch wieder in der Champagnerarie: Hier werden noch einmal die Lust, die Lebenskraft und der zwanghafte Wunsch, viele Liebesabenteuer erleben zu wollen, deutlich. Es müssen viele Liebesabenteuer sein, da jedes einzelne nur eine kurzfristige Bestätigung gibt und deshalb das nächste bald folgen muss. Aber in der Begegnung mit diesen drei so unterschiedlichen Frauen wird ihm deutlich, dass er letztendlich liebesunfähig ist.

Am schmerzvollsten und deutlichsten erlebt Don Giovanni dies wohl bei Donna Anna. Sie ist die Konfliktmacherin oder auch die Konfliktschaffende, aber gerade dadurch erzeugt sie auch einen Prozess von Bewusstheit, denn über den Konflikt deckt sie vieles auf, was sonst eher verdrängt bleiben würde. Viele Männer sind von einem Helena-Typ fasziniert und können nur schwer von ihm lassen, aber es sind häufig schmerzvolle Erfahrungen damit verknüpft, weil eben durch die Konflikte, die »Helena« auslöst, in großer Deutlichkeit Aspekte bewusst werden, die in tieferen Schichten geschlummert haben. Dies zeigt sich auch bei Don Giovanni.

Donna Anna ist eine Vater-Tochter, wobei sie zu ihrem Vater vermutlich eine ambivalente Beziehung in Form einer Hassliebe hatte. Vor der Pubertät war der Vater wahrscheinlich eine ideale Gestalt, in der Pubertät aber konnte er diese Rolle dann nicht mehr beibehalten. Eine Tochter spürt dann, dass der Vater gar nicht so stark ist, wie sie ihn immer gesehen hat. Bei Donna Anna ist dies noch komplizierter. Das Zulassen des Gefühls von mangelnder Stärke beim Vater ist mit einem noch stärkeren Schuldgefühl verwoben, weil der Vater ja für sie gestorben ist, um sie vor dem Verfolger zu retten.

Als Vater-Tochter ist sie natürlich auch auf der Suche nach dem idealen Vater, dem starken, tatkräftigen Mann, und deshalb ist sie auch von Don Giovanni fasziniert. Er ist ja ein Mann, der mutig auftritt, der in fremde Gemächer eindringt, der sich dem Kampf stellt. Er hat ihr ja auch bei der Befreiung aus der starken Vaterbindung geholfen, wenn auch auf sehr makabre Weise. Donna Anna glaubt, dass Don Giovanni der Mann ist, der ihre eigene männliche Seite, die ihr zwar noch unbewusst ist, aber dennoch vorhanden, in ihre Schranken verweisen kann. Eine Frau, die von ihrem Animus dominiert ist, braucht ja einen Mann, der keine Angst hat vor der Männlichkeit in der Frau, der also wirklich weiß, was Männlichkeit ist. Dazu ist Don Ottavio, und das erkennt Donna Anna doch sehr deutlich, nicht in der Lage. Er ist zu weich, zu mütterlich besorgt, zu romantisch. Donna Anna sucht einen Mann, der seine obere und seine untere Männlichkeit, um den Begriff von Erich Neumann zu wählen (was ich schon an anderer Stelle bei der *Entführung aus dem Serail* erklärt habe), miteinander verbunden hat. Don Ottavio ist kein solcher Mann, auch Don Giovanni nicht, aber Donna Anna projiziert dieses erwachsene Bild vom Mann auf Don Giovanni. Und selbst wenn sie Don Giovanni nicht bekommt, bleibt die Begegnung mit ihm für sie das entscheidende Erlebnis. Und deshalb sagt sie auch am Ende: »Laß mir noch ein Jahr Zeit der Trauer.« Hier meint sie, sie braucht noch eine Zeit der Klärung, damit sie wirklich weiß, was sie eigentlich braucht.

Der zweite Akt beginnt mit einem Duett zwischen Don Giovanni und Leporello in G-Dur. Leporello möchte den Dienst bei seinem Herrn aufkündigen, ihm ist alles zu viel, insbesondere spürt er auch zunehmend die Ruchlosigkeit seines Herrn, mit der er sich, zumindest mit der einen Seite seines Wesens, nicht mehr identifizieren kann. Don Giovanni braucht ihm aber nur etwas Geld zu geben, und schon sind die Bedenken Leporellos zerstreut. Er lässt sich sogar unmittelbar im Anschluss auf die Verkleidung, einen »Rollentausch«, ein. Da Don Giovanni die Kammerzofe Donna Elviras begehrt, schlüpft er in die Kleider Leporellos, und Leporello legt die Kleider des Don Giovanni an. Wie schon in der ersten Szene des ersten Aktes zeigt sich hier der starke Wunsch Leporellos, doch Herr sein zu wollen, wofür er auch ein Stück Skrupellosigkeit in Kauf nimmt. Er schlüpft gleichsam mit den Kleidern auch in die ruchlose Seite Don Giovannis hinein. Seine andere, moralische Seite, sein Überich, das ihm sagt: »Quittiere deinen Dienst bei diesem Schurken«, wird hier völlig abgespalten. Nach der Verkleidung erscheint Donna Elvira auf dem Balkon, und die drei singen ein Terzett in A-Dur, wobei Don Giovanni, der sich hinter Leporello stellt, noch einmal Donna Elvira hintergeht. Er bittet sie um Barmherzigkeit, und Donna Elvira singt: »Götter, welch seltsames Gefühl erwacht in meiner Brust!« Es genügt also ein ganz kurzes Zugehen Don Giovannis auf Donna Elvira, und schon erwacht ihre Liebe von neuem, eine Liebe, die scheinbar jede Demütigung zu ertragen bereit ist.

In der ganzen Szene drei, in der Leporello in Verkleidung Don Giovannis mit Donna Elvira spricht, zeigt sich, wie sich Donna Elvira ganz im Sinne eines tiefen Symbiosewunsches an Don Giovanni gebunden hat. Ihr Ichkern ist ganz in der Liebe zu Don Giovanni aufgegangen, was für sie selbst heißt, dass sie alles an weiblicher Identität und Eigenständigkeit eingebüßt hat. Ihr Leben wird nur von den beiden extremen Gefühlen, der Liebe zu Don Giovanni und dem Hass, der von der enttäuschten Liebe gespeist wird, beherrscht.

Nachdem Donna Elvira und Leporello weggegangen sind, singt Don Giovanni mit der Mandoline die weltberühmte Kanzonette (Nr. 16). Diese Kanzonette gehört mit zu den Höhepunkten volkstümlicher Kunst in der Opernliteratur. Aber statt der erwarteten Kammerzofe erscheint Masetto mit einer Schar Bauernburschen, bewaffnet mit Gewehren und Pistolen, die alle Don Giovanni suchen.

In einer humoristischen F-Dur-Arie schließt sich Don Giovanni als der verkleidete Leporello den Bauern an, teilt diese in zwei Gruppen, bleibt schließlich mit Masetto allein, und als dieser ihm gar seine Waffen ausliefert, verprügelt er ihn, um dann zu flüchten. Danach kommt Zerlina, die Masetto mit einer Laterne sucht und ihn jammernd und stöhnend vorfindet. In einer Arie in C-Dur (Nr. 18) verspricht sie ihm Heilung für alle seine Schmerzen dadurch, dass er mit ihr die ganze Sinnlichkeit, die sie in sich spürt, teilen darf. Zerlina belohnt also Masetto mit dem Angebot ihrer Sinnlichkeit für die Prügel, die er von Don Giovanni hat einstecken müssen. Musikalisch ist diese Sinnlichkeit durch weiche Figuren der Blasinstrumente und überall aufblitzende Triller, die die Freuden erahnen lassen, die Masetto erwarten, umgesetzt.

In der ödipalen Situation möchte natürlich Zerlina diese Sinnlichkeit am liebsten mit Don Giovanni erleben. Da aber beide nicht zueinander gekommen sind und dies auch nicht mehr tun werden, versucht sie zumindest, ihre Enttäuschung und Trauer damit zu kompensieren, dass sie auch Don Giovanni seine mit ihr nicht gelebte Sinnlichkeit vor Augen führen möchte. Sie wünscht sich, dass er ihre Arie hört, dass er ähnlich wie sie selbst spürt, was er in der Begegnung mit Zerlina ungelebt gelassen hat. Masetto wählt sie, indem er sich ihr gegenüber wie ein Kind verhält, sie bewundert und ihr alle Freiräume lässt, um sich entfalten zu können. Sie ist diejenige, die das Heft in der Hand hat, die schalten und walten kann, wie sie will, die ihre triebhaften Bedürfnisse mit Masetto stillt – und dieser lässt ihr auch ihre Macht, die sie Männern gegenüber hat.

Auch Zerlina ist an Don Giovanni gebunden, auch sie begehrt, ähnlich wie Donna Anna, seine starke männliche, väterliche Seite, weil sie sich unbewusst jemanden sucht, der ihre weibliche Macht in Bahnen lenkt und an den sie sich anlehnen kann. Da Don Giovanni aber nicht zur Verfügung steht, wählen beide Frauen, sowohl Donna Anna als auch Zerlina, den schwachen, kindlichen Mann und müssen so beide die männliche, starke Seite selbst leben.

Unter den Aspekten des Ödipus bedeutet dies auf Don Giovanni bezogen, dass die vielen Frauen, die er sich immer wieder aufs Neue sucht, ihm die eine, unersetzliche Mutter repräsentieren, und die betrogenen und hintergangenen, ja selbst getöteten männlichen Rivalen und Widersacher stehen für den einen unüberwindlichen Todfeind, den Vater.

Otto Rank weist darauf hin, dass die Gestalt des Leporello ein notwendiges Stück der künstlerischen Darstellung des Helden selbst bedeutet. Sigmund Freud hat schon auf Shakespeare bezogen geäußert, dass dieser häufig Charaktere in zwei Personen zerlegte, von denen dann jede unvollständig begreiflich erscheint, solange man sie nicht mit der anderen wiederum zu einer Einheit zusammensetzt.

So verhält es sich auch bei Leporello und Don Giovanni. In Leporello zeigt sich der Teil des Don Giovanni, der die Angst und das Gewissen des Helden repräsentiert. Dieser Teil bleibt bei Don Giovanni aber abgespalten. Dadurch wird die Verruchtheit Don Giovannis in ihrer Dimension besser erklärbar, da durch die Abspaltung der hemmenden Elemente innerhalb seiner Persönlichkeit Freiräume entstehen, die sonst kontrolliert wären. Leporello repräsentiert also in hohem Maße den Aspekt des Gewissens bei Don Giovanni. Schon im ersten Akt sagt ja Leporello: »Euer Leben gleicht bis aufs Haar dem eines Schurken!« Hier wird sichtbar, dass aus der Tiefe des Unbewussten das Schurkische auch für Don Giovanni ins Bewusstsein heraufsteigt, aber von diesem sofort wieder zurückgedrängt wird. Weiterhin ist Leporello auch ein Repräsentant des revolutionären Elementes. Er singt ja schon am Anfang in der ersten Arie sein »No« und auch im zweiten Akt beginnt er wieder mit dem »No«. Er will nicht mehr länger der Diener sein.

In der Verkleidungssituation am Beginn des zweiten Aktes wird deutlich, dass die beiden Teile der einen Person allmählich miteinander in Kontakt kommen. Don Giovanni schlüpft nicht nur in die Kleider des Leporello, sondern er wird auch mit seinen unbewussten Schichten, mit seinem Schatten in Kontakt gebracht – eben mit den Aspekten, die Leporello verkörpert. Deshalb vollzieht sich langsam in Don Giovanni ein Wandel, der bis zu seinem Tode anhält. Don Giovanni erlebt jetzt an sich selbst diesen revolutionären Aspekt; er ist zwar derjenige, der die alte Welt verkörpert, die im Begriff ist unterzugehen, aber in seinem Untergang wird in ihm auch etwas Neues, Revolutionäres lebendig, was nicht nur auf die politische Veränderung bezogen ist, sondern stärker noch die Veränderung der Geisteshaltung des Menschen meint. Das neue Zeitalter, das anbricht, erfasst Don Giovanni gleichsam intuitiv in seinem Untergang, und er weist darum in seinem Untergang über sich selbst hinaus. Das ist der tiefere Sinn dieser Verkleidungsszene, der die beiden unterschiedlichen Teile der Persönlichkeit miteinander in Kontakt bringt und sie nicht mehr voneinander getrennt halten muss.

In Szene sieben und acht wird mit dem Sextett Nr. 19 die Täuschung von den anderen entdeckt, und Leporello bittet um Mitleid. In Szene neun schiebt er die Verantwortung für die Verkleidung auf seinen Herrn, indem er in der Arie Nr. 20 singt: »Der Herr raubte mir mit Gewalt die Unschuld, Donna Elvira, habt Mitleid!« Leporello benützt dabei eine Sprache, wie sie normalerweise für Frauen benutzt wird, wenn diese ihre Jungfernschaft verlieren. Tiefenpsychologisch ist dies so zu verstehen, dass Leporello hier die weibliche Seite der Person Leporello/Don Giovanni verkörpert, um so von den Frauen, insbesondere von Donna Elvira, aber auch von Donna Anna und Zerlina, Schutz zu bekommen. Er appelliert somit an die Frauen, sich solidarisch zu verhalten, um sich so gegen das Männlich-Dominante zu schützen.

Aufgrund dieser Polarisierung ist dann aber Don Ottavio in der Lage, in der Arie Nr. 21 das erste Mal in der ganzen Oper eine männliche Position einzunehmen. Er singt: »Sagt ihr, daß ich ihre Schmach zu rächen gehe, daß ich nur als Bote, einer Bluttat, einer Tötung zurückkehren will.« Er will sich in der Auseinandersetzung dem männlichen Rivalen Don Giovanni stellen und spürt, wenn er diesen Schritt nicht schafft, ist für ihn Donna Anna für immer verloren. Sie ist bis zum Ende der Oper nicht in der Lage, seine männliche Kraft, die er hier andeutet, zu sehen, sondern auch am Ende bittet sie um mindestens ein Jahr Bedenkzeit – für Don Ottavio möglicherweise eine wichtige und sinnvolle Zeit, die ihm die Möglichkeit der Nachreifung gibt. In seiner eigenen Geisteshaltung fühlt er sich ja noch dem Feudalsystem verbunden und glaubt alleine dadurch, dass er dem Adelsstand angehört, schon Mann zu sein.

Ab Szene elf beginnt der eigentliche Schlussteil. Auf einer erneuten Flucht klettert Don Giovanni über die Mauern in einen Friedhof, wo er wieder mit Leporello zusammentrifft. Sie erzählen sich beide ihre Abenteuer, und Don Giovanni berichtet Leporello, dass er sogar von einer Schönen, die an sich zu Leporello gehört, gestreichelt und umarmt wurde (er war ja immer noch in den

Kleidern Leporellos). Leporello ist sehr verärgert und fragt Don Giovanni, warum er dies mit solcher Gleichgültigkeit erzähle. Don Giovanni antwortet darauf, warum nicht, und Leporello singt: »Aber wenn es meine Frau gewesen wäre?« Darauf Don Giovanni: »Das wäre noch besser gewesen!« Hier zeigt sich, dass Don Giovanni selbst vor der Frau seines Dieners keine Hemmungen hätte, wenn es um die Befriedigung seiner Lust ginge. Andererseits zeigt er aber auch, dass er in den Kleidern Leporellos ganz dieser sein will und deshalb auch alle Konsequenzen und alle Beziehungsgefüge, die dieser lebt, für sich beansprucht. In dieser Szene taucht nun die Statue des Komturs auf. Musikalisch wird sie von Posaunen begleitet, die Mozart hier zum ersten und einzigen Mal in der Oper verwendet. Die Posaunen geben den in starrem Tone vorgetragenen Worten ein düsteres, beklemmendes Kolorit.

Leporello verspürt große Angst, Don Giovanni hingegen stellt sich der Auseinandersetzung mit dem Komtur. Er singt am Ende von Szene elf: »Der gute Alte wird zum Abendessen kommen ... Gehen wir, es vorzubereiten, gehen wir fort von hier!« Musikalisch wird die Angst Leporellos durch Sechzehntelnoten der Geigen dargestellt. Je verwegener sich Don Giovanni aufführt, umso mehr zeigt sich in der Musik das Grauen.

In dieser Szene elf, in der Don Giovanni den Konflikt mit dem Komtur austrägt, der ihn zu seinem eigenen Ende bringt, wird der zentrale Konflikt der Oper zum Ausdruck gebracht. Don Giovanni ist nicht bereit, irgendetwas zu bereuen oder von seiner Position abzurücken. Er macht damit dem Komtur deutlich, dass ihn auch der Tod nicht erschüttern kann.

Am Beginn des zweiten Aktes, als Leporello zu Don Giovanni sagt: »Also, wenn das bloß mit den Weibern nicht wär, wenn ihr die Weiber laßt ...«, dann würde er, Leporello, bei ihm bleiben, da klärt ihn Don Giovanni über den Sinn seines Lebens auf:

»Die Weiber lassen, du Dummkopf! So wisse, daß sie mir nötig sind wie das Brot, das ich esse, wie die Luft, die ich atme!« Darauf singt Leporello: »Ja, und dennoch strebt ihr dazu, sie alle zu betrügen!« Und Don Giovanni erwidert: »Doch nur aus Liebe! Wer bloß einer getreu ist, begeht ein Unrecht an allen anderen! In meinem liebebedürftigen Herzen ist Raum für alle! Nur Mädchen, die das noch nicht begreifen, erklären diese Liebe für Betrug.«

Um diese Position geht es, um eine Freiheit und Gleichberechtigung in der Liebe. Mozart versucht hier auszudrücken, dass es Einzelne sein müssen, die den Mut haben, etwas zu verändern. Einzelne, die nach neuen Idealen suchen, um danach zu leben, auch wenn sie damit in Konflikt mit der bisherigen kollektiven oder konventionellen Ordnung geraten. Das ist es, was Don Giovanni mitteilen will. Er gehört noch der alten Zeit an, aber in den letzten Stunden seines Lebens ahnt er die Freiheit des neuen Zeitalters voraus und weist in seinem Untergang über sich hinauswachsend darauf hin.

Don Giovanni ist sicherlich nicht der Typ des strahlenden Helden, er ist natürlich auch kein Vorbild, keine Idealfigur, sondern er ist ein morbider Revolutionär, der zwischen dem Alten und dem Neuen steht. Don Giovanni ist aber auch eine extreme Verkörperung für die Unsinnigkeit des christlichen, inhumanen Ideals, auf Gedeih und Verderb in einer Ehe zusammenbleiben zu müssen: »Bis dass der Tod euch scheidet.« Für viele könnte das auch heißen: »Bis dass der Mord euch scheidet.«

Mit diesen Moralvorstellungen war natürlich auch Mozart konfrontiert. Von seinem ersten Arbeitgeber, dem Salzburger Erzbischof Colloredo, hat er häufig die gute »christliche Moral« kennen gelernt. Sein ganzer innerer Protest, den er gegen diese verlogene Gesellschaft empfand, konnte und durfte sich aber nicht verbal äußern, er musste seinen Protest und seine Kritik in musikalische Formen einkleiden. Don Giovanni ist eine solche Figur. Aber er ist gerade deshalb auch zum Untergang verurteilt, da er sich in Opposition zur konventionellen Vorstellung seiner Zeit befindet.

Don Giovanni verlässt eine Frau nicht deshalb, weil er sie nicht mehr begehren würde, vielmehr hält er eine schöne Frau immer für begehrenswert. Dies zeigt sich auch noch einmal im zweiten Akt, wo er hinter Leporello stehend Donna Elvira zu verführen sucht – und dies wohl auch aus tiefer eigener Überzeugung, denn sie ist eine schöne, attraktive und begehrenswerte Frau, aber er muss auch andere begehren. Darum muss er Donna Elvira verlassen.

Faust begehrte die Güter dieser Welt, Don Giovanni aber kann alles aus der Hand geben. Das Leben füllt ihn ganz aus, er ist ganz auf die Gegenwart bezogen. Er braucht nichts festzuhalten, er kann selbst seine Abstammung und alles, was er besitzt, opfern. Don Giovanni verurteilt sich selbst deshalb nicht, da er an sich keine moralischen Ansprüche stellt. Die Hölle ist für ihn etwas, was man herausfordert. Für das göttliche Gericht kennt er nur eine Antwort, seine männliche Ehre. »Ich habe Ehre im Leib«, sagt er zum Komtur und weiter: »Ich halte mein Wort, weil ich ein Edelmann bin.« Don Giovanni stellt sich seinem Tod mit aufrechtem Gang.

Das Finale beginnt in Szene dreizehn (Nr. 24). Zuerst fängt Don Giovanni an zu essen. Mozart lässt dabei nur das kleine Orchester spielen, das Hauptorchester schweigt. Gespielt wird eine Art Tafelmusik, die Leporello als eine Melodie aus der Oper *Cosa rara* von Martin erkennt, jener Oper, die Mozarts *Figaro* aus der Gunst des Wiener Publikums verdrängt hatte. Danach folgt die beliebte Arie aus einer Oper von Sarti (*Wenn zwei sich streiten, lacht der Dritte*). Als drittes Stück folgt dann eine Melodie aus *Figaros Hochzeit*. Während der Tafelmusik unterhält sich Don Giovanni mit Leporello und lässt sich dabei von diesem bedienen.

In Szene vierzehn versucht Donna Elvira noch einmal Don Giovanni umzustimmen und ihn zur Reue zu bewegen. Er verlacht sie aber. Auf die Vorhaltungen von Donna Elvira reagiert er so: »Es leben die Frauen, es lebe der gute Wein, Stütze und Ruhm der Menschheit.« Donna Elvira kann nur noch sagen: »Bleibe nur, Unmensch, im ungeheuren Unrat, schreckliches Beispiel der Verworfenheit!« Dann taucht in der Schlussszene 15 der Komtur auf, den Don Giovanni zum Nachtessen eingeladen hat. Beim Eintritt des steinernen Gastes in das Gemach von Don Giovanni nimmt das Orchester den Satz aus der Ouvertüre wieder auf, der nun in seiner ganzen unheimlichen Erhabenheit wirkt.

Der Komtur ermahnt Don Giovanni, sich zu bessern, aber Don Giovanni erwidert ihm sechs Mal mit »Nein«. Beim sechsten Nein fühlt Don Giovanni fürchterliche Feuerwirbel und wird verschlungen.

Don Giovannis Tod ist der folgerichtige Schlusspunkt seines Lebens. Er hat die ganze Oper hindurch nur Misserfolge und Enttäuschungen hinnehmen müssen, kein Liebesabenteuer war von Erfolg gekrönt. Don Giovanni, für den die Frauen, das Erobern und das Begehrtwerden von Frauen im Zentrum seines Lebens stehen, konnte sich damit nicht abfinden, dass er immer wieder gescheitert ist.

Dieses Scheitern ist für ihn Symbol eines sinnlos gewordenen Lebens, dem er sich so nicht länger stellen will. Er hatte vor dem Scheitern des Abenteuers mit Donna Anna nie eine ähnliche Situation erlebt. Immer gelang ihm alles. Aus diesem Grunde kamen die gescheiterten Versuche, seine Liebe und Lust auszuleben, für ihn einer Katastrophe gleich. In der Oper ist sehr schön zu sehen, dass, je öfter Don Giovanni gescheitert ist, er umso unruhiger und heftiger die nächste Frau zu erobern versuchte. Er brauchte dringend die Selbstbestätigung durch ein erfolgreiches Liebesabenteuer. Leporello sagt ihm: »Don Giovanni, es geht alles schlecht!« Don Giovanni muss Leporellos Aussage widersprechen, er kann sie so nicht stehen lassen. So ist für ihn die Begegnung mit dem Komtur am Ende auch eine Form von Erlösung. Der Komtur ist für ihn eine Vatergestalt, der er sich anvertraut und der er sich am Ende überlässt. Er reicht ihm ja auch die Hand, die ihn dann in das Feuer hineinzieht. In der Auseinandersetzung mit dem Komtur, der ihm noch väterlich wohlwollend über die Reue einen Weg weiter ebnen würde, bleibt er bei seinem Nein. Man könnte sagen, er bleibt in einer pubertären Trotzreaktion und versucht seinen eingeschlagenen Weg bis zum Ende durchzuziehen. Als der Komtur dies spürt, überlässt er ihn nicht weiteren erfolglosen Liebesabenteuern, sondern erlöst ihn und nimmt ihn mit hinab, um den Weg für neue Möglichkeiten zu eröffnen. Das Feuer kann hier als ein Symbol für den reinigenden Aspekt und einen Neuanfang gesehen werden.

Don Giovanni beendet seine Suche nach einem verständnisvollen und ihn leitenden Vater, weil er daran zerbricht, dass er sich dem Willen des Vaters unterordnen müsste. Er sucht seine eigene Identität, aber als er spürt, dass die Versuche, sein Leben für sich positiv zu gestalten, sinnlos sind, nimmt er den Tod an. Dies gibt ihm eine enorme Kraft und Faszination, die bis in unsere Zeit hinein wirken.

Da Don Giovanni spürt, dass die erotische Provokation für ihn eine Form des Erkennens war, entwickelt er auch menschliche Reife. Er spürt, dass in dem Moment, wo er nicht mehr imstande ist, seine Potenz zu leben, das Leben für ihn so keinen Sinn mehr hat. Er sucht sich deshalb in der Auseinandersetzung mit dem Komtur eine neue Herausforderung, die er im Tod oder dem, was dahinter liegt, vermutet. Deshalb ist also der Tod Don

Giovannis am Ende keine Bestrafung für seine Verfehlungen, sondern ein von ihm gewähltes Ende. Das zeigt noch einmal seine Größe und macht ihn zu einer Figur der Weltliteratur, die auch in ferner Zukunft noch Wirkung zeigen wird.

Ich möchte mit Sören Kierkegaard enden, der über Don Juan sagt: »Die seelische Liebe ist Bestehen in der Zeit, die sinnliche ein Verschwinden in der Zeit; aber das Medium, in dem dies zum Ausdruck kommt, ist eben die Musik.«

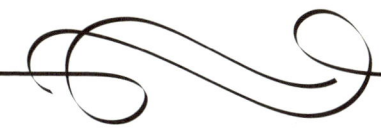

Cosi fan tutte
oder
Die Schule
der Liebenden

STANDHAFTIGKEIT – VERWANDLUNG –
REIFE

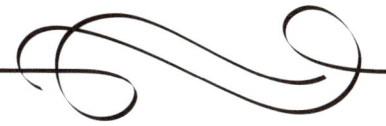

Ich trinke nicht stets einen Wein,
das möchte mir zu ekel sein.
Wein aus Burgund, Wein von der Mosel Strande,
einheimischen Wein, Wein aus dem Frankenlande,
die wechsl' ich täglich mit Bedacht,
weil wechseln alles süßer macht.

Und mich soll nur ein artig Kind,
wenn mehrere zu finden sind,
durch süßen Zwang gepriesener Liebe binden?
Oh, dies zähl ich mit unter meine Sünden.
Nein, nein, ich folge meinem Brauch,
mit art'gen Kindern wechsl' ich auch.

GOTTHOLD EPHRAIM LESSING, *Die Abwechslung*

Cosi fan tutte wurde unter Mozarts Leitung am 26. Januar 1790 im kaiserlich-königlichen Nationaltheater in Wien uraufgeführt. Keine der Opern Mozarts hat innerhalb und außerhalb Wiens so viel Kritik und Ablehnung erfahren und auch in der späteren Rezeption so viel Unverständnis erlebt wie *Die Schule der Liebenden*. Von wenigen Ausnahmen abgesehen, lautete das Urteil über *Cosi fan tutte* meist, Mozart habe sein Genie an ein librettistisches Machwerk verschwendet.

Aber es gibt viele musikgeschichtliche Hinweise, dass Mozart sich gerade mit dem Thema Liebe – Treue – Eifersucht schon lange Jahre vorher auseinander setzte und ein Libretto suchte, was ihm die Möglichkeit gab, dieses Thema musikalisch umzusetzen.

Nachdem Mozart mit der *Entführung aus dem Serail* großen Erfolg hatte, fahndete er in den folgenden Jahren, was aus seiner Korrespondenz von 1782 bis Mai 1785 hervorgeht, nach einem »Opernbüchlein«. Er hatte wohl mehr als 100 Libretti gelesen, aber keines gefunden, was ihn angesprochen hätte. Er schreibt in einem Brief am 7. Mai 1783 an seinen Vater: »... Das Notwendigste dabei aber ist recht komisch im ganzen, und wenn es dann möglich wäre, zwei gleich gute Frauenzimmerrollen hineinzubringen. Die eine müßte Seria, die andere aber Mezzo Carattere sein – aber an Güte müßten beide Rollen ganz gleich sein. Das dritte Frauenzimmer kann aber ganz Buffa sein, wie auch alle Männer, wenn es nötig ist.«

Der Auftrag zu *Cosi fan tutte* kam für Mozart wie ein Rettungsanker in allergrößter Not. Denn er hatte wegen der Erkrankung seiner Frau Constanze viel Geld ausgeben müssen, insbesondere um die teuren Kuren in Baden bei Wien zu bezahlen, und es gibt aus dem Jahre 1789 mehrere so genannte »Bettelbriefe« an den Kaufmann und Freimaurerfreund Michael Puchberg, den er bat, ihm mit Geld auszuhelfen. Schon im Sommer 1788 bat Mozart ihn dringlich: »... mich auf ein oder zwei Jahre mit ein- oder zweitausend Gulden gegen gebührende Interessen zu unterstützen.« Trotz wiederholter Bitte schickte Puchberg nur 200 Gulden. Neben der Erkrankung seiner Frau dürfte auch das erste Jahr des Türkenkrieges eine große Rolle gespielt haben, der das kulturelle Leben in Wien auf ein Minimum reduzierte. Es ist bekannt, dass es im Herbst/Winter 1788/1789 kaum öffentliche oder private Konzerte gab.

1789 hatte zudem Antonio Salieri drei Opern für die Hofoper komponiert, und Kaiser Joseph II., ein Förderer und väterlicher Freund Mozarts, wollte, dass auch dieser wieder zum Zuge kam. Mozart erhielt für die Oper 900 Gulden. Dies war ein Betrag, der weit über das übliche Maß hinausging und so vermuten lässt, dass der Kaiser persönlich die Anordnung nach einem neuen Opernauftrag für Mozart gab, da ansonsten diese hohe Summe nicht hätte bezahlt werden können.

Der Kaiser war nun selbst schwer krank, er hat wohl an einer offenen Lungentuberkulose gelitten. Kurz nach der Uraufführung im Januar 1790 ist er dann auch am 11. Februar 1790 verstorben. Der Tod Josephs II. war für Mozart ein schwerer Schlag, da er, wie gesagt, mit ihm einen Förderer und Freund verloren hat. Möglicherweise hing auch der geringe Erfolg, den die Oper *Cosi fan tutte* am Anfang hatte – sie wurde lediglich fünf Mal aufgeführt –, mit dem Ableben des Kaisers zusammen.

Darüber hinaus hatte Mozart auch kein heiter-gefälliges Werk geschrieben, mit dem er das Publikum auf seine Seite hätte bringen können, sondern er hatte mit seinem Werk die Zuhörer geradezu provoziert und ihnen ihre eigene Moral so vor Augen geführt, dass sie dagegen nur Widerstände entwickeln konnten. Mozart verstand es ja durch seine Opern immer, gerade unbewusste Gefühle bei den Zuhörern anzusprechen, am extremsten sicherlich durch *Cosi fan tutte*, was zu solchen Verdrängungsmechanismen und Widerständen führen musste.

Gerade das Leitthema der Oper, nämlich die Austauschbarkeit von Individuen in Liebesbeziehungen, war etwas, was Männer wie Frauen in der Zeit des ausgehenden 18. Jahrhunderts kannten und auch lebten, aber nach außen nicht zugeben wollten.

So war die Oper, um mit Volkmar Braunbehrens zu sprechen, »kein übliches Intrigenstück mit glücklichem Ausgang, sondern ein bürgerliches Drama um die Gefährdungen der Liebe, in welchem Treue als notwendiger Damm gegen die Sturzflut ambivalenter und unbezähmbarer Gefühle und Leidenschaften gezeigt wird, deren Sprengkraft ebenso wenig bestreitbar ist wie ihre Wahrheit«. (1986, S. 363)

Cosi fan tutte ist eines der wenigen Textbücher Da Pontes, das nicht auf eine direkte literarische Vorlage zurückgeht. Da Ponte hatte eine große Meisterschaft darin, auf die Wünsche der Komponisten einzugehen und ihnen die entsprechenden Librettis zu liefern. Es war weniger seine Stärke, neue und originäre Dichtungen zu verfassen. Diese Zusammenarbeit zwischen Librettisten und Komponisten hat auch Mozart sehr geschätzt, und dies war wohl auch der Grund, warum er nach der *Hochzeit des Figaro* und dem *Don Giovanni* ein drittes Mal mit Da Ponte bei der Oper *Cosi fan tutte* zusammenarbeitete. Möglicherweise hätte es auch noch weitere gemeinsame Werke gegeben. Dies scheiterte aber sowohl am frühen Tod Mozarts als auch daran, dass Da Ponte im Sommer 1791 wegen eines Skandals Wien verlassen musste.

In Studien von E.H. Gombrich und Kurt Kramer wird deutlich, dass Da Ponte mit der dichterischen Überlieferung Italiens und der römischen Antike vertraut war. Als Quelle des Operntextes mag deshalb der antike Mythos von Kephalos und Prokres genannt werden, der Da Ponte aus Ovids *Metamorphosen* (Buch 7) zugänglich war. Der Kern dieses Mythos ist eine Treueprobe. Aber nicht nur bei Ovid, sondern später auch im Mittelalter wurde dieser Mythos der Treueprobe als Lehrstück zum Verhalten in der Ehe benutzt. Im *Decamerone* hat Boccaccio dieses Thema aufgegriffen, auch Calderon hat diesen Mythos benutzt und variierend verändert. Darüber hinaus hat sich Da Ponte vermutlich auch auf Areost's Version der alten mythischen Treueprobe im *Orlando Furioso* (1528) gestützt. Dieser Dichter war dem gebildeten Publikum zu Lebzeiten Da Pontes bekannt, und, wie Kramer anmerkt, erinnern die Protagonistinnen in *Cosi fan tutte*, Fiordiligi und Dorabella, nicht zufällig an die Namen der weiblichen Hauptfiguren im *Orlando*, Doralice und Fiordispina.

Neben diesen Vorlagen und den Wünschen Mozarts, eine neue, revolutionäre Oper zu schreiben und die Besucher zum Nachdenken anzuregen, mag auch die Lebensgeschichte Da Pontes in den Text mit eingeflossen sein.

Da Ponte stammte von einem jüdischen Schuhmacher und wurde später von dem Erzbischof Da Ponte aufgenommen, von dem er auch seinen Namen erhielt. Er wurde dann getauft und in das Priesterseminar aufgenommen, obwohl er sich gar nicht zum Priester berufen fühlte. Dennoch machte Da Ponte auch seinem Ziehvater, dem Erzbischof, zuliebe die Ausbildung zu Ende und war kurzzeitig als Priester tätig. Er verließ dann aber bald den Beruf und ging nach Venedig, wo er der Geliebte einer der schönsten Frauen der Stadt, Angiola Tiepolo, wurde. In Venedig war er politisch aktiv, verfasste Pamphlete und musste die Stadt für fünfzehn Jahre verlassen. In späterer Zeit wurde er Hofdichter in Wien bei Joseph II., aber nach dessen Tod im Februar 1790 fiel er bei seinem Nachfolger Leopold II. in Ungnade und musste Wien verlassen. Der Hauptgrund war eine Liebesaffäre mit der Sängerin, die in *Cosi fan tutte* die Rolle der Fiordiligi sang. Die Sängerin hatte den Künstlernamen »Die Ferrarese«, da sie aus Ferrara stammte, und war eine aufbrausende, jähzornige Primadonna. Da der Vertrag der Sängerin auslief, setzte sich Da Ponte für sie ein, was er aber in einem so impertinenten Ton dem Kaiser gegenüber tat, dass man ihm mitteilte, auf seine künftigen Dienste verzichten zu wollen, und ihn bat, Wien baldmöglichst zu verlassen.

Die Beziehung Da Pontes zu der Sängerin Ferrarese ging darüber in die Brüche, und mit dem unrühmlichen Abgang aus Wien im Juni 1791 war dann auch die außerordentlich bedeutsame Zusammenarbeit mit Mozart beendet, deren letztes Ergebnis *Cosi fan tutte* war.

Da Ponte hat dann später eine Engländerin geheiratet, ging mit ihr nach New York und arbeitete als Buchhändler. Im Jahre 1838 ist er dort im Alter von 89 Jahren sehr wohlhabend verstorben.

Erwähnenswert sind an dieser Stelle noch einige Bemerkungen von bedeutenden Musikern zu dieser Oper. Beethoven meinte zu *Cosi fan tutte*, dass er sich für solche oberflächlichen Dinge nicht erwärmen könne. Er war ja auch der Komponist des *Fidelio*, in dem geradezu das hohe Lied der Gattentreue gesungen wird.

Richard Wagner merkte an, dass ihm Mozart ja sehr lieb sei, aber dass er sich dafür hergegeben habe, hätte ihn schon verwundert. Dennoch freue er sich, dass Mozart keine gute Musik zu diesem Text geschrieben habe. Das wäre nämlich sonst schlimm gewesen, wenn er gute Musik zu diesem schlechten Textbuch geschrieben hätte.

Richard Strauss hat dann erst sehr viel später, im Jahre 1910, die Oper wirklich rehabilitiert und in München aufgeführt. Er meinte, dass es eine der schönsten Opern ist, die immer wieder und unbedingt gespielt werden müsse.

Am Beginn des 19. Jahrhunderts aber gab es so starke gesellschaftliche Verdrängungsmechanismen, die so etwas wie einen Partnertausch, um den es in der Oper geht, einfach nicht zulassen konnten. Erst durch das Aufblühen und die Entwicklung der Psychoanalyse, 100 Jahre später, konnten diese Verdrängungsmechanismen benannt und sichtbar gemacht werden.

1. Akt

In einem Kaffeehaus in Neapel sitzen zwei Offiziere namens Ferrando und Guglielmo und diskutieren mit einem alten Philosophen namens Don Alfonso über die Treue der Frauen. Die beiden sind mit zwei Schwestern namens Dorabella und Fiordiligi verlobt und sind sich ganz sicher, dass sie sich auf die Treue ihrer Verlobten verlassen können. Don Alfonso ist anderer Meinung und schlägt eine Wette vor. Er könne innerhalb von 24 Stunden beweisen, dass die beiden Verlobten nicht treu sein können, die beiden Männer müssten nur machen, was er von ihnen wolle. Die beiden willigen ein, und die Wette gilt. Don Alfonso geht zu den beiden Schwestern und sagt ihnen, dass ihre beiden Verlobten ohne Aufschub ins Feld müssten. Sie kämen nur noch einmal, um sich zu verabschieden. Die beiden Damen sind darüber sehr verzweifelt und traurig. In einer fingierten Szene, wo Soldaten und ein Schiff herbeordert werden, verabschieden sich die Liebespaare. Fiordiligi und Dorabella bleiben verzweifelt und traurig zurück. Ihre Kammerzofe Despina versucht, sie zu trösten mit dem Hinweis, dass es auch noch andere Männer gäbe.

Auf Anregung von Don Alfonso verkleiden sich Ferrando und Guglielmo in zwei Albaner und kommen werbend in das Haus der Schwestern zurück. Das Bemühen der beiden um die Frauen – wobei die Partner getauscht werden – fruchtet anfangs nichts, bis die beiden Fremden behaupten, aus verschmähter Liebe Gift getrunken zu haben, und eine Sterbeszene vorspielen. In den beiden Damen erwacht Mitleid. Despina verkleidet sich als Arzt und heilt die Vergiftung mit einem Magneten nach Art des Doktor Messmer. Kaum sind die beiden Patienten gerettet, werben sie erneut leidenschaftlich um die Liebe der Frauen. Nach neuerlichem Zögern der Frauen schafft es aber der wendige und weltoffene Guglielmo, Dorabella für sich zu gewinnen. Fiordiligi will dagegen nicht nachgeben. Sie macht ihrer Schwester Vorhaltungen und will in Soldatenkleidern ihrem Verlobten nachreisen. An dieser Stelle wird sie noch einmal von Ferrando bedrängt, und da bricht ihr Widerstand. Beide Freunde sind enttäuscht, dass ihre Verlobten die Treue gebrochen haben, und wollen sie bestrafen. Eine Hochzeitstafel wird gerichtet, damit die beiden Schwestern sich mit den Albanern vermählen können. Doch kaum sind die Ehekontrakte geschlossen, meldet Don Alfonso die Rückkehr der früheren Liebhaber. Die neuen Ehemänner werden versteckt. Diese erscheinen gleich darauf als Offiziere in ihrer ursprünglichen Kleidung. Sie finden die Ehekontrakte und die beiden Schwestern müssen bekennen, dass sie untreu waren. Don Alfonso, der Gewinner der Männerwette, erklärt zum Schluss, die Sache sei zu Gunsten der Damen ausgegangen und den Herren habe er nur Einsicht und Klugheit beibringen wollen.

Die Offiziere bezahlen ihre Wettschuld und sinken den Verlobten in die Arme.

In *Così fan tutte* wird das Thema »Wie gehen die Menschen mit der Treue um« zum Träger der Handlung. Insofern handelt die Oper vor allem von den individuellen Gefühlen der einzelnen Mitwirkenden – Standesunterschiede spielen dagegen eine untergeordnete Rolle. Denn auch Despina, die Kammerzofe, zeigt ihre Gefühle und drückt ihre Weltsicht, insbesondere bezüglich der Männer, deutlich aus. Dabei steht sie mit ihrer größeren Lebenserfahrung fast auf einer Stufe mit den Damen, denen sie eigentlich zu dienen hat.

Aber die Oper – im Jahr der Französischen Revolution geschrieben – ist auch ein politisches Stück. Mozart hat zeitlebens für die Gleichstellung der Menschen gekämpft. Er war, wie Alfons Rosenberg bemerkt, ein Revolutionär, und ihm schwebte ein Universum der Liebe vor, in dem jeder Liebende gleichberechtigt ist. In der damaligen Gesellschaft war es aber nicht üblich, Gefühle auszuleben, und so zog Mozart das bittere Fazit, dass das erotische Prinzip weder in der feudalen noch in der bürgerlichen Gesellschaft eine Chance hat. Die einzige Möglichkeit, Gefühle darzustellen, besteht für ihn darin, sie im Theater über die Oper sichtbar zu machen.

Joseph II., der Kaiser des aufgeklärten Absolutismus, hat Mozart sicherlich auch deshalb unterstützt, weil dieser in vielen Punkten seiner Meinung war. Der Leitgedanke der Aufklärung war ja der Sieg der Vernunft über das unkontrollierte Gefühl. Wenn wir es psychoanalytisch ausdrücken wollen, würden wir sagen: der Sieg der Vernunft über die Triebe. Der Mensch ist mittels seiner Vernunft und seines Denkvermögens nicht mehr hilflos dämonischen und überirdischen Mächten ausgeliefert. Die Vernunft, insbesondere seit Kant, ist die Wurzel aller Erkenntnis, und mit ihrer Hilfe ist es möglich, auf allen Gebieten der Natur- und Geisteswissenschaften Erklärungen zu finden. Der Philosoph der Aufklärung ist ein Denker, der sich dem humanistischen Rationalismus verpflichtet. Hier nun stehen wir mitten in der Oper *Cosi fan tutte*, denn genau diese Figur des alten Philosophen steht in Don Alfonso vor uns. Don Alfonso als ein lebenserfahrener und nachdenklicher Mensch versucht mit seiner Vernunft, Gefühle von Menschen zu verstehen, zu begreifen und vorauszusagen. Er hat dabei die feste Position, dass es so etwas wie lebenslange Treue nicht gibt, dass Gefühle kommen und gehen und dass insbesondere Frauen ihren Gefühlen sehr viel stärker als Männer ausgeliefert sind.

Don Alfonso wird von verschiedenen Kritikern sehr negativ gezeichnet. So nennt ihn Joachim Kaiser einen »blutleeren Skeptiker« und Georgi W. Tschitscherin einen »Zyniker in der Art Mephistos«. Don Alfonso ist aber nicht der Mensch, der dem von ihm initiierten Spiel ungerührt zusieht, vielmehr geht es ihm darum, die Wahrheit ans Licht zu bringen und auch Verständnis dafür zu wecken, wenn »Treueschwüre« gebrochen werden. So hat insbesondere am Ende des Stückes Don Alfonso menschliche, verständnisvolle Züge.

Don Alfonso vertritt die Position, das Weibliche stehe für die Natur, die Vernunft dagegen sei Aufgabe des Mannes. Dieses Wissen um das Naturhafte eben – um es tiefenpsychologisch zu sagen –, um die Kraft der im Unbewussten schlummernden Triebe macht es ihm möglich, dass er kurz vor der Entdeckung der Untreue der beiden Schwestern, als diese in große Angst verfallen, sie tröstet und ihnen beisteht. Er ist es auch, der zum Schluss die ursprünglichen Paare wieder zusammenführt.

In diesem Zusammenhang ist es wichtig zu bedenken, dass im 18. Jahrhundert die Partnerwahl nicht frei war, sondern meist von außen, in den häufigsten Fällen durch die Eltern erfolgte. Die

Möglichkeit der freien Partnerwahl, der Liebesheirat mit dem Anspruch des Glücks allein durch die Wahl des Partners, war kaum gegeben. Die Meinung herrschte vor, die Liebe werde sich schon einstellen und man müsse nur daran arbeiten. Insofern hatte die Funktion der Liebe eine weit größere Bedeutung als das Objekt, das für die Liebe zur Verfügung stand. Unter diesen Aspekten ist der Schluss der Oper, dass nämlich Gefühl und Vernunft keine Gegensätze sein müssen, sondern miteinander vereinbar sind, eine Botschaft, die für die damalige Zeit eine immense Bedeutung hatte.

Aber wäre *Cosi fan tutte* nur eine Oper mit dem Gedankengut der Aufklärung, würde sie längst nicht so oft gespielt, wie das heute der Fall ist. Die Oper reicht mit ihrer psychologischen Botschaft weit in unsere Zeit hinein und dieser Aspekt soll nun näher beleuchtet werden.

Bleiben wir noch bei der Figur des Don Alfonso. Will er denn beweisen, dass die Idee einer liebesfähigen und treuen jungen Frau idealistischer Schwindel ist? Ich denke eher nein. Ihm geht es doch vielmehr um das Verstehen von Reaktionsweisen und Handlungen, die sich vordergründig widersprechen. Möglicherweise hat er selbst in seiner eigenen Jugend Enttäuschungen erlebt. Vielleicht erkennt er sich auch in den beiden jungen Offizieren selbst wieder, und es war für ihn einst noch schmerzhafter und grausamer, die eigenen Enttäuschungen auszuhalten, als die, die er jetzt den beiden jungen Offizieren zumutet. Don Alfonso lebt ja alleine, er hat wohl auch keine Kinder. Da er nun aber nicht Kleriker, sondern Philosoph ist, ist dies eher unüblich. Vielleicht war er selbst auch immer auf der Suche nach dieser idealen Frau, obgleich er vermutete, dass es sie nicht geben konnte. Es scheint so, als ob er selbst ein idealisiertes Frauenbild in sich aufgenommen hat, was er verzweifelt in der Realität sucht, aber nie finden darf. Die beiden Frauen Fiordiligi und Dorabella haben ihn möglicherweise noch einmal verunsichert. Vielleicht hat er ihnen doch zugetraut, das Idealbild von Verlässlichkeit und Treue zu verkörpern, und vielleicht hätte er deshalb auch gerne seine Wette verloren. Andererseits wusste er aber aufgrund seiner eigenen Lebenserfahrung, dass ein Reifungsprozess nur möglich ist im Aufgeben von Idealobjektiven und durch die Erkenntnis, dass so genannte Schwächen nicht abgespalten werden dürfen, sondern zu einer reifen Persönlichkeit gehören und integriert werden müssen. Don Alfonso wirkt deshalb für die beiden Paare und in gewisser Weise auch für Despina als eine Art Katalysator zum Erwachsenwerden. Wenn wir uns die beiden Offiziere und die beiden Schwestern am Anfang genauer betrachten, so entsteht der Eindruck, dass hier vier Kinder miteinander ein Liebesspiel in naiver und unbedachter Form treiben, dass sie sich gegenseitig anhimmeln und bewundern, aber sich eigentlich gar nicht kennen. Erst durch die Wette, durch das Freilegen der infantil-narzisstischen Anteile der beiden Männer und durch das Zulassen der Liebesfähigkeit der Frauen, die sich nicht nur auf ein Individuum fixieren lassen, wird der Reifungsprozess möglich.

Wenden wir uns jetzt etwas genauer den beiden Frauen zu. Dorabella ist die extrovertierte, die temperamentvollere und damit auch die rascher verführbarere der beiden Schwestern. Fiordiligi ist dagegen introvertiert und damit aber auch weniger spontan und schwungvoll als Dorabella. Schon ganz am Anfang, als die beiden im Garten am Meeresstrand sitzen und jede das Bild ihres Verlobten betrachtet, zeigen sich diese Charakterzüge. Beide tragen die Bilder ihrer Verlobten an der Hüfte, nicht um den Hals, wie das sonst üblich ist. Das kann als Hinweis dafür gesehen werden, dass es beiden Paaren am Anfang mehr um das Kennenlernen der körperlichen Liebe, des Sexus, als um den Eros geht. Beide Frauen sind ja noch unerfahren in der Liebe und sehnen deshalb vermutlich auch den Tag herbei, an dem sie ihre erste richtige Liebesnacht erleben dürfen. In dem Duett (1. Akt, Nr. 4) singt Fiordiligi: »Oh schau nur, Schwester, ob einen schöneren Mund, ein edleres Antlitz man jeweils wohl sah.« Und Dorabella singt darauf: »Sieh du nur, Schwester, sieh dieses Feuer in seinem Blick. Schießen nicht Flammen, schießen nicht Pfeile daraus hervor?«

Hier zeigt sich, wie Dorabella das Feuer in den Augen erblickt und damit sofort einen Objektbezug herstellt, wohingegen Fiordiligi ganz introvertiert bei sich bleibt und nur das Aussehen ihres Geliebten wahrnimmt. In diesem Duett besingen beide in einem wunderbaren Gleichklang der Gefühle, der Gedanken, der Ziele eine glückliche, heile Welt. Beide bitten den Liebesgott Amor, sie zu bestrafen, falls sie sich je von ihren Geliebten abwenden. Sie wissen ja nicht, dass ihre beiden Verlobten schon vorher bei genau diesem Liebesgott eine Wette darüber abgeschlossen haben.

In dem folgenden Rezitativ flammt dann bei beiden Schwestern die Lust auf, sie berichten von einem Brennen und einem Kribbeln im Blut sowie dem Wunsch nach baldiger Heirat. In der nächsten Szene kommt nun Don Alfonso zu den Schwestern und sagt ihnen, dass ihre Verlobten ins Feld müssten. In der Abschiedsszene zeigen die beiden Frauen ein ganz tiefes, echtes Gefühl, welches sich ganz besonders auch über die Musik ausdrückt. Das Quintett Nr. 6 ist in Es-Dur geschrieben und als Choreographie des Abschieds gestaltet. Die Frauen drücken ihr Gefühl dadurch aus, indem Fiordiligi sagt: »Gib mir dieses Schwert: Es soll mir den Tod geben, wenn ein verhängnisvolles Schicksal meinen Liebsten ...« und Dorabella: »Der Schmerz würde mich töten, ich brauche kein Schwert.« Diese Tiefe des Gefühls berührt die beiden Männer kurz. Sie meinen zu Don Alfonso gewandt: »Seht ihr, die lieben uns und wollen sogar durch unsere eigene Hand sterben.«

Auch an dieser Stelle zeigt sich wieder, dass die eher introvertierte Fiordiligi getötet werden will, wohingegen die extrovertierte Dorabella in eher hysterieformer Weise meint, dass der Schmerz allein sie töten wird. Hier zeigt sich aber, und dies ist aus tiefenpsychologischer Sicht ein wichtiger Aspekt der Oper, die Rivalität der beiden Schwestern. Fiordiligi neidet ihrer Schwester Dorabella, sie ist wahrscheinlich die jüngere, die Fähigkeit des Sich-nach-außen-Darstellens und die Fähigkeit, ihre Interessen deutlich auszudrücken und, wie man später sieht, auch zu leben. Dagegen beneidet Dorabella die wohl ältere Schwester wegen ihrer größeren Sicherheit und Standhaftigkeit und auch ihrer stärkeren moralischen Instanzen, die sie in sich hat. Dieser Geschwisterneid ist insofern von Bedeutung, als beide immer neue Varianten suchen, um sich gegenseitig zu übertrumpfen, aber auch all das wollen, was die andere hat. Wenn also Fiordiligi zu ihrem Verlobten sagt, töte mich mit dem Schwert, so übertrumpft sie Dorabella dadurch, dass sie sagt, ich brauche nicht mal ein Schwert, vielmehr tötet mich der Schmerz allein. Sie siedelt so ihren Schmerz höher an als den ihrer Schwester. Wenn es dann später im zweiten Akt in der zweiten Szene, im Duett Nr. 20, zum Partnertausch kommt, und Fiordiligi sagt: »Entscheide du, Schwester« und Dorabella antwortet: »Ich nehme den Braunen, weil der mir lustiger erscheint«, meint Fiordiligi: »Und ich will inzwischen mit dem Blonden ein wenig lachen und spaßen.« Hier hat zwar auch die wohl jüngere, temperamentvollere Schwester zuerst entschieden, aber Fiordiligi zieht sofort nach, und in diesem Partnertausch bekommen dann beide Schwestern genau das, was die andere hat, nämlich ihren Partner. Wenn wir, was wir im weiteren Fortgang noch ausführlicher darstellen wollen, aber davon ausgehen, dass gerade dieser Tausch der Partner ein wichtiger Entwicklungsschritt zur reifen Person ist, so wird dieser Reifungsprozess besonders auch durch die geschwisterliche Rivalität in Gang gehalten.

Als die beiden Männer nach der Abschiedsszene auf ihrem Schiff abgezogen sind, folgt ein wunderbares Terzett der beiden Frauen und Don Alfonsos, in dem dieser die beiden Frauen in ihrem Schmerz und in ihrem Leid sehr ernst nimmt. Das Terzett Nr. 10 ist in E-Dur geschrieben und verbreitet eine wunderbare Stimmung der Ruhe, der Natur und der Seele, vielleicht das Motiv »Des Meeres und der Liebe Wellen«, und weil auch der Text »Weht sanft ihr Winde, seid still ihr Wellen« gut dazu passt. Aber, man ahnt, dieser wunderbare gefühlvolle Abschied ist zugleich auch ein Abschied von etwas Unwiederbringlichem, etwas, was niemals mehr zurückkehrt. In diesem Abschied liegen die ganze Traurigkeit der aufgegebenen Kindheit und das schmerzliche Zugehen auf das Erwachsenenleben. Die beiden Frauen spüren in einer ganz tiefen Schicht ihrer Seele, dass sich etwas ereignet, was alle infantilen und idealistischen Vorstellungen über den Haufen wirft. Sie spüren, dass es nicht mehr darum geht, die Welt durch den Vorhang infantil-idealistischer Träume zu sehen, sondern in die Realität hinauszugehen und sich all den dramatischen Gefühlsregungen, die ein erwachsenes Leben mit sich bringt, zu stellen. An dieser Stelle der Oper beginnt die Entwicklung von unerfahrenen jungen Menschen, die voller Ideale und Idealisierungen stecken, die auf dem Weg zur Reife sind, zur Unverwechselbarkeit des Einzelnen, zur Individuation.

Die innere Bereitschaft zu diesem Weg ist bei allen vieren vorhanden. Ehrlicher und bewusster bei den Frauen, über die Wette motiviert bei den Männern. Alleine können sie diesen Weg aber nicht gehen. Es bedarf eines Anstoßes von außen, den in der Oper die Gestalt des erfahrenen Philosophen Don Alfonso gibt.

In diesem ersten Teil geht es bei den Männern nicht um die wirkliche Treue, die sie erproben wollen, sondern um den Stolz, einen anderen Menschen zu besitzen, und dieser Stolz lässt es einfach nicht zu, dass ihnen ihre Bräute untreu würden – weniger, weil sie von deren Treue so überzeugt wären, sondern von ihrer eigenen Unwiderstehlichkeit. Guglielmo ist der extrovertierte Typ. Ferrando der introvertierte, der weniger temperamentvolle. Der Unterschied zwischen extrovertiert und introvertiert besteht darin, dass der Extrovertierte objektbezogen ist, also auch z.B. von der Frau mehr angezogen ist, während der Introvertierte mehr subjektbezogen ist, das heißt, für ihn spielt die Beziehung zum Objekt keine so große Rolle, obwohl er natürlich auch Beziehungen hat. Beim Introvertierten übt zwar das Objekt auch einen ganz starken Reiz aus, aber dann wird sozusagen die Beziehung zum Objekt abgeschnitten und der Introvertierte hat, wie C.G. Jung sagt, ganz intensive, nicht nach außen dringende, sondern im Innern verbleibende Gefühle. Dies gilt sowohl bei Ferrando wie bei Fiordiligi. Die Paare haben sich aber zunächst einmal so gefunden, dass der extrovertierte Partner mit der introvertierten Partnerin und der introvertierte Partner mit der extrovertierten Partnerin zusammen ist, später, nach der Verwandlung, sind sie dann über Kreuz.

Das Abschiedsterzett, diese Zaubermusik beim Spiel der Wellen, wurde öfters mit dem *Sommernachtstraum* von Shakespeare verglichen. Es gibt auch Stimmen, die meinen, dass diese Stelle die heimliche Ouvertüre zum falschen Spiel ist. Dieses ruhige, gleichmäßige Sechzehntelspiel von Wind und Wellen im Orchester ist nach Attila Csampai ein Abbild vom zunächst einmal den Menschen gegenüber gleichgültigen Lauf der Welt. Ebenso unüberhörbar sind aber auch die Spannungen, die mit dem Terzett der Stimmen diesen Ablauf aufladen und sogar gelegentlich unterbrechen. Worum bitten denn Fiordiligi und Dorabella in ihrem Abschiedsgruß die Geliebten? Es ist auf jeden Fall etwas, bei dem Don Alfonso ohne weiteres mit einstimmen kann. Denn es war ja deutlich, dass er nicht spöttisch, sondern ganz ernsthaft in dieses Terzett mit eingebunden ist. Die beiden Frauen singen ja auch nicht: »Jungs, kommt bald wieder«, sondern sie sind ganz mit sich und ihrem Gefühl, mit ihren eigenen Sehnsüchten beschäftigt. Insofern kann Don Alfonso auch mit einstimmen, weil es sich gar nicht auf die beiden Geliebten bezieht. Die eigentliche Wahrheit dieser Wünsche, Sehnsüchte und Begierden – »*desir*« heißt es im Italienischen – kennen und verstehen zu lernen ist ja nicht zuletzt der Sinn der ganzen, von Don Alfonso inszenierten Wette – und wird damit eben zum zentralen Thema auch dieses ganzen Spiels.

Dies ist ein altes, in Mythen und Märchen wiederkehrendes Thema. Erkenntnisse darüber verdanken wir der analytischen Psychologie C.G. Jungs und seiner Lehre über die Archetypen. Unter Archetypen verstehen wir Inhalte des kollektiven Unbewussten. Im Gegensatz zum persönlichen Unbewussten beruht das kollektive Unbewusste nicht auf persönlicher Erfahrung, sondern ist angeboren und allgemeiner Natur, das heißt, es besitzt Inhalte und Verhaltensweisen, welche überall und in allen Individuen mehr oder weniger gleich sind. Ein häufiger Ausdruck der Archetypen sind Märchen und Mythen, in denen sie personifiziert dargestellt werden. Ein Beispiel dafür ist der Archetypus des »alten Weisen«, das Geistige im Menschen. C.G. Jung dazu: »Er ist der Erleuchtete, der Lehrer und Meister, ein Führer der Seelen.« (*Gesammelte Werke*, Bd. 8, S. 143 ff.) Die Idee der Selbstverwirklichung, der Individuation, hat ihren Ursprung nicht bei Jung, sondern lässt sich bis in die Zeit der Aufklärung hinein zurückverfolgen. Der Philosoph Leibniz schreibt, dass das Individuum selbst seine Selbstwerdung herbeiführe.

Zur Entwicklung der Persönlichkeit »bedarf es nicht nur im Märchen, sondern im Leben überhaupt, des objektiven Dazwischentretens des Archetypus, welcher das bloß affektive Reagieren durch eine Kette innerer Konfrontations- und Realisierungsvorgänge stillstellt«, so C.G. Jung. Diese Kette ist auch Inhalt der Oper. Der Archetypus des alten Weisen taucht in dem *vecchio filosofo*, dem alten Philosophen Don Alfonso auf. In der Oper geht es aber nicht nur um männliche, sondern auch um weibliche Individuation, daher ist der Archetypus in eine männliche und eine weibliche Figur aufgeteilt. Den weiblichen Anteil vertritt Despina, welche die Führung der Frauen übernimmt. Beide Archetypen aber fügen sich wieder zu einer Person zusammen. Der alte Philosoph, der das Jugendlich-Weibliche von Despina bei sich integriert, sowie die jugendliche, dynamische, lebensfrohe Despina, die die Anteile des alten, weisen, vernünftigen Denkers in sich aufnimmt. Dieser Aspekt des Individuationsprozesses, der sich am Beispiel dieser zwei Paare durch die gesamte Oper zieht, muss mitgedacht werden, sonst lassen sich einige scheinbare Verwirrungen nicht erklären.

Nun noch ein Wort zur Rivalität zwischen den beiden Schwestern. In der Arie Nr. 11 (Eumenidenarie) singt Dorabella wieder als die Erste, die Extrovertierte und die Führende der beiden Schwestern: »Unerbittliche Qual, die mich peinigt; aus dieser Seele entweiche nicht, bis der Schmerz mich tötet. Trauriges Beispiel verhängnisvoller Liebe werde ich den Eumeniden sein, wenn ich weiterlebe mit dem schrecklichen Klang meiner Seufzer.« Hier zeigt sie noch einmal mit sehr viel Gefühl, wie es in ihr aussieht, wobei sie sich die Qual und den Schmerz richtig bewusst machen muss, um andere Impulse, etwa den, auch ohne den Verlobten das Leben zu genießen, zurückzudrängen. Im folgenden Rezitativ greift dann Despina die verdrängte unbewusste Seite von Dorabella auf, indem sie meint: »Ihr verliert zwei, euch bleiben alle anderen und weiter ... bis jetzt ist keine Frau an Liebeskummer gestorben, wegen eines Mannes sterben? Es gibt andere, die uns dafür entschädigen.« Dorabella antwortet darauf: »Und du glaubst, daß einen anderen lieben kann, wer als Liebhaber einen Guglielmo oder Ferrando hatte?« Und Despina wieder: »Die anderen haben auch alles, was diese haben. Ihr liebt jetzt einen und morgen einen anderen.« Darauf noch einmal Dorabella: »Beleidige nicht jene schönen Seelen, Vorbilder von Treue und keuscher Liebe.«

Hier lehnen sich die idealistischen Vorstellungen von Dorabella noch einmal gegen die Äußerungen von Despina auf, obgleich die Abwehr schon schwächer wird und Dorabella schon mit starken Rationalisierungen auf die Äußerungen von Despina antwortet. Wenn sie in der Arie Nr. 11 noch sehr stark bei ihrem Gefühl ist, so schwingen in dem Rezitativ doch sehr viel deutlicher die Vernunft und auch die Überich-Instanz mit, die Dorabella in sich trägt, nämlich zu dem zu stehen, was sie gesagt und versprochen hat, obgleich ihre Gefühle durchaus die Vorstellungen über die Männer und die Liebe von Despina aufgreifen. In Arie Nr. 12 bringt nun Despina ihre Meinung, die sie über Männer hat, auf den Punkt, indem sie singt: »Von Männern, von Soldaten Treue hoffen? Laßt das niemand hören, um Himmels willen! Aus gleichem Teig sind sie alle; das bewegliche Laub, die unsteten Winde haben mehr Beständigkeit als die Männer.« Und weiter: »In uns lieben sie nur ihr Vergnügen, später verachten sie uns, verweigern uns ihre Liebe, es ist sinnlos, von Barbaren Mitleid zu erwarten. Mit gleicher Münze wollen wir sie bezahlen. Laßt dieses Grausamsein voll uns erwidern. Liebt sie zum Zeitvertreib, aus Eitelkeit.«

In dieser Arie legt Despina unerbittlich die idealistischen Vorstellungen von der Liebe, die Dorabella und Fiordiligi wohl haben, bloß. Damit stellt sie sich aber auch trotz ihrer Position als Kammerzofe gleichrangig neben ihre »Herrinnen« und macht ihnen deutlich, dass sie eigentlich diejenige ist, die Lebenserfahrung zu vermitteln vermag und diese ihnen auch weitergeben möchte.

Sie übernimmt in dieser Arie gewissermaßen die Rolle der erfahrenen Mutter, die ihre Töchter auf den Umgang mit Männern vorbereitet und ihnen schnörkellos die Wahrheit sagt. Die reale Mutter von Fiordiligi und Dorabella taucht in der Oper nicht auf. So übernimmt Despina diese Position und gibt auf diese Art etwas von ihrer Lebenserfahrung und Lebenspraxis weiter.

Dorabella, die zwar noch auf ihrem Schmerz beharrt hat, stellt sich nach diesen Äußerungen von Despina, die ja unbewusste Wünsche von Dorabella vorwegnimmt, dann jedoch sehr schnell auf eine neue Männerbeziehung ein. Fiordiligi bleibt hier anfangs noch etwas standhafter und antwortet mit der Arie Nr. 14, der so genannten Felsenarie: »So standhaft wie der Felsen dem Wind und dem Sturm trotzt, so stark ist diese Seele jede Stunde in der Treue und in der Liebe.« Sie kämpft also mit dieser »Felsenarie« gegen ihre unbewussten Triebwünsche an und benötigt, ähnlich wie Constanze in der Marternarie aus der *Entführung aus dem Serail*, für sich die innere Versicherung, dass sie auf die anflutenden Triebe, die Es-Impulse, nicht hören möchte, sondern sich ganz und gar ihren hohen Moralanforderungen unterwerfen will. Darüber hinaus versucht sie mit der Felsenarie auch Dorabella zu beweisen, dass sie die Standhaftere und Edlere ist, dass also der Schmerz, der durch Dorabella in der Arie Nr. 11 ausgedrückt wird, bei weitem nicht an jene Standhaftigkeit, die sie in der Arie Nr. 14 besingt, heranreichen kann. Fiordiligi reagiert also wieder auf Vorgaben von Dorabella und versucht, diese noch zu überbieten.

Fiordiligi singt die Felsenarie kurz nachdem sie erstmals den verkleideten »neuen Männern«, den Geliebten, begegnet ist. Es ergibt sich nun die Frage, warum die beiden Frauen ihre verkleideten Verlobten nicht erkennen bzw. sie für zwei fremde Männer halten. Nun, auch hier kann uns die Lehre des Unbewussten weiterhelfen. Aus mehreren Gründen wollen und dürfen die beiden

Frauen ihre verkleideten Liebhaber nicht erkennen. Zum einen ist die Verkleidungsszene für Guglielmo und Ferrando auch eine Abschiedsszene in Bezug auf ihre eigene Infantilität, auf ihr eigenes Kindsein. Sie schlüpfen nicht nur in die Kleider der Albaner, sondern auch in die Kleider von erwachsenen Männern, womit sie gleichsam einen Abschied von der infantil-narzisstischen Position nehmen und sich mit ihrem grandiosen Größenselbst konfrontieren. (Größenselbst ist das unbewusste Schaffen der Vorstellung von einem grandiosen Selbstbild. Im Verlauf der Entwicklung entsteht das Grundstreben nach Selbstachtung.) Da sie ja ihre Verlobten zu besitzen glauben und zwar deshalb, weil sie sich selbst für so großartige Männer halten, stürzen sie mit der Verführungssituation und dem Überwechseln der beiden Frauen auch ihr eigenes narzisstisches Größenselbst zu Boden. Dies ist für die beiden Männer eine wichtige Katharsis (Klärung), um dann am Ende der Oper zu einer eigenen realistischeren Selbsteinschätzung zu finden.

Aus der Position der Frauen heraus und unter dem Aspekt der emotionalen Weiterentwicklung wollen auch diese die unbewussten infantil-idealistischen Bilder ihrer Verlobten aufgeben und zu einem realistischeren Bild von Männern gelangen. Sicherlich muss dies nicht unbedingt eine so extreme Position sein, wie Despina sie einnimmt. Realistisch heißt aber auch, die unvollkommenen und schwachen Seiten der Verlobten zu erkennen und anzunehmen. Gerade in der Verkleidung verkörpern die beiden Verlobten ja das Fremde in sich, was die beiden Schwestern bislang noch nicht erkannten. Da sie sich über Kreuz zusammenfinden, entdeckt Dorabella das Fremde bei Guglielmo und Fiordiligi das Fremde bei Ferrando. Da beide Seiten aber aufgespaltene Anteile einer einzigen Person sind, also die beiden Schwestern Dorabella und Fiordiligi als eine Person zusammengedacht werden müssen und auch Ferrando und Guglielmo in zwei Hälften einer Person zerfallen, ergänzen sich die Paare so in geradezu idealer Weise. Das über Kreuz entstehende Beziehungsgefüge macht es möglich, dass alle vier Personen Teile an sich wahrnehmen, die ihnen sonst verschlossen blieben. Zum Erwachsensein gehört es ja gerade, möglichst viele Anteile der Persönlichkeit zu integrieren. Indem auf der infantilen Stufe die beiden introvertierten auf die extrovertierten Partner ihre ungelebten Anteile projiziert haben und umgekehrt, werden ihnen durch die Paarung, beide extrovertiert und beide introvertiert, die eigenen ungelebten Anteile noch deutlicher vor Augen gehalten. Dies alles ist aber nur unter der Begleitung und dem Schutz von Don Alfonso und Despina möglich, die sich, wie oben ausgeführt, ebenfalls ergänzen und in ihren gegenseitigen Eigenschaften ebenfalls zu einer Person zusammenfinden.

Das, was die beiden Schwestern vor der Verwandlungsszene, dies trifft die Situation vielleicht besser als das Wort »Verkleidung«, am wenigsten kannten, ist »das Männliche« bei ihren Partnern. Dieses Männliche wird, genau nach der »Felsenarie« Fiordiligis, von Guglielmo deutlich angesprochen und benannt. Er singt hier: »Macht uns glücklich, lebt mit uns und wir werden auch euch sehr glücklich machen.« Und am Ende der Arie singt er dann: »Und diese Schnurrbärte kann man Stolz der Männer, Panier der Liebe nennen.« Hier schwingt eindeutig eine sexuelle Anspielung mit, die Guglielmo aber erst durch die Verwandlung so offen auszusprechen wagt. Dies alles sind wichtige Erklärungen dafür, warum die beiden Schwestern durch die Verwandlung ihre Verlobten nicht erkennen können, denn diese haben sich ja tatsächlich auch innerlich verändert.

Ähnlich wie bei den beiden Frauen geht es bei den beiden Männern Guglielmo und Ferrando unter anderem auch um Rivalitäts- und Neidgefühle. Auf die Arie Nr. 15, wo Guglielmo, der Extrovertierte, ganz deutlich und unverblümt auf die äußeren

Vorzüge der Männlichkeit abhebt, um dann auch das Thema Sexualität relativ offen zu benennen, antwortet Ferrando in seiner Arie Nr. 17 ganz gegensätzlich. Ferrando, der Introvertierte, der tiefe, gefühlhafte Mensch, singt in seiner Arie in A-Dur – das ist die Tonart für Herzenswärme und Liebesgefühl, wie sie auch bei Belmonte in der *Entführung aus dem Serail* auftaucht –, sich ganz seinen Stimmungen hingebend: »Ein Liebeshauch unseres Schatzes wird süße Labung für unser Herz sein. Das Herz, das erfüllt ist von Liebeshoffnung, braucht keine bessere Nahrung.« Hier drückt er sein ganz intensives, introvertiertes Fühlen aus und zeigt in einer der schönsten Arien dieser Oper, wo seine Stärken in der Beziehung zu Guglielmo liegen. Aber trotz dieser Rivalität ist es wichtig mit zu bedenken, dass auch Ferrando die Seite des furiosen Draufgängers in sich hat, die durch Guglielmo verkörpert wird, so wie eben auch Guglielmo die Seite des intensiv Fühlenden in sich trägt, was aber an dieser Stelle beiden noch unbewusst ist. Wir lernen durch den Vergleich dieser zwei Arien die beiden Männer noch einmal besser kennen. Insbesondere was ihre bewussten Charakterzüge anlangt, zeichnen sich die Figuren deutlicher, die unbewussten Anteile dagegen, die sich erst am Ende der Individuation zeigen werden, sind hier nur im anderen sichtbar.

Am Finale des ersten Aktes steht nun, mit dem Hintergedanken, endlich ans Ziel zu kommen, also die beiden Schwestern für sich zu gewinnen, der Selbstmordversuch der beiden Freunde. Dieser Selbstmordversuch ist aber nicht nur eine komödiantische Variante, um die Oper zu einer »komischen Oper« zu machen, sondern hat gerade am Ende des ersten Aktes eine tiefere Bedeutung. Tod und Wiedergeburt bedeuten ja den Abschluss eines Lebensabschnittes und somit den Beginn einer neuen Identität. Diese neue Identität wird durch einen Heilungsvorgang in Gang gebracht, der eigentlich als Anfang der Psychotherapie zu verstehen ist. Ferrando und Guglielmo singen ja im Finale Nr. 18: »Befreie mich das Arsen von so viel Grausamkeit«, und Don Alfonso sagt zu den beiden Schwestern: »Ein starkes und schnell wirkendes Gift, das ihnen in wenigen Augenblicken das Leben nimmt.« Das ist ja dann die Situation, in der sich Fiordiligi und Dorabella um die beiden Männer bemühen und auf sie auch innerlich zugehen.

Die entscheidende Heilungsrolle hat aber Despina übernommen. Sie verkleidet sich als Arzt und heilt die beiden Männer mit dem Magnetismus des Doktor Messmer. Fiordiligi und Dorabella stellen fest: »Er hält ein Eisen in der Hand.« Despina antwortet: »Dies ist ein Stück Magneteisen, der Messmer'sche Stein, der aus Deutschland stammt und später so berühmt in Frankreich wurde.«

Mozart hat hier bewusst dem Mediziner Dr. Franz Messmer ein Denkmal gesetzt. Schon 1773 berichtete der Vater Mozarts Leopold seiner Frau in einem Brief: »Letzten Posttag habe ich nicht geschrieben, weil wir eine große Musik bei unserem Freunde Messmer auf der Landstraße im Garten hatten. Messmer spielt sehr gut die Harmonika der Miss Dewis, er ist der Einzige in Wien, der es gelernt hat, und besitzt eine viel schönere gläserne Maschine, als Miss Dewis selbst hatte. Wolfgang hat auch schon darauf gespielt.« Aus vielen anderen Zeugnissen ist wohl bekannt, dass sich Mozart bei Messmer immer sehr wohl gefühlt hat, und so ist zu erklären, warum er ihm in seiner Oper *Cosi fan tutte* ein Denkmal setzen wollte. Dies hat aber nicht nur äußere Gründe, sondern wohl auch eine tiefere, unbewusste Bedeutung. Nachdem Messmer erst sehr abgelehnt wurde und geächtet war, hat der Psychiater Charcot in der zweiten Hälfte des 19. Jahrhunderts aus dem Magnetismus heraus die suggestive Psychotherapie entwickelt und hat so nach dem Tode Messmers zu einer vollständigen Rehabilitierung von dessen wissenschaftlichem Werk beigetragen. Charcot wurde in Europa so bekannt, dass auch Sigmund Freud 1886 zu ihm nach Paris ging, um von ihm zu lernen.

Freud erkannte in der Arbeit mit Charcot, dass verdrängte Erlebnisse eine krank machende Wirkung haben. Freud ahnte, dass, wenn es möglich war, im Dämmerschlaf der Hypnose an verdrängte lebensgeschichtliche Erfahrungen heranzukommen, auch der Traum unbewusstes Material beinhalten musste. Dies führte dann zehn Jahre später dazu, dass die Traumdeutung als der Königsweg im Zugang zum Unbewussten von Freud postuliert wurde. Die Lebensgeschichte Freuds hatte mit der Messmers viele Gemeinsamkeiten, insbesondere auch, was den kritischen Umgang zu Lebzeiten anlangte, aber auch die Rehabilitierung nach dem Tod.

Vielleicht lässt sich zusammenfassend mit Erwin Ringel sagen, dass *Cosi fan tutte* uns daran erinnert, dass es einen geraden Weg von Mozart über Messmer und Charcot bis zu Sigmund Freud gibt. Despina, die in der Oper die Rolle Messmers übernimmt, zeigt hier bereits die Richtung auf: Der Arzt, also der Mensch selbst, kann als Medizin wirken, wenn er sich auf eine Beziehung einlässt.

Entscheidend ist jedenfalls in diesem Finale des ersten Aktes, dass erst über den versuchten Suizid und die durch Despina durchgeführte »psychotherapeutische« Heilung ein neuer Lebensabschnitt möglich wird, der dann im zweiten Akt den endgültigen Partnertausch und damit die weitere emotionale Reifung ermöglicht.

2. Akt

Despina eröffnet ihn nach einem Rezitativ mit Fiordiligi und Dorabella mit der Arie Nr. 19, wo sie erneut den beiden »Herrinnen« eine Lehrstunde erteilt. Sie knüpft mit dieser Arie an die Arie Nr. 12 an, in der sie ja bereits deutlich gemacht hat, was sie von den Männern hält. Dort wurde auch schon sichtbar, dass zumindest Dorabella, später dann auch Fiordiligi, durchaus in ihren tieferen

Schichten die Argumentation von Despina akzeptiert. In der Arie Nr. 19 singt nun Despina: »Ein Weib von fünfzehn Jahren muß alles wissen: wie man am besten ans Ziel kommt, was gut ist und was böse. Sie muß die kleinen Kniffe kennen, um die Männer zu betören, falsches Lachen, falsches Weinen, gute Ausreden stets bereithaben.« Hier unterstreicht Despina erneut, dass sie die erfahrenere, die reifere Frau ist und in gewisser Weise, wie schon oben angeführt, als Mutter für die beiden Schwestern fungiert. Despina entwickelt ein tiefes Gespür dafür, in welchen Situationen sie die Schwestern erreichen kann und wann diese sich ihre von Despina ausgesprochenen unbewussten Wünsche bewusst machen können. Am Ende der Arie Nr. 19 beim Abgang singt Despina für sich: »Ich glaube, sie finden Geschmack an dieser Belehrung, es lebe Despina, die zu dienen versteht.«

Nach dieser Arie sind die beiden Schwestern zunehmend irritiert. Dorabella spricht dies auch in einem Rezitativ direkt aus: »Ich bin verwirrt von dem teuflischen Verstand dieses Mädchens.« Aber wie in der psychoanalytischen Behandlung, wo es ganz wichtig ist, im Übertragungsgeschehen Deutungen nur dann auszusprechen, wenn sie vom betreffenden Analysanden auch gehört werden können, hat die Aussage von Despina in der Arie Nr. 19 eine große Wirkung. Denn schon im folgenden Duett Nr. 20 zwischen Dorabella und Fiordiligi sind sich die beiden Frauen einig, dass sie den Weg, den ihnen Despina vorzeichnet und geebnet hat, der aber in einer tieferen Schicht ihr eigener Weg ist, gehen wollen und müssen. Wenn Fiordiligi zu ihrer Schwester sagt: »Entscheide du, Schwester«, antwortet Dorabella: »Ich hab mich schon entschieden. Ich nehme den Braunen, weil der mir lustiger erscheint.« Und Fiordiligi singt darauf: »Und ich will inzwischen mit dem Blonden ein wenig lachen und spaßen.« Und am Ende des Duetts singen beide zusammen: »Und welche Freude, welch ein Spaß, wird es für mich sein!«

Bei einem arrangierten Gartenfest kommen sich dann zuerst Guglielmo und Dorabella näher. Sie sind ja die beiden Extrovertierten, die sich ihren triebhaften Es-Impulsen schneller stellen können als das andere, introvertiertere Paar. In dem Duett Nr. 23 kommt es zum Tausch der Herzen. Die Grundtonart des Duettes ist F-Dur, außer an der Stelle, wo Guglielmo sein Bild gegen das seines Freundes Ferrando austauscht, dort findet sich ein ungewöhnlich langer Septakkord in C-Dur. Noch immer wehrt sich Dorabella gegen den Tausch, gleichzeitig sehnt sie sich aber nach dem neuen Geliebten. Guglielmo muss deshalb erst das Gesicht von Dorabella auf die Seite wenden, bevor er Bild und Herz austauschen kann. Dorabella singt für sich: »Mir ist, als ob ich einen Vulkan im Herzen hätte.« Und Guglielmo: »Armer Ferrando.« Am Ende dieses Duetts singen dann beide: »Oh glücklicher Tausch von Herzen und Liebe! Welch neue Freuden, welch süße Leiden!« An dieser Stelle hat Guglielmo endgültig die Position des »Spielenden« verloren. Er spürt in einer ganz tiefen Schicht ein starkes Liebesgefühl für Dorabella, er gibt sich ihr wirklich und ganz hin, obwohl er nach außen hin noch meint, es ist ja nur eine kleine Liebesspielerei. Aber dieses Duett macht deutlich, in welch starker Ambivalenz Menschen stehen können. Dorabella singt von ihrem inneren Aufruhr, den sie verspürt, und im Moment des höchsten Liebesglücks ist sie sich gleichzeitig bewusst, dass sie einen anderen verrät und ihm damit auch Leid zufügt. Auch Guglielmo spürt dies, indem er an den »armen Ferrando« denkt, gleichzeitig aber seine starke Zuneigung Dorabella gegenüber zulässt, also auch gegenüber seinem Freund schuldig wird. Auch musikalisch zeigt sich bei diesem Duett, wie ernst Mozart diese ambivalente Spannung genommen hat. Achtmal, zuletzt viermal hintereinander in Klarinetten, Fagotten, Hörnern und Streichern, taucht das zentrale Thema »Il cor vi dono« (Mein Herz schenke ich euch) auf. Beide, sowohl Guglielmo als auch

Dorabella, versichern sich immer wieder, dass sie jetzt zusammengehören, dass sie sich nicht mehr voneinander lösen wollen. Wegen der inneren Zerrissenheit aber müssen sich die beiden Liebenden ihre Situation immer wieder neu vergegenwärtigen und erst am Ende des Duetts, wo es heißt, »Welch neue Freuden, welch süße Leiden«, wird deutlich, dass es zwar auch um Leiderfahrung geht, die Freude aber überwiegt, und so steht auch Dorabella konsequent zu ihrer neuen Entscheidung.

Etwas schwieriger ist es bei dem introvertierten Paar. Insbesondere Fiordiligi leidet unter ihren starken ambivalenten Gefühlen und klagt sich selbst an, dass sie mit der Zuwendung zu Ferrando zu weit gegangen ist. Deutlich wird dies insbesondere am Anfang der sechsten Szene, wo Fiordiligi weglaufen will und Ferrando sie fragt: »Grausame, warum fliehst du?« Fiordiligi antwortet: »Ich habe eine Viper, eine Hydra, einen Basilisk gesehen!« Und weiter singt sie: »Du willst mir den Frieden rauben.« Mit den Begriffen der Schlange und des Basilisken wird hier eine sexuell-erotische Anspielung gemacht, ein erotischer Wunsch, den Fiordiligi in Beziehung zu Ferrando entwickelt, den sie aber verdrängen will.

Im Rondo Nr. 25 singt dann Fiordiligi die so genannte »Reuearie«, die mit einer ganz ungewöhnlichen Instrumentation mit dominanten Bläsern unterlegt ist. Obwohl Fiordiligi ja eigentlich noch gar nichts gemacht hat, bereut sie doch schon ihre Gefühle und singt: »Es sind Liebestollheiten, Unruhe, Gewissensbisse, Reue, Leichtsinn, Treulosigkeit und Verrat!« Hier zeigt sich bei Fiordiligi, der Introvertierten, ein letztes Aufbäumen ihrer Überich-Instanz, ihrer Moral und Geradlinigkeit, gegen ihre triebhaften Strömungen.

Darüber hinaus stellt sich Fiordiligi auch einem Prozess der Selbstreflexion, indem sie die Ursachen für das Schuldhafte, das sie glaubt auf sich geladen zu haben, nicht bei anderen sucht, sondern bei sich selbst. Sie spricht mit sich, als ob sie aus zwei Personen bestünde, und meint, in ihr gebe es eine liebende Seele, die aber einem Irrtum aufsitze. Diese innere Zerrissenheit macht Fiordiligi auch einsam. Sie kann ihre Gefühle weder Dorabella noch den beiden Männern mitteilen. In dieser Tiefe und Zerrissenheit ist sie diejenige der vier Personen, die am stärksten leidet, sich aber auch am konsequentesten mit ihren ambivalenten Gefühlen auseinander setzt.

Aber dieses Sich-seinen-auch-leidvollen-Gefühlen-Stellen macht Fiordiligi erwachsen und zeigt ihr auch eine Seite in ihrer Seele, die lustvoll und lebensfroh ist. Ohne diese dunkelste Ecke in sich, wie sie in der Rondomelodie aufleuchtet, wäre es für Fiordiligi nicht möglich, die Kraft zu entwickeln, sich später dann unumwunden zu Ferrando zu bekennen. Nachdem Ferrando von Guglielmo erfährt, dass dieser zum Ziel gekommen ist, stellt er sich noch einmal auf Fiordiligi ein, nachdem er sie im Rezitativ der achten Szene Guglielmo gegenüber schon als »die Fleisch gewordene Keuschheit« bezeichnet.

Erst im Duett Nr. 29 singt Fiordiligi: »Gerechter Himmel! Grausamer, du hast gesiegt; mach mit mir, was du willst.« Und am Schluss dieses Duetts singen dann beide: »Umarme mich, mein lieber Schatz, und Trost nach so viel Leiden ist es, vor süßer Liebe zu vergehen, vor Freude zu seufzen.« Bei der introvertierten Fiordiligi hat es also sehr lange gedauert, bis sie sich ihren triebhaften Impulsen hingab, aber dann tut sie dies mit einer starken Kraft, die Ferrando tief berührt und die er in dieser Intensität auch gerne annimmt.

In diesem Zusammenhang darf ich auf eine Äußerung von Götz Friedrich hinweisen, der meinte: »Was den Männern Spaß bedeutet, ist den Frauen von Anfang an ernst. Und wenn es dann den Frauen Spaß macht, wird es für die Männer ernst.« Insbesondere für Fiordiligi bedeutet dies, sie muss ihrem Verlobten untreu werden, um sich selbst treu zu sein, um selbst ihre tief liegenden Gefühle, in denen sich Lust und Leiden paaren, zu erfahren. Simon de Beauvoir meint, dass die geliebte Frau nur einer unter anderen Werten sei. Männer wollten Frauen ihrer Existenz einverleiben, aber nicht mit ihrer ganzen eigenen Existenz in ihnen versinken. Für die Frau dagegen sei die Liebe eine völlige Selbstaufgabe. Die Liebe werde für sie zu einer Religion. Das kann sicherlich nicht verallgemeinert werden, trifft aber bei dem affektiven Geschehen, um das es in der Oper *Cosi fan tutte* geht, bestimmt zu.

Vielleicht ist gerade an dieser Stelle, an der Ferrando und Fiordiligi zusammengefunden haben, die Frage von Bedeutung, wozu denn der Partnertausch überhaupt nötig ist. Auch in Goethes *Wahlverwandtschaften* aus dem Jahre 1809 taucht dieses Thema auf. Goethe sagt da: »Denken Sie sich ein A, das mit einem B innig verbunden ist, durch viele Mittel und durch manche Gewalt nicht von ihm zu trennen; denken Sie sich ein C, das sich ebenso in einem D verhält; bringen Sie nun die beiden Paare in Berührung: A wird sich zu D, C zu B werfen, ohne daß man sagen kann, wer das andere zuerst verlassen, wer sich mit dem anderen zuerst wieder verbunden habe.«

Genau dies ist es auch, was wir bei *Cosi fan tutte* sehen. Um nun diesen Partnertausch zu erklären, bedarf es eben einer tiefenpsychologischen Betrachtung. Wichtig ist zunächst noch einmal festzuhalten, dass die beiden Schwestern verschiedene Seiten einer Frau darstellen. Fiordiligi, die ernste, überlegte, sensible, standfeste Seite, und Dorabella, die temperamentvolle, sinnliche, extrovertierte Seite. Beide sind sie Teile einer einzigen Person, ähnlich wie die beiden Freunde Ferrando und Guglielmo auch. Beide Anteile der Persönlichkeit müssen erst miteinander verbunden werden, damit sie die ganze Person ergeben. Insofern stellt die Oper nicht zwei Paare, sondern eigentlich nur ein Paar auf seinem Individuationsprozess dar. Im Partnertausch wird viel deutlicher sichtbar, wo jeweils die eigenen und fremden Anteile liegen und wie sie zueinander stehen. Dies ist nötig, um eine reife und erfüllte Liebe möglich zu machen.

Das Finale der Oper in C-Dur beginnt mit dem Arrangement durch Don Alfonso, eine Hochzeit der beiden so genannten »falschen Paare« zu inszenieren.

Despina fungiert als Notar, der die Ehe beschließen soll. Sie schlüpft also im Finale noch einmal in eine männliche Rolle, wie sie dies ja schon am Ende des ersten Aktes als Arzt getan hat. In einem Quartett singen Fiordiligi und Dorabella sowie Ferrando: »In dein Glas und in das meine sei versenket jedes Gedenken, und nicht bleibe mehr Erinnerung an Vergangenes in unserem Herzen.« Guglielmo, der sich in seiner Männerehre noch am stärksten gekränkt fühlt, singt nur sehr verhalten mit. Intensiv singen hingegen die beiden Introvertierten, also Fiordiligi und Ferrando, da sie zwar länger brauchen, um sich miteinander wirklich zu vereinen, aber wenn dies dann geschehen ist, ist die Intensität der Gefühle umso stärker. Guglielmo drückt seinen Ärger und seine Enttäuschung in diesem Quartett dadurch aus, dass er in einer anderen, darüber liegenden Melodie singt: »Ah, wär doch der Wein vergiftet für die listige Weiberbrut!« Danach kommt dann der Notar in der Person Despinas, und als die Unterschrift gerade erfolgt, ertönt der Soldatenchor und kündet die Rückkehr der echten Geliebten wieder an.

Als die beiden Schwestern hören, dass ihre Geliebten zurückkommen, bitten sie nicht um Verzeihung, sondern um den Tod. Mit der gleichen Melodie, mit der die Verlobten zurückkehren, gestehen sie ihre Schuld ein. Beide, Fiordiligi und Dorabella, singen: »Ach, Herr, ich hab den Tod verdient, und ich bitte euch nur um den Tod; ich erkenne spät mein Vergehen.«

Ferrando kniet sich dann vor Fiordiligi nieder und fällt in einer gewissermaßen ironischen Pose in seine Sprache als Albaner zurück. Guglielmo schlägt den Tausch von Herzchen gegen das Bild von Ferrando vor, und zwar in der Melodie aus dem Duett, das er mit Dorabella sang (Nr. 23). Beide Männer also, zurückverwandelt in Guglielmo und Ferrando, fühlen sich als die Wächter der Moral und glauben, sie hätten jetzt ein Anrecht, die Frauen zu bestrafen. Sie greifen in dieser Phase noch einmal auf ihre narzisstische Position zurück, die sie vor der Verwandlung hatten, und streifen, zumindest kurzfristig, die reifere Seite, die sie als die neuen Liebhaber erworben haben, ab.

Erst Don Alfonso bringt dann die Angelegenheiten wieder ins Lot, indem er singt: »Ich täuschte euch, aber diese Täuschung war eine Enttäuschung für eure Liebsten, die jetzt klüger sind, die jetzt tun, was ich will. Gebt mir die Hände, ihr seid verlobt. Umarmt euch und schweigt. Lacht jetzt alle vier, denn ich habe schon gelacht und werde lachen.«

Im Unterschied zum ersten Finale stehen im zweiten Finale Liebe und Tod in einem anderen Verhältnis. Wo im ersten Finale die Täuschung, das Spiel noch im Vordergrund standen, ist jetzt im zweiten Finale ein Punkt erreicht, an dem ein Blick auf das menschliche Empfinden geworfen wird. *Così fan tutte* hält hier den Menschen einen Spiegel vor, in dem schonungslos Eitelkeiten und Schwächen aufgezeigt werden, ohne dass die Möglichkeit besteht, sich davon abzuwenden. Es folgen entsetzte Blicke, sowohl bei den beiden Schwestern als auch bei den beiden Freunden, Blicke von Enttäuschung und Trauer, aber auch von Triebhaftigkeit und Zuneigung.

Darüber hinaus lässt die Oper aber am Ende vieles offen. Zwar versichern Dorabella und Fiordiligi ihren angestammten Verlobten nun endgültige Treue, aber hier fungiert die Treuebezeugung erneut als ein notwendiger Damm gegen eine Macht und Flut ambivalenter und kaum zu zügelnder Gefühle und Leidenschaften. Es geht also am Ende nicht um eine heile Welt, sondern um den Hinweis darauf, dass in einer Beziehung auch »Beziehungsarbeit« geleistet werden muss, dass die beiden Verlobten jetzt nicht mehr so unbefangen miteinander umgehen können wie zuvor, sondern dass es um Auseinandersetzung geht und auch um das Eingestehen eigener Fehler und Schwächen. Wenn Don Alfonso am Ende sagt: »Die Vernunft soll die Führerin sein«, so meint er damit – und zwar im Sinne der Aufklärung –, dass es darum gehe, die Vernunft zu gebrauchen, um seine Gefühle kennen zu lernen.

Darüber hinaus geht es aber auch um den Gleichheitsanspruch der Geschlechter: Alle Menschen haben Verstand, eben auch die Frauen. Und genau dieser Egalitarismus, der in den Worten Vernunft und Verstand enthalten ist, muss gesehen werden. Das Finale zeigt uns, dass Gefühle wandelbar sind, sich verändern können. Aber wenn Paare wirklich reif sind, dann können sie den Wechsel der Gefühle erleben und trotzdem beieinander bleiben und sich innerlich treu sein.

In *Cosi fan tutte* geht es aber nicht um eine Abwertung der ehelichen Treue, sondern um eine Kritik an dem kirchlichen Anspruch »Bis dass der Tod euch scheidet«. Dies ist es, wogegen sich Mozart auflehnt, weil er spürt, dass die menschliche Psyche zu diesem kirchlichen Anspruch nicht passt. Gegen diese überkommenen Moralvorstellungen revoltierte Mozart, denn er spürte wohl auch, wie entscheidend es ist, möglichst viele Anteile der eigenen Person zu erkennen, um aus Abhängigkeiten herauszufinden. In *Cosi fan tutte* wird gezeigt, dass es nicht darum geht, an einen Partner eigene, ungelebte Möglichkeiten zu delegieren. Denn solange man den Gegenpart als Partner oder Partnerin hat, ist man von ihm abhängig, weil man seine ungelebten Möglichkeiten auf ihn projiziert, und wenn der andere dann weggeht, verliert man zugleich seinen inneren Partner. Wenn man aber seinen Partner nicht mehr als Projektionsfläche benötigt, dann ist es möglich, unabhängig und frei zu leben. Denn erst dann, wenn er den anderen nicht mehr braucht, ist der Mensch zu einer echten Beziehung fähig.

Zuletzt sei noch angemerkt, dass wir am Ende dieser Oper nicht heiter und froh gestimmt sind, sondern eher nachdenklich. Die Oper erinnert uns in einer ganz besonderen Weise an unsere eigenen, verlorenen Illusionen und Ideale. Sie konfrontiert uns mit unseren eigenen Schwächen, unseren eigenen Treueschwüren und Unzulänglichkeiten – damit aber auch mit dem Abschied von der unbeschwerten Kindheit. *Cosi fan tutte* konfrontiert uns mit der Realität, wie wir sie kaum in einer anderen Oper finden.

Die Oper kann wie ein klassischer Mythos betrachtet werden. In keiner anderen Mozartoper werden so viele antike Mythen zitiert wie hier. Es tauchen Phoenix, Penelope, Venus und Mars auf, aber auch Jupiter und Pallas Athene. Es scheint so, als ob Mozart und Da Ponte aufzeigen wollten, dass die Oper ein Mythos der Aufklärung ist, und deshalb besitzt *Cosi fan tutte* in ganz besonderer Weise die tiefe Wahrheit, die allen Mythen innewohnt, und verschafft ihr so eine zeitlose Gültigkeit.

Die Zauberflöte

Ein schmaler Weg zum Heil

IDEALISIERUNG – IDENTIFIKATION –
INDIVIDUATION

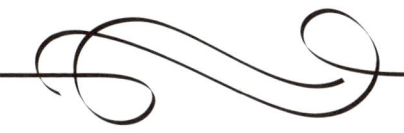

Musik des Weltalls und Musik der Meister
sind wir bereit, in Ehrfurcht anzuhören,
zu reiner Feier die verehrten Geister
begnadeter Zeiten zu beschwören.

Wir lassen vom Geheimnis uns erheben
der magischen Formelschrift, in deren Bann
das Uferlose, Stürmende, das Leben
zu klaren Gleichnissen gerann.

Sternbildern gleich ertönen sie kristallen,
in ihrem Dienst ward unserm Leben Sinn,
und keiner kann aus ihren Kreisen fallen,
als nach der heiligen Mitte hin.

HERMANN HESSE, *Das Glasperlenspiel*

Seitdem Mozarts Oper *Die Zauberflöte* am 30. September 1791 im Freihaustheater auf der Wieden in Wien uraufgeführt wurde, sind bis in die jüngste Zeit hinein immer wieder neue Erklärungen und Sinndeutungen dieses Werkes versucht worden.

In der Bewertung der *Zauberflöte* schlägt das Pendel zwischen höchster Wertschätzung einerseits und abwertender Verkennung andererseits aus. Jede Generation fühlte sich, unterschiedlichen Weltanschauungen angehörend, immer wieder von neuem herausgefordert, den Sinn dieser Oper zu erhellen. Aber, um mit Nietzsche zu sprechen: »Legst du mich aus, so legst du dich hinein.« Alle Versuche, die *Zauberflöte* zu deuten, bleiben fragmentarisch und zeigen bestenfalls nur eine sehr subjektive Sicht derjenigen, die sie zu erklären versuchen.

In vielerlei Hinsicht wurde die Oper *Die Zauberflöte* dazu benutzt, um das eigene Weltbild, die eigenen Hoffnungen, aber auch um die eigenen Befürchtungen auf dieses vieldimensionale Werk zu projizieren.

Wolfgang Hildesheimer kommt etwa zu dem Schluss, dass die *Zauberflöte* eine anspruchslose Unterhaltung sei, die dem Anspruch, mit dem man sie ausgestattet hat, nicht gewachsen sei. Er meint darüber hinaus, insbesondere die Figur des Vogelhändlers sei nicht anders zu erklären, als dass dieser sein unbeschwert-fröhliches Wesen Gewinn bringend für seinen Schöpfer anwende.

Aber es gibt natürlich auch andere Positionen. Beethoven zum Beispiel meint, dass die *Zauberflöte* Mozarts größtes Werk sei und bleibe. Richard Wagner postuliert sogar, dass vor der *Zauberflöte* die deutsche Oper so gut wie gar nicht existiert habe, mit diesem Werk aber sei sie erschaffen worden. Er spricht von einem göttlichen Zauber, der sowohl im populären Liede als auch im erhabensten Hymnus dieses Werkes wehe. Nach dieser Oper sei es nicht mehr möglich, dieses Genre noch mehr zu erweitern oder gar fortzusetzen.

Die meisten Kritiker wenden sich weniger gegen die Musik als gegen den Text von Emanuel Schikaneder, der als albernes Machwerk voller Widersprüchlichkeit bezeichnet wird. Sicherlich klingt der Text des Öfteren etwas platt und einfältig und scheint auch eine Reihe von Ungereimtheiten zu enthalten, aber schon bei näherer Betrachtung und insbesondere, wenn man in die tieferen Schichten der Oper eindringt, zeigt der Text authentisch das Geschehen mit den Gefühlen der beteiligten Personen und stellt in der Verbindung mit der Musik eine Echtheit des Gefühls her, die unübertroffen ist.

Zu den Verehrern der *Zauberflöte* gehört auch Goethe, der ja selbst an einem zweiten Teil der *Zauberflöte* gearbeitet hat. Goethe weist darauf hin, dass mehr Bildung dazu gehöre, den Wert dieses Opernbuches zu erkennen, als ihn abzuleugnen, und dass Schikaneder in hohem Grade die Kunst verstanden habe, durch Kontraste zu wirken und große theatralische Effekte herbeizuführen. Auch der Philosoph Hegel bemerkt, dass Schikaneder in seinem Textbuch den rechten Punkt getroffen habe und dass die Oper mit ihrer Musik die Seele weite und erfülle.

Es ist deshalb, will man die Oper in ihrer Tiefe verstehen, nicht angeraten, den Text nur aus rationalen Gesichtspunkten heraus zu betrachten, sondern man muss, wie Erich Neumann meint, die Vielschichtigkeit des Textes analog der eines Traumes sehen. Darüber hinaus sollte man den Text nur im Zusammenhang mit der Musik betrachten, denn die Musik Mozarts haucht dem Text erst das wirkliche Leben ein, wodurch es zu einer Verbindung im Sinne einer Conjunctio von Logos-Prinzip und Eros-Prinzip kommt. (Es handelt sich dann um eine Verbindung zwischen Geist/Vernunft und Liebe/Trieb.)

Unterstützen möchte ich die Position des außerordentlich erfahrenen Theatermannes Günther Rennert, der lange Jahre Intendant der Bayerischen Staatsoper in München war. Er ist der Meinung, dass ein jeder, der sich um die *Zauberflöte* theatralisch bemühe, selbst mit einer würdigen und wirksamen Aufführung letzthin scheitern werde.

Für die Interpretation in diesem Buch gilt natürlich auch, dass es sich bei meiner Darstellung der *Zauberflöte* um eine subjektive Betrachtungsweise handelt, die keinen Anspruch darauf erhebt, die richtige zu sein. Es handelt sich um eine tiefenpsychologische Betrachtung, die durchaus auch mit anderen Deutungen verglichen werden kann.

Die Quellen der *Zauberflöte* reichen weit zurück. In erster Linie ist der Roman *Sethos* des Abbé Jean Terrasson zu nennen. In diesem 1731 erschienenen Roman wird die »Einweihung« eines jungen ägyptischen Priesters geschildert. Darüber hinaus tauchen in dem Roman bereits die beiden geharnischten Männer auf, die in der *Zauberflöte* bei Taminos und Paminas Prüfungen Wache halten.

176

Eine weitere wichtige Quelle ist ein Aufsatz eines Freimaurergroßmeisters namens Ignaz von Born, den das Presseorgan der Vereinigung der Freimaurer publiziert hatte. Mozart hat den Artikel sicherlich gekannt und ihn möglicherweise auch Schikaneder gezeigt.

Weiterhin gibt es einen wichtigen Zauberflöten-Text in einer Märchensammlung des Dichters Christoph Martin Wieland. In dem dritten Band der Märchensammlung, dem 1789 erschienenen Band *Dschinnistan*, steht die Erzählung *Lulu oder die Zauberflöte*. Der Dichter Wieland war ein Lieblingsautor von Mozarts Vater Leopold, und Mozart begegnete ihm auf einer Reise im Alter von 21 Jahren in Mannheim, wo er sich mit seiner Mutter auf der Durchreise nach Paris befand. Ein Librettist namens Gieseke hatte den Stoff aus Wielands Sammlung im Jahre 1789 zu einem Märchenspiel bearbeitet, zu dem der volkstümliche Komponist Paul Wranizky die Musik beisteuerte. Schikaneder kannte diesen Text sehr gut, denn dieses Stück wurde an seinem Theater aufgeführt.

Außerdem kannte Mozart den Stoff vom Ägypterkönig Thamos, den der Autor Tobias Philipp von Gebler zu einem Trauerspiel verarbeitet hatte. Zu diesem Stück hatte Mozart in frühen Jahren eine aus verschiedenen Elementen bestehende Bühnenmusik verfasst. Auch Ideen aus diesem *Thamos* flossen in die Grundstruktur der *Zauberflöte* ein.

Mozart erhielt das Textbuch – das »Büchl« – wie er es nannte, möglicherweise stückweise. Die Vielseitigkeit der Figuren und Stimmungen muss ihm sehr gefallen haben, denn am 11. Juni 1791 schrieb er an seine Frau Constanze, die sich in Baden bei Wien zu einer Kur aufhielt, Folgendes: »Aus lauter Langeweile habe ich heute von der Oper eine Arie komponiert. Ich bin schon um halb fünf aufgestanden ...«

Mozart hat die Oper wohl in einem kleinen Holzhäuschen, was ihm Schikaneder zur Verfügung gestellt hatte, komponiert.

In diesem Häuschen sorgte Schikaneder auch für gutes Essen und Trinken und vor allem auch für eine lustige Gesellschaft. Das Haus ging unter dem Namen »Zauberflöten-Häuschen« in die Mozartgeschichte ein, wurde erhalten und steht seit 1950 im Garten hinter dem Mozarteum.

Eine seltsame Legende rankte sich dann noch um die *Zauberflöte*, die von dem Wiener Kapellmeister Ignaz von Seyfried aufgezeichnet wurde. Seyfried war ein Klavierschüler Mozarts und Mitarbeiter des Schikaneder'schen Theaters. Er berichtete, dass das Textbuch der *Zauberflöte* bis zum ersten Finale vollendet war, als im Theater in der Leopoldstadt eine Oper *Die Zauberzither oder Kaspar der Fagottist* erschien. Am 8. Juni 1791 wurde dieses Stück aufgeführt. Den Text hatte ein Mann namens Joachim Perinet verfasst, die Musik der damals populäre Komponist Wenzel Müller. Bekannt ist, dass Mozart die Vorstellung am 11. Juni besuchte. Am folgenden Tag schreibt er Constanze einen Brief, in dem er zuerst seinen Ärger über einen gewissen »N« ausdrückt, auf den er trotz einer Verabredung vergeblich gewartet habe. Anschließend fährt er fort: »Ich ging dann, um mich aufzuheitern, zum Kasperl in die Oper *Der Fagottist*, die so viel Lärm macht, aber gar nichts daran ist ...«

Mozart sah in der Musik Wenzel Müllers keine Bedrohung für seine im Entstehen befindliche *Zauberflöte*. Aber für Schikaneder sah dies anders aus. Er hatte das Gefühl, die Oper habe Erfolg und Zulauf, und dies versetzte ihn in eine innere Spannung. Sein ärgster Widersacher, der Theaterdirektor Marinelli, spielte ein Stück, was in wesentlichen Punkten bereits zahlreiche Einzelheiten der *Zauberflöte* vorausnahm. In der Oper *Der Fagottist* gab es eine gute Fee oder Königin und einen bösen Zauberer, zwei Zauberinstrumente, eine Zither und ein Fagott spielten weiterhin eine große Rolle. Schikaneder befürchtete, dass durch diese Oper seine eigene Oper unmöglich gemacht worden sei. Er sei deshalb aufgeregt zu Mozart gegangen und habe ihm vorgeschlagen, dass die gute Fee böse gemacht werden müsse und dass der teuflische Zauberer und Mädchenräuber zum edlen Weisen werden solle. Ob dies sich so ereignet hat, bleibt offen. Es gibt keine Beweise dafür, auch nicht über Mozarts Reaktion darauf.

Sicher ist jedenfalls, dass Mozart, sollte es auch textliche Umstellungen von Schikaneder gegeben haben, sich bei der Komposition nicht hat stören lassen. Er steckte jedenfalls im Juni 1791 schon mitten in der Vertonung und hat wohl daran auch nichts mehr geändert. In den letzten zwei Wochen vor der Uraufführung hat er noch intensiv an der *Zauberflöte* gearbeitet. Möglicherweise hat er erst am 28. oder 29. September die letzten noch fehlenden Stücke, den Priestermarsch und die Ouvertüre, niedergeschrieben.

Nun zum Inhalt:

1. Akt

Ein Prinz namens Tamino hat sich verirrt und ist in eine ihm völlig fremde Gegend geraten. Plötzlich wird er von einer Schlange verfolgt. In höchster Todesangst verliert er sein Bewusstsein und merkt deshalb nicht, dass er von drei Damen – Dienerinnen der Königin der Nacht – im letzten Augenblick gerettet wird. Die drei Damen erlegen das Ungeheuer mit Wurfpfeilen. Jede der drei Damen möchte gerne bei dem schönen Jüngling bleiben, in jeder löst der schlafende junge Mann Gefühle von Sehnsucht und Liebe aus. Sie wetteifern miteinander, wer wohl bei dem Jüngling bleiben soll. Da es aber zu keiner Einigung kommt, beschließen sie gemeinsam, zu ihrer Herrin, der sternflammenden Königin der Nacht, zurückzukehren und ihr von diesem Ereignis zu berichten.

Der Prinz wird wach und bemerkt ein merkwürdiges Geschöpf, nämlich den Vogelfänger Papageno, dem er die Rettung zu verdanken glaubt, da die tote Schlange neben ihm liegt.

Papageno lebt in der Gegend und fängt für die Königin und ihre Jungfrauen Vögel, um dafür täglich Speis und Trank zu erhalten. Papageno lässt Tamino im Glauben, er habe ihn errettet, bis die drei Damen zurückkehren und ihn als Lügner entlarven und ihm zur Strafe ein Schloss vor den Mund hängen. Die drei Damen erklären Tamino den wahren Hergang und bringen ihm im Auftrag der Königin ein Bildnis ihrer Tochter Pamina mit. In dieses Bildnis verliebt sich Tamino sofort. Nun erscheint die Königin der Nacht selbst und erzählt Tamino, dass ein böser Räuber ihre Tochter geraubt habe, und bittet ihn, diese zu befreien. Als Gefährten würde er Papageno mitbekommen. Tamino bekommt zum Schutz vor Gefahren eine Zauberflöte, Papageno ein Glockenspiel, darüber hinaus werden sie von drei Knaben begleitet.

Auf dem Weg in das Reich Sarastros trifft Papageno auf Monostatos, den schwarzen Wächter der Sklaven des Sarastro. Monostatos bewacht Pamina und verliebt sich auch in sie. Als Papageno und Monostatos sich sehen, erschrecken sie voreinander und halten sich gegenseitig für den Teufel. Papageno versucht dann mit Pamina zu fliehen. Dies verhindert aber der »Mohr« und lässt beide durch seine Sklaven einfangen. Diese können aber durch die Kraft des Glockenspiels gebannt werden.

Tamino wird von den drei Knaben zu den Tempeltoren, die in Sarastros Reich führen, geleitet. Ein Priester belehrt Tamino über die Welt Sarastros.

Pamina und Papageno sind auf der Suche nach Tamino und treffen dabei auf Sarastro, der sich aber milde und großmütig zeigt. Auch Tamino muss erkennen, dass der Herrscher in diesem Reich kein böser Zauberer ist, sondern ein edler Mensch, der neue Ideale für seine Mitmenschen entwickelt. Obwohl Sarastro selbst an Pamina Interesse hat, weiß er, dass diese für Tamino bestimmt ist. Doch bis sie zueinander finden, müssen sie noch Prüfungen absolvieren.

2. Akt

Die Priesterschaft Sarastros stimmt dem Plan zu, Tamino und Pamina auf den Weg der Erleuchtung zu bringen und sie zu einem neuen Herrscherpaar heranreifen zu lassen. Tamino und Papageno werden zunächst der Schweigepflicht unterworfen, um so ihre Willensstärke zu prüfen. Tamino zeigt sich standhaft, Papageno hingegen kann diese Prüfung nicht bestehen. Pamina soll auf Befehl ihrer Mutter Sarastro ermorden. Doch Sarastro, der von dem Plan weiß, tröstet Pamina. Er rächt sich nicht an ihr. Denn Sarastro fühlt sich ihr gegenüber verpflichtet, da er von ihrem Vater den Sonnenkranz und damit seine Macht erhalten hat. Als sich Tamino und Pamina begegnen, schweigt er. Sie selbst glaubt aber, sie habe seine Liebe verloren, und will sich mit dem Dolch, der eigentlich für Sarastro bestimmt ist, selbst töten. Die drei Knaben hindern sie aber an ihrem Vorhaben und führen sie dem Geliebten entgegen. Beide legen das letzte Stück des Prüfungsweges, nämlich die schwierigsten Prüfungen, gemeinsam zurück. Sie widerstehen den Elementen Feuer und Wasser und treten vereint und geläutert vor Sarastro im Glanz des Sonnenkreises.

Der Naturmensch Papageno fühlt sich auch einsam und möchte ohne ein »Weibchen« nicht mehr leben. Als er sich an einem Baum aufzuhängen versucht, greifen die drei Knaben wiederum rettend ein und geben ihm den Rat, sein Zauberglöckchen zu benutzen. Damit kann er dann sein Weibchen »Papagena« herbeizaubern. Überglücklich fallen sich beide in die Arme und geloben sich, vielen Kindern das Leben zu schenken. Monostatos hat sich auf die Seite der Königin der Nacht geschlagen. Erneut versucht diese mit seiner Hilfe in das Reich des Sarastro einzudringen, doch Sarastro verstößt sie mit Blitz, Donner und Sturm für immer in die ewige Nacht. Das Paar Tamino und Pamina wird am Ende feierlich zu den »Eingeweihten« aufgenommen.

In der *Zauberflöte* geht es – bei näherer Betrachtung – um die Darstellung eines individuellen Einzelschicksales oder – anders ausgedrückt – des ganz persönlichen Weges eines Paares, möge man dieses Paar als zwei reale Menschen ansehen oder als eine Vereinigung vom männlichen und weiblichen Teil in einem Menschen, also entweder Tamino mit Pamina als seiner zunächst noch unbewussten gegengeschlechtlichen Seite, seiner Anima, oder aber Pamina mit Tamino als ihrer gegengeschlechtlichen Seite in sich, also ihrem Animus. Es geht also um den Weg eines einzelnen Menschen oder eines Paares vor dem Hintergrund einer überpersönlichen Situation, die gekennzeichnet ist vom Machtkampf zwischen matriarchalen und patriarchalen Kräften.

Ganz wesentlich dabei ist, dass der einzelne Mensch nicht den Verlockungen oder Forderungen eines dieser Machtbereiche nachgibt, sondern seinen ganz eigenen Weg findet und geht. Neben dem Paar Pamina und Tamino gibt es auch noch die Paare Papageno und Papagena sowie Sarastro und die Königin. Auch diese Paare gehen in gewisser Weise ihren ganz eigenen Weg. Aber auch die gleichgeschlechtlichen Paare Tamino und Papageno, Papagena und Pamina und Sarastro und Monostatos gehören zueinander. Es handelt sich dabei um einen Menschen, der in zwei Hälften auseinander fällt und seine ungelebten oder unbewussten Anteile im anderen repräsentiert sieht. Aus tiefenpsychologischer Sicht hat dabei die Figur des Papageno eine herausragende Rolle.

Die Figur des Vogelmenschen Papageno entspricht in ganz besonderer Weise der Mentalität und dem Charakter des Emanuel Schikaneder. Er selbst hat diese Rolle auch über lange Zeit hinweg in der Oper *Die Zauberflöte* gespielt. Schikaneder hatte einen Instinkt für das Bühnenwirksame. Er hat zwar diese Papageno-Figur erfunden, hat sich aber dabei auch auf unzählige Vorgänger bezogen, die sowohl in der Antike als auch im Mittelalter und in der Barockzeit schon existierten. Die Papageno-Figur steht in Beziehung zu einer sehr alten Tradition. Möglicherweise geht sie sogar auf steinzeitliche Höhlenmalereien zurück, wo eine so genannte Urgestalt in phallischen Tiermaskentänzen auftaucht. Schikaneder hat als erfahrener Theatermann in seinem Papageno die Essenz der überlieferten lustigen Figuren, wie sie in Gestalt des Harlekin, des Hanswurst oder Kasperl beschrieben sind, vereint.

Der Harlekin war im 16. Jahrhundert ein beliebter Tänzer-Komödiant. Sein Gewand war aus verschiedenen Rauten gebildet. Doch ursprünglich war es ein Gewand aus bunten Flicken, die unregelmäßig zusammengesetzt waren. Der Harlekin gehört wie alle grotesken Gestalten dem Totenreich an. Er ist ein Bote der Unterwelt. Sein Fetzengewand ist deshalb gleichsam ein Symbol für das Verwesende. Die tänzerischen Darstellungen, die er zeigt, enthalten Elemente eines Totentanzes. Der Harlekin soll somit als der Tote unter die Lebenden treten, um sie so zur Umkehr zu mahnen. In der Tiefe der Erde sind zwei Mächte geborgen. Zum einen die Toten, zum anderen das Getreide. Insofern haben die Toten etwas mit dem Fruchtbarkeitskult zu tun. Die »Königin der Unterwelt« namens Proserpina weilte dem griechischen Mythos zufolge ein halbes Jahr bei den Schatten im Totenreich und in der zweiten Jahreshälfte als Kornjungfrau in der Oberwelt. Das Bindeglied aber zwischen dem Tod und der Fruchtbarkeit ist die Zeugung. Darum sind alle Spaßmacher, eben auch der Harlekin, phallischer Natur. Entweder weist das Kostüm ganz offensichtlich den Phallus auf, z.B. in Form eines Hosenknopfes, oder der Harlekin agiert mit Hilfe eines Stabes, Speeres oder einer Pritsche, die den fleischlichen Phallus repräsentieren. Alle diese Gegenstände sind Symbolisierungen der fruchtbar machenden Lebensrute.

Jakob Grimm hat darauf hingewiesen, dass der Name Harlekin sich von Hel ableitet, was das Verborgene oder die Unterwelt bedeutet. Dass Harlekin ein Totengeschöpf war, bezeugte auch sein »schwarzes« Gesicht, das entweder durch Ruß oder durch eine schwarze Ledermaske verändert war. Auch der ungepflegte, wuchernde Bart oder das wirre Haar sind Ausdruck dieser Schwärze. Im Lauf der Geschichte hat sich dann die Figur des Harlekin etwas verändert, und am Ende des 18. Jahrhunderts war sie dann eher ein Schwächling, ein Freund der Unsittlichkeit und ein Mensch, dem man obszöne Worte und Gesten zuschob.

In der Commedia dell'Arte war eine der Hauptgestalten der italienischen Spaßmacherei ein Bauernlümmel, namens Giovanni oder Vanni. Er stammte aus Bergamo oder Venedig und war, wie der Harlekin, von akrobatischer Geschicklichkeit und von dumm-schlauem, obszönem Benehmen. Seine Kleidung bestand aus weiten Hosen und einem seltsamen großen Hut. Eine andere Gestalt der Commedia dell'Arte hieß »Pulicinell«, dessen Name »Der kleine Hahn« bedeutet. Auch der Pulicinell hatte einen Spitzhut, einen schwarzen Bart und eine Pritsche, und er sprach mit Vorliebe obszön von Fressen und Saufen, was durch seinen dicken Bauch unterstrichen wurde. Die weibliche Gegenspielerin dieser männlichen Commedia-dell'-Arte-Figuren war die Colombine, zu Deutsch das »Täubchen«. In der *Zauberflöte* wird auch Papageno einmal sein ersehntes Weibchen mit diesem Namen »Täubchen« locken. In vielen Werken der Wiener Volkskomödie spielen zahlreiche Hahn- und Hühnerszenen eine Rolle, die das Pulicinell-Colombine-Motiv darstellen, was wiederum darauf hinweist, dass die Vogelgestalt des grotesken Spaßmachers bereits vor der Schaffung durch Schikaneder vorgebildet war.

Eng mit der Tradition der Wiener Volkskomödie war der »Salzburger Hanswurst« verknüpft. Woher der Name »Salzburger Hanswurst« kommt, ist letztlich nicht geklärt. Möglicherweise hat ihn aber ein Komiker namens Stranitzky ausgebildet, der, als genialer Meister seines Fachs, zum Erfinder und Träger der berühmten Hanswurst-Gestalt wurde. Der Hanswurst hatte eine meist gelbe Hose mit breiten Hosenträgern und eine Holzpritsche. Oberhalb des Hosenlatzes befand sich ein faustgroßer Knopf, ein letzter Rest des Phallus. Auf dem Kopf trug er einen spitzen grünen Filzhut, das traditionelle Zeichen der komischen Figur seit der Antike. Ähnlich wie bei den Figuren der Commedia dell'Arte war sein Gesicht von einem schwarzen Bart umrahmt, ein Rest wohl der alten schwarzen Ledermaske und der Symbolik des Totenhaften.

Der Hanswurst hatte eine enge Beziehung zu dem griechischen Gott Hermes. Dieser stand als ein Mittler zwischen Leben und Tod, zwischen Fruchtbarkeit und Unterwelt. Hermes war der Führer der Seelen in die Unterwelt und zugleich der Herr der Fruchtbarkeit der Herden. Auch der Hanswurst, der ein rotes Herz auf seinem Brusthemd trug, galt als eine Zielfigur beim kultischen, jahreszeitlichen Scheibenschießen. Als Tötungsfigur konnte er sowohl getötet als auch wieder erweckt werden.

Lust und Tod sind auf das Engste verwandt. Goethe weist darauf hin, dass der Tod ein Kunstgriff der Natur sei, um immer wiederkehrend Lust zu erzeugen. Damit neues, lustvolles Leben entstehen kann, muss jedoch das alte sterben. Der Mensch ist deshalb als Lustsuchender sein eigener Henker. Die kultische Tötung des Narren auf der Bühne findet sich deshalb auch schon bei Hans Sachs und bei den vielen im Lande umherziehenden Wandertruppen. Auch der Hanswurst des Komödianten Stranitzky wird auf die verschiedensten Weisen getötet. Er wird entweder erschossen, erwürgt, erschlagen, geköpft, ins Wasser geworfen oder im Sinne einer germanischen Menschenopferung an die Götter geopfert.

Vor allem aber wird der Hanswurst an einen Baum gehängt oder er hängt sich selber an einem solchen auf. In dem Moment, in dem er sich aber erhängen will, trifft den Baum ein Blitz, so dass der Ast, an dem Hanswurst hängt, herabfällt und er so wieder erweckt wird. Hanswurst ist der Narr. Er narrt diejenigen, die ihm begegnen, doch auch er selbst wird genarrt. Denn sein Weibchen ist oft eine Hexe, die alt und hässlich aussieht und die manchmal den Charakter einer Kupplerin oder Zauberin hat. Er sucht ihr zu entfliehen, andererseits aber rettet sie ihn auch vor dem Tode am Baum. Häufig verwandelt sich Hanswurst dann in einen Hexenmeister oder sogar den Anführer einer Hexenorgie, in der es um Obszönität und Erotik geht. Deshalb ist diese Gestalt in allen ihren kulturellen Schattierungen die Verkörperung des Phallus ohne jede Sublimierung, ganz unmittelbar.

Schließlich gibt es noch die so genannten Hahnreiter. Hierbei handelt es sich vor allem um die menschenköpfigen, musizierenden Vögel, die sich bereits bis in die Antike zurückverfolgen lassen. Vögel sind Figurationen der Seele und spielen darum in vielen Dramen eine bedeutungsvolle Rolle. Der Hahn galt schon in der Antike als der Inbegriff sexueller Potenz. Unermüdlich begattet er seine Hühnerschar, macht sie fruchtbar und sorgt so für seinen Nachwuchs. Bereits Sokrates bittet vor seinem Gifttode seine Freunde, dem Asklepios einen Hahn zu opfern, damit er vom Leben glücklich erlöst werden kann. Der Hahnreiter gehört zu den Urmotiven der Hochkulturen und wird in unterschiedlicher Weise dargestellt. Er ist auf Terrakottafiguren in der barocken Porzellankunst und im 18. Jahrhundert sogar als Gebäckmodell sowie als Kinderspielzeug und Fastnachtsfigur zu sehen. Im selben Jahrhundert ist der Hahn mit einem Männerkopf und einem Hut ausgestattet, die Henne mit einem Frauenkopf und einer Rokokofrisur. Diese Identität zwischen Hahn und Mann sowie Henne und Mädchen hat sich insbesondere im schwäbisch-bayerisch-österreichischen Kulturraum entfaltet. Dieser Kulturraum war nun auch der Bereich Schikaneders, so dass ihm die Darstellungen des Hahnreiters, der manchmal auch als Flötenspieler auftrat, geläufig sein durften. Davon ausgehend war es nur noch ein kleiner Schritt, um aus dem Vogel- oder Hahnreiter einen Vogelmenschen zu machen, der sich dann in der Figur des Papageno zeigt.

Insofern ist Papageno eine der zwar späten, aber sublimen Ausformungen des Narren und grotesken Tänzers. Der Hahn bildet sicherlich die Grundlage für die Gestalt des Vogelmenschen. In ihm verschmelzen Hahn und Hahnreiter zum Menschenvogel, der mit seinen Flötentönen die Seelen aus der Unterwelt herauflocken kann. Die Seelenvögel und der Hahn, aber auch die dem Totenreich zugeordneten Figuren, wie der Harlekin, haben Papageno das bunte Gewand und die Federn verliehen. So wie alle diese Gestalten der Vergangenheit obszön sprechen, großen Gefallen an geschlechtlichen Vorgängen finden und möglichst viele Mädchen haben möchten, ist dies auch die Gesinnung Papagenos.

Auch Papageno ist eine Figur, die tanzt und die, wie seine Vorgänger, ein Instrument spielt, welches Zauberkräfte besitzt. Er ist, wie die Vorläufer, die Commedia-dell-'Arte-Figuren, feige und gefräßig und er gehört auch zwei Bereichen an, nämlich der nächtlichen Sphäre des Totenreiches sowie dem Reich des Lichtes. Papageno ist eine Figur, die kein höheres ästhetisch-intellektuelles Ziel verfolgt, sondern sich ihren Begierden und Lüsten hingeben möchte. Die alte Hexe des Hanswurst wird in der *Zauberflöte* zur Papagena, die im Augenblick der Erfüllung und der Liebe sich in eine »liebreizende Henne« verwandelt und so die Gefährtin des Hahnes wird. In der Gestalt des Papageno vollendet sich somit eine Menschheitstradition, welche in den Mythen, möglicherweise bis hin zu den Höhlenmalereien der Steinzeit, ihren Ursprung genommen hat und über die griechische Antike, die Jahrmarktsbühnen des Mittelalters, die Fayencen der Barockzeit und schließlich auch über Mozarts *Zauberflöte* zu uns gelangt ist.

Nicht auszuschließen ist, dass Mozart beim Schreiben der *Zauberflöte* von Todesahnungen gequält wurde. Noch während er die *Zauberflöte* schrieb, musste er nach Prag fahren, um für die Krönung Leopolds II. zum König von Böhmen eine Krönungsoper zu komponieren. In nur achtzehn Tagen komponierte er, teilweise auf der Fahrt von Wien nach Prag, die Oper *La Clemenza di Tito*, die aber nur wenig Erfolg hatte. Darüber hinaus sollte er auch im Auftrag eines anonymen Fremden eine Seelenmesse, ein Requiem, komponieren, was ihn ebenfalls sehr unter Druck setzte. Durch die Abwesenheit seiner Frau, die sich zu einer Kur aufhielt, durch massive Geldsorgen und eine enorme körperliche Überanstrengung beeinträchtigt, schrieb er die *Zauberflöte* zu Ende. Insofern gewinnt die Gestalt des Papageno noch einmal eine neue Dimension, da sie, wie oben beschrieben, ja ein Teil aus dem Totenreich ist. Mozart hat sich trotz aller Lebenslust und Lebensfreude auch immer mit dem Tod auseinander gesetzt, und es ist durchaus möglich, dass er innerlich spürte, dass seine Lebenszeit bald abgelaufen sein würde.

Die *Zauberflöte* ist deshalb als die Krönung der Mozart'schen Opern, von Todesahnungen überlagert, ein Werk, das weit in das 19. Jahrhundert hineinreicht und seine Fortführung in Richard Wagners *Parsifal* findet.

Bevor wir uns nun der Oper im Einzelnen nähern, erscheint mir noch ein Aspekt besonders wichtig. Wie erwähnt, geht es in der *Zauberflöte* nicht nur um die Darstellung eines individuellen Einzelschicksals, sondern auch um die Auseinandersetzung zwischen dem Individuum und den Institutionen. Das Verhältnis dieser beiden Pole war immer schon ein sehr spannungsvolles. Auseinandersetzungen zwischen Individuen und Institutionen finden sich in allen großen Überlieferungen menschlicher Literatur. Zu nennen wären hier die *Ilias* von Homer, die Geschichte von David im Alten Testament sowie die großen griechischen

Dramen von Euripides und Sophokles. Aber auch später im Mittelalter zeigt sich die Spannung zwischen den Reformatoren und der Institution, ähnlich wie in den Dramen Shakespeares. Auch Goethe hat, insbesondere in seinem *Faust*, den Gegensatz zwischen Individuum und Institution aufgezeigt, aber auch die Bezogenheit der beiden aufeinander. Es bleibt eine Tatsache, dass die beiden Pole, wie sie sich auch zueinander verhalten mögen, in Beziehungen zueinander stehen, die für menschliches Leben wirksam und wichtig sind.

Individuen sind die Moleküle und Atome von Institutionen, und diese wiederum haben den Auftrag, die Entfaltung des Individuums zu fördern. Bedenklich wird es für eine Gemeinschaft erst dann, wenn sich, etwa in Krisenzeiten, individuelles Wollen und institutionelle Bedingungen feindlich gegenüberstehen. Zum einen ist es gefährlich, wenn sich das einzelne Individuum ohne Bezogenheit auf die Institution in einem uneingeschränkten Egoismus befindet, zum anderen ist es ebenso gefährlich, wenn sich Institutionen gleichsam als die Boten einer höheren Macht verstehen und so Individuen tyrannisieren und in eine Ideologie zu pressen suchen. Deshalb gilt: Uneingeschränkte Freiheit, die in Willkür enden würde, und totale Unterdrückung und Bevormundung zernagen die Fundamente jeglicher Kultur.

Am Ausgang des 18. Jahrhunderts standen sich Individuum und Institution so feindlich gegenüber, dass es zum Aufstand der Söhne gegen die Vätergeneration kam. Den sinnfälligsten Ausdruck hierfür gibt die Französische Revolution wieder. In gewisser Weise wurde auch Mozart von diesem Aufstand der Söhne gegen die Väter ergriffen. Wie schon an anderer Stelle bemerkt, hatte er ja drei Väter, seinen leiblichen, seinen ersten Dienstherrn, den Erzbischof Coloredo, und schließlich seinen Förderer in Wien, Kaiser Joseph II. Alle drei versuchten in unterschiedlicher Weise, Mozart zu bevormunden und ihn an seiner eigenen Entwicklung zu hindern. Dass Mozart allen dreien in unterschiedlicher Weise widerstand, zeigt ihn als einen Mann, der spürte, dass er innerlich seinem »Selbst« mehr gehorchen musste als den Menschen, die an ihn Forderungen stellten.

Ein wesentliches Ergebnis, und vielleicht die Krönung dieser Treue, die Mozart zu sich selbst hatte, war die *Zauberflöte*. In ihr zeigt sich in einer höchst spirituellen Weise der Ideengehalt der Französischen Revolution.

Aber auch in unserer heutigen Zeit, am Beginn des 21. Jahrhunderts, ist das Individuum in seiner unabdinglichen Freiheit durch große Institutionen, wie politische Parteien und Massenmedien, sowie durch die Macht von Wirtschaftsunternehmen so bedroht, dass wir bei genauerer Betrachtung diese Spuren in der *Zauberflöte* deutlicher und sensibler wahrnehmen können.

Schon gleich zu Anfang, wenn sich der Vorhang hebt, singt Tamino: »Zu Hilfe, sonst bin ich verloren, der listigen Schlange zum Opfer erkoren.« Er schreit um Hilfe in Angst und Panik und fällt deswegen auch gleich in Ohnmacht. Er befindet sich in einer Krise und kann deshalb den ihn verfolgenden Drachen bzw. die Schlange nicht besiegen. Wenn er sie besiegen könnte, so wäre er schon auf dem Reifungsprozess weit entwickelt. Er würde mit der Überwindung der Schlange den verschlingenden Aspekt der Mutter hinter sich lassen. Dies gelingt ihm aber nicht. Deshalb ist die erste »Amtshandlung« des Helden, des Prinzen Tamino, in Ohnmacht zu fallen, also in einen Zustand der Unbewusstheit zurückzukehren. In diesem Zustand weitgehender Unbewusstheit bleibt er auch, als er im weiteren Verlauf von den drei Damen – den Dienerinnen der Königin der Nacht – ein Bildnis bekommt, in das er sich sogleich verliebt. Es handelt sich dabei um die Tochter der Königin, die er überhaupt noch nicht kennt. Er spürt aber: Diese Frau liebe ich, sie ist es, die mir begegnen musste. In der so genannten Bildnisarie (Nr. 3) ist deshalb in grandioser Weise ausgedrückt, wie ein Mann vom Bild der Frau in sich, also von seinem weiblichen Anteil, fasziniert ist, und wie sein weiblicher Teil, seine Anima, ihn ganz in Besitz nimmt.

Die Arie steht in der Haupttonart Es-Dur und lautet:

»Dies Bildnis ist bezaubernd schön, wie noch kein Auge je gesehn! Ich fühl es, wie dies Götterbild mein Herz mit neuer Regung füllt. Dies Etwas kann ich zwar nicht nennen, doch fühl ich's hier wie Feuer brennen. Soll die Empfindung Liebe sein? Ja, ja, die Liebe ist's allein. – Oh, wenn ich sie nur finden könnte! Oh, wenn sie doch schon vor mir stände! Ich würde – würde – warm und rein – was würde ich? Ich würde sie voll entzücken, an diesen heißen Busen drücken, und ewig wäre sie dann mein.«

In dieser Arie taucht eine besonders sehnsuchtsvolle Melodie auf, die später, wenn sich Tamino und Pamina begegnen und auf dem eigentlichen Prüfungsweg sind, als Motiv wiederkehrt.

Darüber hinaus klingt in dieser Arie aber auch männliches Besitzdenken an, vermischt mit der naiven Überzeugung, es sei doch die eigentliche Aufgabe der Frau, dem Manne ein beständiges Gefühl von Glück und ungestörter Zufriedenheit zu vermitteln, und dieser Zustand sollte dann auch noch mit der Versicherung auf Ewigkeit verbunden sein.

Aber schon hier in der Bildnisarie ist noch auf einen weiteren, psychoanalytisch sehr bedeutsamen Aspekt hinzuweisen. Die Königin der Nacht benutzt das Bild der Pamina auch, um ihre eigenen Interessen zu verfolgen und diese von anderen Personen ausführen zu lassen. Das Bild wird zu einem Selbstobjekt für die Königin der Nacht. Und über dieses Bild und die Wirkung, die es auf Tamino hat, drückt sie ihre Macht aus. So soll Tamino zu ihrem Erfüllungsgenossen werden.

Im weiteren Verlauf der Oper zeigt sich, dass die Königin der Nacht dieses Muster in unterschiedlicher Weise immer wieder benutzt. Sie fühlt sich durch den Tod ihres Mannes, der das Reich des Lichtes und den Sonnenkranz an Sarastro abgegeben hat, in gewisser Weise depotenziert, also in allen Bereichen entmachtet. Auch hat sie es ihrem Mann nicht verziehen, dass er ihr selbst nicht diesen Sonnenkreis übergab, sondern ihn in männlichen Händen ließ. Die Enttäuschungs- und Hassgefühle, die sie eigentlich auf ihren verstorbenen Mann haben müsste, überträgt sie offensichtlich auf Sarastro, der als der Nachfolger ihres Mannes nun im Reiche des Lichts alleine regiert und sich auch noch ihrer Tochter Pamina, also eines Teiles ihrer Weiblichkeit, bemächtigt hat.

Die Entführung von Pamina durch Sarastro muss aber mehrschichtig betrachtet werden. Zum einen ist anzunehmen, dass die Königin der Nacht als eine attraktive und selbstbewusste Frau keine ebenso mächtige und attraktive Frau neben sich dulden kann. Eine ähnliche Situation finden wir im Märchen *Schneewittchen*, wo die Stiefmutter immer wieder den Spiegel befragt: »Wer ist die Schönste im ganzen Land?«, und als sie hört, dass ihre Stieftochter Schneewittchen die noch Schönere sei, verfolgt sie diese. In einer tieferen Schicht mag auch die Königin der Nacht Pamina ganz gern »losgeworden« sein. Diese hat sich ja als eine hübsche junge Frau entwickelt, die ihrer Mutter durchaus Konkurrenz machen kann, vor allem auch gegenüber Männern. Das wird schon bei Tamino sichtbar. Das Bildnis von Pamina entflammt ihn erotisch viel mehr als die reale Gestalt der Königin, die er lediglich bewundert, vor der er auch etwas Angst hat und deren Wünsche er ausfüllt, aber ohne ein sichtbares erotisches Gefühl.

Zum anderen mag es aber auch für Pamina wichtig gewesen sein, sich von ihrer Mutter zu entfernen. Es geht aus der Oper und den Quellen nicht ganz hervor, wie alt wohl Pamina gewesen sein mag, als ihr Vater verstarb. Wir wissen lediglich, dass er ihr aus einer Eiche die Zauberflöte schnitzte und sie ihr gab, das heißt, Pamina müsste ihn noch bewusst gekannt und wahrge-

nommen haben. Möglicherweise war sie zum Zeitpunkt des Todes ein pubertierendes Mädchen und stand mitten im Prozess
zwischen einer ödipalen Idealisierung des Vaters und der Loslö-
sung von den Eltern. Durch den Tod des Vaters wurde sie dann
aber von der Mutter vereinnahmt und musste sich ihr ganz unterordnen. Wie aus vielen psychoanalytischen Fallberichten bekannt
ist, müssen Kinder oft die Funktionen des Ehepartners übernehmen, wenn dieser frühzeitig verstorben ist. Möglicherweise hat
sich die Königin der Nacht auch sehr symbiotisch an Pamina gebunden, und für Pamina gab es nur die Chance, sich aus dieser
Symbiose, die sie auch in ihrer Individuation hinderte, herauszulösen, indem sie aus dem Reich der Mutter heraustritt. Insofern
mag die Entführung durch Sarastro für sie auch ein Glücksfall gewesen sein, um so dem Machtbereich der Mutter zu entkommen.

Insofern hat also Sarastro für beide Frauen, sowohl für die
Königin der Nacht als auch für Pamina, etwas Wichtiges geleistet. Pamina kann sich ohne die Mutter zu einer reifen Frau entwickeln, insbesondere auch deshalb, weil sie den ödipalen Versu-
chungen des Sarastro widersteht (er begehrt sie ja und ist zum
Teil in die Rolle des Vaters geschlüpft), aber auch für die Königin
der Nacht ergibt sich ohne ihre Tochter noch einmal die Möglichkeit, einen neuen Partner zu finden und in ihrem Reich die at-
traktivste und mächtigste Frau zu bleiben.

Die Ambivalenz zwischen Sich-zueinander-hingezogen-
Fühlen und Vertraut-Sein einerseits und Neid- und Rivalitätsge-
fühlen andererseits zeigt sich nicht nur in der Beziehung zwischen
Pamina und ihrer Mutter, sondern auch zwischen anderen Paaren
in der Oper, z.B. zwischen Tamino und Papageno sowie zwischen
Sarastro und Monostatos. Musikalisch wird dies schon in der Ouvertüre deutlich. Sie beginnt mit einem Adagio, das mit drei feierlichen Akkorden des Orchesters einsetzt und in sehr düsteren,
schwermütigen Tönen zum darauf folgenden Allegrosatz hinlei-

tet. Man kann hier die gedrückte Stimmung des Menschen, der noch nicht individuiert ist, also noch nicht die volle menschliche Reife erlangt hat, erahnen, ebenso die Ambivalenz der widerstrebenden Gefühle, die sich in jeder einzelnen Figur in der Oper darstellen. Erst der Allegrosatz zeigt dann einen Geist der Heiterkeit und der Mühelosigkeit, wo vieles, was im Leben als kompliziert und verwickelt erscheint, gelöst werden kann. Mozart hat dies in der Ouvertüre in Form einer Fuge gelöst. Das Hauptthema wird zu einem Fugato verarbeitet. Völlig mühelos scheinen sich die unterschiedlichen Stimmen zusammenzufinden, was einen heiteren, gelösten Eindruck vermittelt.

Der Weg des Reifungsprozesses des Menschen wird in der Ouvertüre durch die dreimal wiederholten, feierlichen Akkorde von Holz- und Blechbläsern ohne Streicher symbolisiert. Diese rhythmischen Schläge zeigen das Grundmotiv der Oper und sind später wieder zu hören, wenn Tamino zu den Prüfungen zugelassen wird. Noch einmal tauchen dann in der Ouvertüre schwermütige Sequenzen auf, aber am Schluss wird durch ein drängendes Crescendo ein Triumphmotiv eingeleitet. Das Ziel ist erreicht, und am Ende zeigt sich, dass der reife Mensch in der Lage ist, mit widerstrebenden Gefühlen wie Liebe und Eifersucht, Neid und Leidenschaft, Hoffnung und Enttäuschung sicher umzugehen.

Noch einmal zurück zu Tamino und der Bildnisarie: Als die drei Damen Tamino erzählen, dass sein angebetetes Mädchen, das er auf dem Bildnis sieht, von einem bösen Dämon entführt worden sei, möchte er sofort losstürmen, um Pamina zu befreien. Eine der Damen sagt ihm ja, wo der Aufenthalt des von ihm geliebten Mädchens ist: »Sehr nahe an unseren Bergen lebt er in einem angenehmen und reizenden Tal. Seine Burg ist prachtvoll und sorgsam bewacht.« Tamino will deshalb auch gleich losstürzen, denn die Beschreibung der Wohnung des Bösewichts kommt ihm nicht allzu erschreckend vor.

Aber erst muss er sich noch der Königin der Nacht stellen. Diese weist ihm in ihrer Arie Nr. 4 »Oh, zittre nicht, mein lieber Sohn« seinen Platz zu, den er in der Beziehung zu ihr einnehmen darf. Musikalisch bedeutsam ist, dass die Königin ihre Arie in B-Dur singt, was einen scharfen Kontrast zum Es-Dur Sarastros darstellt. In diesem ersten Satz »Oh, zittre nicht, mein lieber Sohn« macht die Königin deutlich, dass sie die Mutter, die mächtige Frau ist, er aber der Sohn, der ihr zu gehorchen hat. Tamino, der noch nicht genügend Ichstärke besitzt und noch ganz von den Inhalten seines Unbewussten überschwemmt wird, kann dieser mächtigen Frau nichts entgegensetzen. Er befindet sich noch ganz in der Hand der »großen Mutter«, da er selbst noch keine persönliche Beziehung zu seiner inneren Frau, seiner Anima, gefunden hat.

Ist die Königin anfangs noch bereit, ihn als ihren lieben Sohn zu akzeptieren, so zeigt sie am Ende der Arie ihr wahres Gesicht. Die Musik beginnt, wie gesagt, mit dem Rezitativ in B-Dur, dem ein Arioso in g-Moll folgt, das im Allegro wieder in ein B-Dur übergeht. Das vermittelt einen herrisch-gebietenden Charakter. Sie weist mit dem Zeigefinger auf Tamino und singt: »Du wirst sie zu befreien gehn, du wirst der Tochter Retter sein; und werd ich dich als Sieger sehn, so sei sie dann auf ewig dein.« Es handelt sich eindeutig um einen Befehl, eine bestätigende Antwort wird gar nicht erst erwartet. Nachdem sie den Befehl erteilt hat, tritt sie sehr rasch mit den drei Damen ab. Versucht sie am Anfang der Arie noch kurz, ein mitleidheischendes, gefühlvolles Mutterherz zu vermitteln, so zeigt sie am Ende ihr wahres Gesicht. Wie schon erwähnt, dient Tamino der Königin hier als reines Selbstobjekt. Er soll ihre Befehle ausführen – und mehr nicht.

Die Königin der Nacht traut aber Tamino alleine nicht zu, dass er ihre Tochter zurückholen kann, und deshalb sichert sie ihren Wunsch auf dreifache Weise ab. Zum einen gibt sie ihm drei

Knaben mit, die ihm den rechten Weg weisen sollen. Die drei Damen singen: »Drei Knäblein, jung, schön, hold und weise, umschweben euch auf eurer Reise. Sie werden eure Führer sein, folgt ihrem Rate ganz allein.« Weiter erhält Tamino noch die Zauberflöte, die ihn schützen soll, und schließlich gibt die Königin der Nacht ihm ihren Diener Papageno samt einem Silberglöckchen mit. Zur Zauberflöte singen die drei Damen: »Hiermit kannst du allmächtig handeln, der Menschen Leidenschaft verwandeln. Der Traurige wird freudig sein, den Hagestolz nimmt Liebe ein.« Darauf singen dann alle: »Oh, so eine Flöte ist mehr als Gold und Kronen wert, denn durch sie wird Menschenglück und Zufriedenheit vermehrt.«

Um so etwas zu können, also die Leidenschaft der Menschen verwandeln, bedarf es eines erwachsenen, »ganzen« Mannes, was weder Schikaneder noch Mozart Tamino zutrauen. Deshalb sind noch die Zauberflöte, die drei Knaben und Papageno vonnöten, um Tamino auf den Weg eines erwachsenen Mannes zu bringen. Tamino kann sich also nur in Begleitung des Vogelmenschen Papageno auf den Weg zu Sarastro aufmachen. Und nicht Tamino, sondern Papageno findet als Erster die gesuchte Pamina. Dies macht aber auch durchaus Sinn, denn wenn man Tamino und Papageno als zwei Aspekte ein und derselben Person sieht, ähnlich wie Pamina und Papagena sowie Sarastro und Monostatos, so wäre Papageno der Schattenaspekt von Tamino im Sinne von noch nicht entdeckten Potentialen.

Die beiden zusammen bilden die Einheit einer Person, was sich auch musikalisch beim Abschied der beiden von den drei Damen im achten Auftritt des ersten Aktes sehr deutlich zeigt. Tamino singt: »Doch schöne Damen, saget an – « und Papageno fährt dann fort: »Wie man die Burg wohl finden kann?« Beide singen dann zusammen, indem sie den Satz wiederholen »Wie man die Burg wohl finden kann?« Wenn also Papageno letztlich ein positiver Schattenaspekt von Tamino ist (wobei man unter Schatten die Summe aller ungelebten Möglichkeiten eines Menschen, also seiner in ihm schlummernden Potentiale versteht), so ist es sehr sinnvoll, dass der Held mit seinen eher animalischen, trieb- und instinkthaften Aspekten seiner Person zuerst dem weiblichen Teil begegnet. Mozart macht hier also deutlich, dass es beim Prüfungsweg der Individuation nicht nur um eine rein geistige Ebene geht. Auch die animalisch-triebhafte Seite spielt beim Selbstwerdungsprozess eine wichtige Rolle, und sollte diese übersehen werden, so würde ein wichtiger Bereich der Realität ausgeblendet.

Die geistige, ästhetische Ebene wird von den Priestern im Reiche des Sarastro vertreten. Dieser Weg wird ja von Tamino beschritten, weshalb es auch so wichtig ist, dass er seine zweite Hälfte, nämlich Papageno, dabeihat, der ja das Erdhafte, das Bodenständige verkörpert.

Im 14. Auftritt des ersten Aktes begegnet Papageno Pamina und gibt sich als Abgesandter der sternflammenden Königin zu erkennen. Er erzählt ihr von der Liebe eines jungen Prinzen, der ihr Bild gesehen hat und der sie deshalb zu befreien sucht. Aber bevor er mit Pamina ins Gespräch kommen kann, fällt sie, ähnlich wie Tamino am Anfang, in Ohnmacht. Sie steht unter der Bewachung des Mohren Monostatos, und als sich Papageno und Monostatos sehen, halten sie sich gegenseitig für den Teufel. Sowohl Papageno als auch Monostatos geraten in Panik und laufen davon. Entscheidend ist hier, dass sich gerade die beiden Außenseiter in ihrer ersten Begegnung für noch größere Außenseiter halten. Hier zeigt sich, dass das Gefühl, nicht dazuzugehören, anders zu sein als die anderen, innerlich abgespalten und auf den jeweils anderen Außenseiter projiziert wird. Wichtig bei dieser Begegnung der beiden Schattenaspekte von Sarastro und Tamino ist weiterhin, dass der Schatten des Tamino, also Papageno, über den

Schatten des Sarastro, also Monostatos, dominiert, da am Ende Tamino mit Pamina zum neuen Herrscherpaar heranreifen. Pamina wird so die rechtmäßige Nachfolgerin des Sarastro, aber in einer tieferen Schicht eben die rechtmäßige Nachfolgerin ihres Vaters, wenn sie Herrscherin des Sonnenkreises wird. Dadurch überwächst sie an der Seite von Tamino auch ihre Mutter, der es ja nicht gelang, den Sonnenkreis für sich zurückzugewinnen.

An dieser Stelle wird also deutlich, dass die Entführung durch Sarastro Pamina die Möglichkeit gibt, sich nicht nur von ihrer Mutter zu lösen und zu emanzipieren, sondern sie auch im Sinne ihrer eigenen Selbstwerdung das gewünschte Ziel der Mutter für sich selbst erreicht.

Unbewusst mag hier auch noch der Aspekt der Delegation mit einfließen. Da die Königin der Nacht keinen Partner mehr für sich finden kann, hat sie ihren Wunsch, den Sonnenkreis für sich zurückzuerobern, an ihre Tochter delegiert, die dann die Aufgabe ausführt und ihr eigenes Ziel erreicht.

Papageno findet Pamina in den unterirdischen Räumen des Tempels von Sarastro unter der Bewachung des Mohren Monostatos, der Pamina auch für sich haben will. Als dann der Mohr wegläuft und Papageno sich Pamina zu erkennen gibt, singen beide ein Duett über die Liebe (Nr. 7), das in seiner Schlichtheit und Innigkeit des Gefühls so ausdrucksstark ist, dass es sämtliche Liebesgefühle mobilisiert, die im Menschen schlummern.

Das Duett ist auch in der Haupttonart Es-Dur komponiert. Es weist darauf hin, dass der Mann wie auch die Frau auf dem Prüfungsweg zur Individuation nicht die Bodenhaftung, die Liebe verlieren und vergessen sollen.

Dieses Duett steht ganz im Gegensatz zu den unechten, großen Gebärden, die sonst im Reiche des Sarastro üblich sind. Der Genius Mozarts hat in dieses Duett so viel Würde und Innigkeit hineingelegt, dass gleich nach der ersten Aufführung die Melodie vom Volk aufgegriffen wurde und bis heute eine der populärsten Musikschöpfungen Mozarts ist. Es handelt sich um einen $^6/_8$-Rhythmus und indem Mozart die Zwei und die Vier weglässt, kommt so etwas wie ein Herzschlag, ein physiologischer Herzschlag heraus, der das ganze Duett über so durchgehalten wird. Das Duett endet mit einem so genannten Vergottungsmotiv, das zweimal in der Oper vorkommt. Dieses Vergottungsmotiv zeigt deutlich auf, dass gerade die naturhaften, instinkthaften Bereiche des Menschen eine wichtige Bedeutung haben. Diese dürfen nicht abgewertet werden, da sie die untere Männlichkeit, um mit Erich Neumann zu sprechen, repräsentieren. Sie sind gleich wertvoll wie die Bereiche der oberen Männlichkeit, die das Geistig-Ästhetische, das Intellektuelle ausdrücken. So wird über das Vergottungsmotiv am Ende des Duetts vermittelt, dass die Erdhaftigkeit der Liebe eine göttliche Bedeutung hat. Der Text des Duetts lautet so:

Pamina: *Bei Männern, welche Liebe fühlen, fehlt auch ein gutes Herze nicht.*

Papageno: *Die süßen Triebe mitzufühlen, ist dann der Weiber erste Pflicht.*

Beide: *Wir wollen uns der Liebe freun, wir leben durch die Lieb allein.*

Pamina: *Die Lieb versüßet jede Plage, ihr opfert jede Kreatur.*

Papageno: *Sie würzet unsere Lebenstage, sie wirkt im Kreise der Natur.*

Beide: *Ihr hoher Zweck zeigt deutlich an,*
nichts edlers sei als Weib und Mann.
Mann und Weib und Weib und Mann
reichen an die Gottheit an.

Die Aussage, dass Mann und Weib an die Gottheit heranreichen, ist natürlich ein Affront gegen die Freimaurer und die patriarchale Gesellschaft ebenso wie gegen Sarastro, den Gegenspieler der Königin der Nacht.

Auch er will ja das Paar für seine Zwecke einspannen. Er ist der Vertreter der patriarchalen, geistigen Welt und möchte das Paar für sich und seine Ideen gegen die matriarchale Welt der Nacht gewinnen. Alfons Rosenberg sieht in Sarastro das Urbild des großen Vaters mit all seiner Kraft, Weisheit, Verantwortung und schöpferischen Phantasie. »Er steht vor uns als eine lichtumflossene Gestalt von kosmischer und menschlicher Allväterlichkeit, als ein Garant der Würde und der Freiheit des Menschen.« (1976, S. 53 f.) Dieser Ansicht von Alfons Rosenberg muss aber entgegengehalten werden, dass Sarastro in gewisser Weise auch ein phrasenhafter Wichtigtuer ist, dem es auf große Worte und Gebärden sowie auf prunkvolles Auftreten ankommt. Er ist ja auch ein Sklavenhalter, der in seinem Reich des Lichts auch Menschen beherbergt, die rechtlos und ohne Würde sind. Sarastro soll aber nicht schwarzweiß gemalt werden, denn er ist ja auch ein Idealist. Er hat ideale Vorstellungen von sich selbst und anderen, aber wie im Verlauf der Oper immer deutlicher wird, hat dieser Idealismus auch Schwächen, das heißt, das Handeln entspricht oft nicht der wohlklingenden und moralisierenden Ideologie. Allerdings muss in diesem Zusammenhang betont werden, dass Ideale natürlich nicht dadurch ungültig werden, dass sie von ungeeigneten oder diese Ideale selbst nicht befolgenden Repräsentanten oder Institutionen vorgetragen werden.

Während Papageno also Pamina begegnet, hat sich Tamino inzwischen auf den Weg zu seiner zukünftigen Braut gemacht. Er soll ja vom Jüngling zum Manne reifen, und da er ein braver Schüler ist, lässt er sich gerade von den drei Knaben in einen Tempel führen und hört sich deren erste »Lehren« an.

Mit Pamina vor Augen verlegt er sich im Anschluss daran erst einmal auf prahlerisches Drohen: »Erzittre, feiger Bösewicht, Pamina retten ist mir Pflicht.« Die drei Knaben aber meinen, dass das Ziel, Pamina zu retten, nur über die Lehren geht:

> *Sei standhaft, duldsam und verschwiegen.*
> *Bedenke dies; kurz, sei ein Mann,*
> *dann, Jüngling, wirst du männlich siegen.«*

Der Weg, den Tamino gehen muss, später gemeinsam mit Pamina, ist der Weg der Individuation, der mit zunehmender Bewusstwerdung verbunden ist. So singt Tamino: »Wann also wird das Dunkel schwinden, wann wird das Licht mein Auge finden?« Dieser Typus der Einweihung in der *Zauberflöte*, mit freimaurerischen Elementen verbunden, ist patriarchal. In der freimaurerischen Tradition wird das Bewusste mit der Symbolik des Männlichen und das Bewusstseinsfeindliche, dessen Exponent besonders die Triebwelt des Unbewussten ist, mit der Symbolik des Weiblichen ausgestattet. Mozart gibt aber dem Weiblichen nicht nur ein deutliches musikalisches Übergewicht, sondern das weibliche Element ist auch immer wieder, gewollt oder ungewollt, bewusst oder unbewusst, die impulsgebende Kraft, die den Anstoß zum Weitergehen auf dem Weg der Individuation gibt.

Dabei ist jedoch eine überpersönliche Kraft im Spiel, die C.G. Jung das Selbst nennt. Wenn das Ich das Zentrum der bewussten Persönlichkeit ist, so ist das Selbst das Zentrum der gesamten Persönlichkeit, der bewussten und unbewussten Bereiche. Die Steuerung des Individuationsweges durch das Selbst wird in der *Zauberflöte*, dargestellt durch die drei Knaben, vollzogen.

Die drei Knaben kommen gleichsam aus der Unendlichkeit in die irdische Szene hinein und erheben sich auch wieder von ihr. Sie sind also eine Art Verbindung zwischen Persönlichem und

Überpersönlichem, zwischen Bewusstem und Unbewusstem. Sie stellen dar, dass das Selbst eine nicht vom Wollen gesteuerte, sondern eine ohne unser Zutun aus dem Unbewussten heraus wirkende zielgerichtete Kraft ist, die uns in den entscheidenden Augenblicken zu Hilfe kommt und uns dann genau das Richtige tun lässt. Dieser zielgerichteten Steuerung vertrauen sowohl Tamino und Papageno als auch Pamina. Durch die ganze Oper hindurch wird immer wieder auf das Vertrauen hingewiesen, indem die drei Knaben immer in den entscheidenden Augenblicken erscheinen. Sie treten z.B. auf, als Pamina sich mit dem von ihrer Mutter stammenden Dolch erstechen will und als sich am Ende Papageno an einem Baum erhängen will. Gerade im Augenblick eigener Suizidgedanken ist das Vertrauen auf eine überpersönliche Macht besonders wichtig. Theologisch gesagt kann ein Suizidimpuls dadurch zurückgedrängt werden, dass der Einzelne das Gefühl entwickelt, in der Hand »Gottes« zu sein. Erwähnenswert ist, dass die drei Knaben anfangs zum Bereich des Matriarchalen, also zum Kreis um die Königin der Nacht gehören, sie sich im Verlauf der Oper aber zunehmend von diesem Bereich distanzieren und am Ende dann keinem der beiden »Machtblöcke« mehr zugerechnet und zugeordnet werden können. Sie symbolisieren vielmehr die reife Entwicklung, der sich ja am Ende auch Tamino und Pamina anschließen, die sich beide aus ihren Bereichen herausentwickelt haben und die gegenseitigen Anteile, jungianisch gesprochen den Animus bzw. die Anima, in sich integriert haben.

Sarastro und die Königin der Nacht hingegen bleiben als Einzige in dieser Entwicklung zurück. Die Königin der Nacht verharrt in ihrer matriarchalen Kultur und ist nicht in der Lage, das Patriarchale bei sich zu integrieren. Ihre Hassgefühle auf ihren verstorbenen Mann sind zu groß. Auch Sarastro bleibt der patriarchale Mensch, der seine weibliche Seite nicht zu integrieren vermag und deshalb auch keine weibliche Partnerin findet. Er muss den Sonnenkreis aus der Hand geben und ihm dem jungen Paar, das ihn emotional überwachsen hat, überlassen.

Am Anfang des Individuationsweges fordern die drei Knaben Tamino auf, standhaft, duldsam und verschwiegen zu sein. Hier zeigt sich, dass es in der ersten Phase des männlichen Individuationsprozesses nicht um das Vollbringen großer Heldentaten geht, sondern um das Aushalten der jeweils auftretenden Situation. Es geht um Ausdauer und Beharrlichkeit, um die Fähigkeit, Spannungen zu ertragen und Konflikte durchzustehen.

Die Fähigkeit dazu zeigt sich schon dadurch, dass Tamino es immer wieder mit wechselnden und unklaren Auftraggebern zu tun hat. Zunächst war er auf Anweisung der Königin der Nacht losgegangen, um Pamina zu befreien. Die drei Knaben, ursprünglich Abgesandte der Königin der Nacht, entwickeln sich im Laufe der Oper immer selbständiger und sind bald nicht mehr zuzuordnen. Der Bösewicht Sarastro bekommt zunehmend sympathische Züge, wohingegen die Königin der Nacht immer obskurer erscheint, insbesondere dann, wenn sie ihre Tochter Pamina beauftragt, ihr geradezu befiehlt, Sarastro zu erdolchen. Tamino hat es also schwer, sich zurechtzufinden: Wem kann er sich anvertrauen, wem muss er misstrauen?

Mozart und Schikaneder führen die patriarchale, freimaurerische Weisheitslehre auf Isis und Osiris zurück. Isis mit ihrem Brudergatten Osiris ist ja eigentlich eine matriarchale Göttin, die – ähnlich wie Demeter – als dreifaltige Göttin verehrt wurde. Die drei verschiedenen Aspekte, die Demeter im antiken Griechenland in sich integrierte, sind der Mädchenaspekt, der sich in der Figur der Kore darstellt, der mütterliche Aspekt, der von der Fruchtbarkeitsgöttin Demeter selbst repräsentiert wird, sowie der Greisinnenaspekt, der durch Hekate vertreten wird. Die Entsprechung im Ägyptischen sind die Göttin Isis als die Furchtbarkeitsgöttin, die den Demeteranteil abdeckt, Nephtys, die als Göttin des Totenreiches der Kore entspricht, sowie Persephone und Hathor, die als Greisinnen der griechischen Hekate gleichgestellt sind.

Die Tradition hat sich somit über die ägyptische Mythologie in die griechische weiterentwickelt, die dann weiter auch ins 18. Jahrhundert, eben bis zur *Zauberflöte*, gelangte. In der Arie von Sarastro wird deutlich, dass der Prüfungsweg mit tödlichen Gefahren verbunden ist, denn er singt: »Doch sollten sie zu Grabe gehn, nehmt sie in euren Wohnsitz auf.«

Sarastro kommt im 18. Auftritt des ersten Aktes auf die Bühne. Er kommt begleitet von rauschendem, mit Trompeten und Pauken instrumentiertem Chorsatz (»Es lebe Sarastro«), in welchen das ganze Volk einstimmt. Er sitzt als Herrscher in einem Triumphwagen, der von sechs Löwen gezogen wird. Pamina wirft sich ihm zu Füßen und singt: »Herr, ich bin zwar Verbrecherin, ich wollte deiner Macht entfliehen. Allein die Schuld ist nicht an mir – der böse Mohr verlangte Liebe; darum, oh Herr, entfloh ich dir.«

Sarastro richtet Pamina auf und spricht ihr Trost zu. Musikalisch verdeutlicht Mozart die Macht und Gewalt Sarastros dadurch, dass er die Töne bis an die untere Grenze der menschlichen Bassstimme hinabsetzt. In Anwesenheit Sarastros, wo dieser über die Musik seine Größe darstellen kann, sehen sich Pamina und Tamino zum ersten Mal und umarmen sich. Sie werden von Monostatos getrennt. Er rühmt sich, dass er die Flucht Paminas verhindert habe. Dafür aber wird er von Sarastro mit 77 Sohlenstreichen bestraft. Monostatos singt: »Ach, Herr, den Lohn verhofft ich nicht!« Sarastro darauf: »Nicht Dank, es ist ja meine Pflicht!«

An dieser Stelle wird deutlich, dass Sarastro spürt, dass Pamina ihm verloren geht, deshalb muss er seine triebhafte Seite, die durch Monostatos repräsentiert ist, unterdrücken, sie verdrängen und auf der Realebene bestrafen. Vergleichbar ist dies mit den Selbstgeißelungen mittelalterlicher Mönche, die, wenn sie sich vor Gott sündig glaubten, sich selbst auspeitschten. Häufig dürfte es dabei auch um sexuelle Phantasien gegangen sein, die die »Gottesmänner« überfluteten. Sie glaubten dann, diese Phantasien seien ihnen vom Teufel eingegeben worden.

Der Teufel war ja fast immer für erotisch-sexuelle Phantasien verantwortlich gemacht worden, und möglicherweise bezeichnen sich deshalb auch Monostatos und Papageno gegenseitig als Teufel, da sie damit auch, zumindest mythologisch, den erotisch-sexuellen Anteil verkörpern.

Nachdem Sarastro Monostatos bestraft hat, singt der Chor mit allen anderen, die auf der Bühne stehen: »Es lebe Sarastro, der göttliche Weise; er lohnet und strafet in ähnlichem Kreise.« Das heißt also, dass am Ende des ersten Aktes Sarastro selbst seine anflutenden, triebhaften Impulse zurückdrängt und dafür als der göttliche Weise gerühmt wird. Auch die mittelalterlichen Mönche wurden ja gerade dadurch zu Gottesmännern, dass sie ihre triebhafte Seite verdrängten und an den Teufel abgaben.

Der zweite Akt führt dann direkt in Sarastros Reich, in den Weisheitstempel hinein. Mozart hat am Anfang den Marsch der Priester in F-Dur gesetzt, der eine Stimmung verbreitet, die an eine religiöse Weihefeier erinnert. Die Posaunen spielen zusammen mit Bassetthörnern, Flöten und Fagotten. Sie begleiten das Streichquartett und stellen so diese feierliche Stimmung her.

Hans Merian weist darauf hin, dass der Marsch in seiner feierlichen Haltung an den Marsch im ersten Akt aus Glucks *Alceste* und ebenso an den Marsch aus dem dritten Akt von Mozarts *Idomeneo* erinnert. Die melodische Linienführung ist aber in der *Zauberflöte* wesentlich weicher, als es in den beiden anderen Opern der Fall ist.

Im Anschluss an den Priestermarsch folgt dann die Arie mit Chor (Nr. 10) in F-Dur, wo Sarastro singt: »Oh Isis und Osiris, schenket der Weisheit Geist dem neuen Paar! Die ihr der Wanderer Schritte lenket, stärkt mit Geduld sie in Gefahr. Laßt sie der Prüfung Früchte sehn; doch sollten sie zu Grabe gehn, so lohnt der Tugend kühnen Lauf, nehmt sie in euren Wohnsitz auf.«

Die Färbung dieser Melodie ist noch dunkler als diejenige des Marsches. Mozart erreicht diesen Effekt dadurch, dass er die Flöten sowie die Kontrabässe weglässt und dafür die Violen spielen lässt.

Im Reich Sarastros gilt es nun für Tamino und Papageno, die Prüfungen zu bestehen. Im Duett Nr. 11 wird die erste Prüfung abverlangt: nicht mit Weibern zu reden. Der Sprecher und der zweite Priester sagen im Duett Nr. 11: »Bewahret euch vor Weibertücken: Dies ist des Bundes erste Pflicht! Manch weiser Mann ließ sich berücken, er fehlte und versah sich's nicht. Verlassen sah er sich am Ende, vergolden seine Treu mit Hohn! Vergebens rang er seine Hände, Tod und Verzweiflung war sein Lohn.«

Hier zeigt sich also die patriarchale Welt, die alle Schwierigkeiten, die es im Leben geben kann, auf die Frauen schiebt. Hier klingt auch noch einmal die Zeit der Hexenverfolgungen an, wo ja in hohem Maße Frauen für die Triebhaftigkeit der Männer verantwortlich gemacht wurden.

In der *Zauberflöte* werden aber die Verachtung der Frauen und die Schuld, die ihnen zugeschrieben wurde, dadurch aufgehoben, dass Tamino den Weg der Individuation am Ende bei den schwierigsten Prüfungen nur gemeinsam mit Pamina gehen kann. Bei genauerer Betrachtung zeigt sich sogar, dass Pamina die führende Person ist, diejenige, die in der Lage ist, Tamino zu stützen und ihn an ihrer Seite reifen zu lassen. Tamino fragt immer wieder: »Wann also wird das Dunkel schwinden? Wann wird das Licht mein Auge finden?« Er ist derjenige, der sich unsicher ist, der seine Angst spürt, Tamina hingegen stellt sich diese Fragen nicht. Sie hat das Ziel der Einweihung, der Individuation, stärker internalisiert als Tamino, der möglicherweise zunächst nur wegen der Liebe zu Pamina diesen Weg geht.

Nach Erich Neumann ist der Gewinn der Einweihung, ihr Sinn und Ziel, in der Erweiterung der Persönlichkeit zu sehen, die als Erleuchtung immer auch die Erweiterung des Bewusstseins mit einschließt. Um es noch einmal zu sagen: Diese Form der Einweihung ist mit der patriarchalen Welt verbunden, die das Unbewusste, das Triebhafte ausschließt. Dagegen wird in der Oper dem Weiblichen ein deutliches musikalisches Übergewicht verliehen und gerade Pamina ist die impulsgebende Gestalt zum Weitergehen auf dem Individuationsweg.

Aber auch die Schatten Papageno und Monostatos werden von Mozart in ganz besonderer Weise musikalisch ausgestattet. Erst durch Monostatos gelingt es ja Sarastro, im Strahlkranz zu stehen. Monostatos, der Schatten, die dunkle Seite, ermöglicht es der anderen Seite, Sarastro, hell zu werden und im Lichte zu sein.

Monostatos macht sich allein dadurch schuldig, dass er liebt, denn er ist im Gegensatz zu den anderen schwarz, wie es sich für einen eigentlichen Schatten ja auch gehört. Mozart hat Monostatos trotzdem musikalisch besonders liebevoll gezeichnet. Als Mozart 1791 im Gartenhäuschen seines Freundes Schikaneder saß und an der *Zauberflöte* arbeitete, ging hin und wieder auch der Kaiser mit einem schwarzen Offizier an seiner Seite auf der Straße vorbei. Das missfiel in ganz besonderer Weise den übrigen Offizieren, die meistens aus dem österreichischen Adel stammten. Mozart setzt dies in der *Zauberflöte* so um, dass er Papageno sagen lässt: »Es gibt ja auch schwarze Vögel auf der Welt, warum soll es nicht auch schwarze Menschen geben!« In der Arie (Nr. 13) wird der Unterschied zwischen dem Lichten und dem Dunklen besonders deutlich. Würde Sarastro diese von ihm ungelebte und verdrängte Seite, wie sie sich in der Gestalt des Mohren Monostatos zeigt, nicht verdrängen, sondern ins Bewusste rücken lassen, so wäre er ein anderer Mensch.

Mozart hat in dieser Arie des Monostatos in C-Dur in genialer Weise die sinnliche Natur des Menschen geschildert. Monostatos singt:

> »*Alles fühlt der Liebe Freuden,*
> *schnäbelt, tändelt, herzt und küßt;*
> *und ich sollt die Liebe meiden, weil ein Schwarzer häßlich ist!*
> *Ist mir denn kein Herz gegeben?*
> *Bin ich nicht von Fleisch und Blut?*
> *Immer ohne Weibchen leben, wäre wahrlich Höllenglut!*
> *Drum so will ich, weil ich lebe,*
> *schnäbeln, küssen, zärtlich sein!*
> *Lieber guter Mond, vergebe, eine Weiße nahm mich ein.*
> *Weiß ist schön! Ich muß sie küssen;*
> *Mond, verstecke dich dazu!*
> *Sollt es dich zu sehr verdrießen,*
> *oh, so mach die Augen zu!*«

Musikalisch malen insbesondere die leise schwirrenden Geigen und die Piccoloflöten das heiße Begehren und den Wunsch nach Vereinigung in überzeugender Weise. Jedes Wort, nicht nur der Ton seiner Strophen klingt voll Poesie und wirkt sehr viel echter und realer als die Hymnen der Priester. Schikaneder und Mozart zeigen hier eine Geste der Anerkennung für den Mohren und seine misshandelten Triebe. Das Pianissimo der Arie, die Kürze des Allegros, die Eile, die in ihr spürbar wird, weisen über ihr traumhaft-groteskes Geheimnis hinaus auf einen letzten ergreifenden

Sinn. Insbesondere Ivan Nagel hat auf diese Herzensangelegenheiten des Monostatos hingewiesen.

Im Anschluss daran taucht nun die Königin der Nacht auf. Sie verscheucht den Mohren, und wir erfahren in dem Dialog zwischen Pamina und ihrer Mutter, dass der Vater von Pamina auch ein Eingeweihter war. Den mächtigen Sonnenkreis, den Sarastro auf der Brust trägt, habe er von Paminas Vater erhalten. Außerdem könne der Sonnenkreis nur männlich verwaltet werden, denn der Vater habe der Mutter mitgeteilt, dass es ihre Pflicht sei, sich und die Tochter der Führung weiser Männer zu überlassen.

Im weiteren Verlauf des Dialoges wird immer deutlicher, dass die Königin der Nacht als die große Mutter von der Tochter absoluten Gehorsam fordert und die Hinwendung zum geliebten Männlichen nicht duldet. Die Tochter soll ganz in den Kampf gegen das Patriarchat eingespannt werden, und so übergibt die Königin der Nacht ihrer Tochter einen Dolch, mit dem diese Sarastro ermorden soll. Die Königin bekräftigt ihren Auftrag an die Tochter noch mit einem Schwur: »Fühlt nicht durch dich Sarastro Todesschmerzen, so bist du meine Tochter nimmermehr. Verstoßen sei auf ewig, verlassen sei auf ewig, zertrümmert sei'n auf ewig alle Bande der Natur, wenn nicht durch dich Sarastro wird erblassen! Hört, Rachegötter! Hört der Mutter Schwur.« (2. Akt, achter Auftritt)

Durch diese Äußerung wird Pamina in einen tiefen Zwiespalt gestürzt, insbesondere auch deshalb, da ihr geliebter Tamino gerade dabei ist, sich den Eingeweihten anzuschließen. Ihr Leiden wird noch dadurch verstärkt, dass Tamino bei der nächsten Begegnung kein Wort zu ihr spricht, da er die Anweisung, verschwiegen zu sein, im Sinne der Prüfung höher stellt als ein Gespräch mit Pamina. Mozart hat hier möglicherweise auch auf die Sprachlosigkeit des Mannes, wenn es um emotionale Aspekte geht, angespielt. Pamina spürt diese Sprachlosigkeit, erlebt sie aber als starke Kränkung. Sie singt dann: »Oh, das ist mehr als Kränkung, mehr als Tod! Liebster, einziger Tamino!«

In der Arie Nr. 17 in g-Moll singt sie weiter: »Ach, ich fühl's, es ist verschwunden, ewig hin der Liebe Glück! Nimmer kommt ihr Wonnestunden meinem Herzen mehr zurück!«

Diese Arie ist eine der bewegendsten Liebesklagen, die sich in der Opernliteratur finden. Sie steht in der gleichen Tonart, in der auch die Königin der Nacht ihr Leiden im Arioso der Arie Nr. 4 ausdrückt. Auch Papageno wird später seinen Kummer vor dem beabsichtigten Selbstmord in dieser Tonart singen. Ähnlich wie in der Arie »Bei Männern, welche Liebe fühlen …« wird auch hier der Herzschlag angedeutet. Diesmal aber langsam und verzagt, indem in dem $^6/_8$-Takt jeweils auf Zwei und Vier eine Pause eingeschoben ist. Mozart hat auch in der Mitte der Arie, als Pamina Tamino anspricht, die Flöte eingesetzt, die an die glücklichen Momente, die sie mit Tamino hatte, erinnert. Und weiter wird die Todesnähe von Pamina musikalisch dadurch ausgedrückt, dass die Melodie am Ende bei den Worten »So wird Ruh im Tode sein …« einen Sprung vom hohen G zum tiefen Cis macht, also einen Sprung von zwölf Tönen, der an einen Fall ins Grab denken lässt.

Gerade die Innigkeit dieser Arie, die Echtheit, mit der Pamina in der Lage ist, ihre Gefühle zu äußern, und die starke musikalische Ausdruckskraft widersprechen der weit verbreiteten Ansicht, Mozart habe in der *Zauberflöte* eine frauenfeindliche Haltung eingenommen. Auch an anderen Stellen zeigt Mozart, dass er auf keinen Fall eine frauenfeindliche, sondern viel eher eine frauenfreundliche Einstellung hatte. In dem Duett, in dem die zwei Priester singen: »Bewahret euch vor Weibertücken«, wird durch die Musik geradezu eine Karikatur dieser Worte erreicht. Das Duett zeichnet sich durch das Auseinanderklaffen von Wort-

sinn und musikalischem Ausdruck aus, und führt so die Wortaus-
sage ad absurdum. Mozart lässt die beiden Priester zunächst wie
ein Liebespaar miteinander umgehen. Als die Worte dann auf ihren dramatischen Höhepunkt zusteuern, werden sie musikalisch
von einer ganz banalen Harmonik begleitet, die später auch noch
in E-Dur umschlägt, das heißt in die am weitesten von der Origi-
naltonart Es-Dur entfernte Tonart. Als es dann schließlich heißt:
»Tod und Verzweiflung war sein Lohn«, wird der Spott von Mozart auf den Höhepunkt getrieben, indem diese Worte mit einem
komischen Schreittanz unterlegt werden.

Wenn wir dann auch noch die Musik aus Arie Nr. 14, wo die
Königin der Nacht singt: »Der Hölle Rache kocht in meinem
Herzen, Tod und Verzweiflung flammet um mich her!«, mit dem
Gesang der Priester vergleichen, so ist sofort der Unterschied zwi-
schen dieser archetypischen Musik, die Mozart der Königin der
Nacht zuschreibt, und dem flachen und phrasenhaften musikali-
schen Ausdruck, den Mozart den Priestern zuordnet, deutlich.

Vielleicht muss an dieser Stelle noch eingefügt werden, warum die Königin der Nacht einen so starken Hass auf Sarastro
entwickelt und ihn sogar durch ihre Tochter umbringen lassen
will. Psychoanalytisch wäre dies dadurch zu erklären, dass die Königin der Nacht starke Hass- und Wutgefühle auch auf ihren verstorbenen Mann hat, der den Sonnenkreis Sarastro und nicht ihr
übergeben hat. Darüber hinaus aber hat sich die Königin der
Nacht wohl auch gewünscht, dass Sarastro sich ihr zuwendet.
Möglicherweise war sie nach dem Tod ihres Mannes daran interessiert, einen neuen Partner zu finden, und nachdem ihr verstor-
bener Mann Sarastro zu seinem Nachfolger ausgewählt hat, läge
es ja auch nahe, dass er, nachdem er selbst ebenfalls keine Frau
hatte, sich ihr zuwendet. Dies tat Sarastro aber nicht. Vielmehr
fiel sein Begehren auf die junge und attraktive Tochter. Die Zuneigung, die die Königin der Nacht möglicherweise Sarastro ent-

gegengebracht hatte und die unerwidert blieb, wandelte sich deshalb in Hassgefühle um, wie es ja häufig bei Menschen vorkommt, deren Liebe nicht beantwortet wird. Da die Königin der Nacht unbewusst wohl auch Pamina für das Nichtgeliebt- und Begehrtwerden durch Sarastro verantwortlich macht, möchte sie zumindest, dass er durch die Frau stirbt, die er liebt, damit er so auch noch im Angesicht des Todes erniedrigt und zurückgestoßen wird.

Die Königin der Nacht will den Tod Sarastros unbedingt, aber auch, dass er durch ihre Tochter herbeigeführt wird. Dafür will sie selbst alle Bande der Natur, wie sie singt, auf ewig zertrümmert sein lassen. Die Königin schwört dies bei den Erinnyen, also bei den Rachegöttinnen, die sie dann später selbst auf sich zieht, wenn sie ihren Schwur nicht einlöst.

Doch nun noch einmal zurück zum weiteren Verlauf des Prüfungsweges. Pamina will sich dem Auftrag der Mutter zum Mord an Sarastro widersetzen und sogar sich selbst umbringen, als sie den Eindruck hat, dass Tamino sie nicht mehr liebt. Damit würde sie sich auch endgültig dem Einfluss der Mutter entziehen. Diese Szene entspricht der von Erich Neumann beschriebenen Todeshochzeit – auch wenn es sich hier um einen versuchten Selbstmord handelt. Das wird dadurch unterstrichen, dass Pamina, zum Dolch gewandt, singt: »Du also bist mein Bräutigam? Durch dich vollend ich meinen Gram. Geduld, mein Trauter, ich bin dein; bald werden wir vermählet sein.« Zur echten Einweihung und Prüfung gehört auch die Erfahrung des Todes.

Als dann die drei Knaben erscheinen, verkörpern sie einen positiven Animusaspekt, der die Ausführung des Selbstmordes verhindert – denn die Bereitschaft zum Tode ist genug. So heißt es dann auch: »Ein Weib, das Nacht und Tod nicht scheut, ist würdig und wird eingeweiht.« Danach kann Pamina an der Seite Taminos den Prüfungsweg vollenden. Im entscheidenden Augenblick übernimmt sie dann sogar die Führung, indem sie singt: »Ich werde aller Orten an deiner Seite sein. Ich selbsten führe dich, die Liebe leitet mich!« Und in der Regieanweisung heißt es: »Sie nimmt ihn bei der Hand.« Diese Stelle ist eine deutliche Absage an die in patriarchaler Überheblichkeit von Sarastro gesprochenen Worte »Ein Mann muß eure Herzen leiten«. Wenn Pamina hier die Führung übernimmt, so auch deshalb, weil Tamino die Zauberflöte spielt, die die beiden Liebenden auf ihrem Weg beschützen soll.

An dieser Stelle sagt Pamina auch einige Worte über die Herkunft dieser Flöte, die ja der ganzen Oper ihren Namen gab: »Es schnitt in einer Zauberstunde mein Vater sie aus tiefstem Grunde der tausendjährigen Eiche aus, bei Blitz und Donner, Sturm und Braus.« Die Zauberflöte kommt also aus dem tiefsten Grunde, nämlich dem Reich des Unbewussten, dem Reich des Matriarchats, aus dem Paminas Vater gleichsam diese Flöte geraubt hat, aus einem Baum, der ja auch ein weibliches Symbol ist. Hinsichtlich der Bedeutung der Flöte kann man sagen, dass sie androgyn ist, d.h. sie hat eine männliche Form und einen eher weiblichen Klang. Die Gegensätze sind in ihr enthalten und in der Verschmelzung überwunden. Die Flöte ist also die klingende Ausdrucksform des Mysteriums der Einung.

Interessant ist, dass bei der Musik, die den eigentlichen Prüfungsweg begleitet, neben der Flöte auch die Pauken eine Rolle spielen, bei denen sich entsprechend eine eher weibliche Form mit einem männlichen Klang verbindet.

Wichtig ist in diesem Zusammenhang auch, dass der Selbstmord Paminas von den drei Knaben verhindert wird. Diese sagen ja zu ihr: »Wahnsinn tobt ihr im Gehirne; Selbstmord steht auf ihrer Stirne. Holdes Mädchen, sieh uns an!« Und dann weiter: »Selbstmord strafet Gott an dir.« Die drei Knaben sind ja die Abgesandten der Königin der Nacht, die Tamino zusammen mit der

Zauberflöte und Papageno als Begleiter erhalten hat. Hier repräsentieren sie die positive, versorgende Seite der Mutter, also der Königin der Nacht, die zwar einerseits ihre Tochter zwingen will, Sarastro zu ermorden, andererseits ihr aber mit den drei Knaben hilft, den Selbstmordimpuls wieder aufzugeben und sich auf den weiteren Prüfungsweg zu begeben. Insofern zeigt die Königin der Nacht hier zumindest andeutungsweise ein Gefühl von Reue und kann durch den Reifungsweg ihrer Tochter Pamina auch selbst, zumindest ansatzweise, reifen.

Für Tamino hingegen ist die Einweihung scheinbar wichtiger als seine Liebesbeziehung. Im Manne gibt es ja des Öfteren einen Widerstreit zwischen der Aufgabe der größeren Bewusstwerdung und der Liebe. Der Mann trennt beide Dinge eher als die Frau, und vielleicht kann es auch im Sinne der weiteren Beziehung notwendig sein, auf sofortige Befriedigung zu verzichten. Entscheidend ist lediglich, ob am Ende, wie ja auch in der Oper, beide gemeinsam die Prüfung durchlaufen können.

Der eigentliche Prüfungsweg ist bekanntlich das Herzstück der Oper. Eingeleitet wird diese Szene durch den Gesang der zwei Geharnischten, die einen auf eine Pyramide geschriebenen Text vorsingen. Am Beginn steht, ähnlich wie auch in der Ouvertüre, eine langsame Einleitung, die dann in ein Fugato übergeht, dessen Thema aus dem Kyrie einer katholischen Messe des Salzburger Komponisten Ignaz Franz Biber stammt, das kombiniert wird mit einem Seufzermotiv aus der *Kunst des reinen Satzes* von Johann Philipp Kirnberger, einem Schüler Johann Sebastian Bachs. Aus der *Kunst des reinen Satzes* von Kirnberger stammt ebenfalls der Choral »Ach Gott, vom Himmel sieh da rein«, dem Mozart den Text »Der, welcher wandert diese Straße voll Beschwerden« unterlegt hat. Dieser Text stammt aus Abbé Terrassons esoterischem Roman *Sethos* aus dem 18. Jahrhundert, der sich mit den ägyptischen Mysterien befasst. Wie wir sehen, findet hier also eine innige Durchdringung von Elementen der katholischen und der protestantischen Kirchenmusik sowie der ägyptischen Weisheitslehre statt.

Beim Wiedersehen von Pamina und Tamino zeigt sich, dass Pamina die Spontanere, die Feurigere ist und immer auch die Erste, die in der Begegnung den Dialog beginnt. Es ist ergreifend, wenn nach der ernsten Musik, die den Gesang der Geharnischten begleitet hat, plötzlich tiefe menschliche Gefühle ins Spiel kommen, deren Ausdruck darin gipfelt, wenn Pamina singt: »Tamino mein, oh, welch ein Glück!« Wobei die gleiche musikalische Geste der Sehnsucht aufklingt, wie sie bereits in der Bildnisarie bei Tamino auftaucht.

Der Gang durch Feuer und Wasser wird durch einen feierlichen, aber ganz einfachen Marsch dargestellt, dessen Melodie die Flöte (Zauberflöte) allein führt, während die anderen Blasinstrumente, wie Hörner, Trompeten und Posaunen sowie die Pauken, nur leise den Rhythmus markieren. Die zwei Geharnischten singen:

> *Der, welcher wandert diese Straße voll Beschwerden,*
> *wird rein durch Feuer, Wasser, Luft und Erden;*
> *wenn er des Todes Schrecken überwinden kann,*
> *schwingt er sich aus der Erde himmelan.*
> *Erleuchtet wird er dann imstande sein,*
> *sich den Mysterien der Isis ganz zu weihn.«*

Und als dann Pamina auftaucht, singen die Geharnischten:

> *Wohl dir, nun kann sie mit dir gehn, nun trennet euch kein*
> *Schicksal mehr, wenn auch der Tod beschieden wär!«*

Tamino darf nun auch mit Pamina reden, und an dieser Stelle nimmt sie ihn an der Hand und führt ihn durch Feuer und Wasser, geleitet von der Zauberflöte ihres Vaters. Hier löst sich dann auch die letzte ödipale Bindung, die Tamina an ihren Vater hat, auf. Symbolhaft ist der Vater noch über die Zauberflöte präsent. Sie ist aber, wie schon oben angedeutet, aus einem matriarchalen Urgrund herausgenommen, wodurch das Männliche des Vaters wiederum zurückgenommen wird. Er überlässt seine Tochter nun endgültig emotional einem anderen Mann, nämlich dem, den sie liebt und an den sie sich auch dauerhaft binden kann.

Am Ende der Prüfung singen beide:

»Wir wandelten durch Feuergluten,
bekämpften mutig die Gefahr.
Dein Ton sei Schutz in Wasserfluten,
so wie er es im Feuer war.
Ihr Götter, ›Welch ein Augenblick‹,
gewähret ist uns Isis' Glück.«

Zuletzt singt der Chor:

»Triumph! Triumph! Du edles Paar!
Besieget hast du die Gefahr.
Der Isis Weihe ist nun dein!
Kommt, tretet in den Tempel ein!«

Hier bekommt also nicht Sarastro seine große Szene, sondern im Mittelpunkt steht das edle Paar, das wir einmal als Mann und Frau verstehen können, aber natürlich auch als einen Mann mit seiner Anima oder eine Frau mit ihrem Animus. Die Bezugnahme auf Isis und Osiris zeigt auch noch einmal das Thema von Tod und Wiedergeburt bzw. Fruchtbarkeit auf.

Hier könnte die Oper nun eigentlich enden. Aber auf die ernste Handlung, die Tragödie, muss auch noch das Satyrspiel,

216

das Lebensfrohe, folgen. Ein zweites Paar bekommt jetzt noch seinen großen Auftritt, nämlich Papageno und Papagena. Dabei wird noch einmal die Wichtigkeit von Papageno und Papagena unterstrichen. So singt Papageno auch die erste und die letzte Arie der Oper, und seiner Beziehung mit Papagena wird sogar mehr Raum gegeben als der Beziehung zwischen Tamino und Pamina. Dadurch kommt eine neue Dimension, die Kraft aus dem Unbewussten, ins Spiel, aber zuerst muss Papageno noch das Alleinsein überwinden. In der Einsamkeit, dem Alleinsein, kann Papageno reifen, denn das Alleinsein ist die Voraussetzung, um eine glückliche Zweierbeziehung, eine Liebesbeziehung, eingehen zu können.

Durch die Gestalt des Papageno folgen in der Oper immer wieder lustige auf feierliche Stellen, was immer beide Aspekte berücksichtigt. Papageno, der erdhafte, der triebhafte Mensch, der sich in der Oper auch immer wieder in einer Sackgasse befindet und manchmal weder vorwärts noch rückwärts kann, wie er selbst sagt, findet trotzdem immer wieder eine neue Lösung. Einmal muss er sich auch von einem priesterlichen Sprecher sagen lassen: »Mensch, du hättest verdient, auf immer in finsteren Klüften der Erde zu wandern, die gütigen Götter aber entlassen dich der Strafe.« Wofür aber soll er eigentlich bestraft werden? Wieso darf Papageno nicht einfach so natürlich sein, wie er eben ist, auch wenn er dann das himmlische Vergnügen der Eingeweihten nie fühlen wird? Papageno hat hierfür die richtige Antwort gefunden: »Je nun, es gibt ja noch mehr Leute meinesgleichen. Mir wäre jetzt ein gutes Glas Wein das größte Vergnügen.« Papageno, die Figur, die ganz Mensch ist, zieht es also vor, sich Phantasien, die um irdisches Glück kreisen, hinzugeben und sich weniger in transzendentalen Gedanken zu ergehen.

Im zweiten Akt, 29. Auftritt, spürt Papageno in Erinnerung an Papagena, dass er ohne das schöne Weibchen, das er gesehen hat, nicht mehr weiterleben möchte. Er singt: »Müde bin ich meines Lebens! Sterben macht der Lieb ein End, wenn's im Herzen noch so brennt.«

Er will sich dann auch, wie es dem Vogelmenschen, dem Harlekin oder dem Hanswurst geziemt, an einem Baum aufhängen und so aus dem Leben scheiden. Wie bei Pamina treten aber die drei Knaben, als die versorgenden Aspekte der großen Mutter, hinzu, nachdem er sich von der Welt verabschiedet hat, und rufen: »Halt ein, oh Papageno, und sei klug; man lebt nur einmal, dies sei dir genug.«

Die drei Knaben weisen ihn auch auf sein Glöckchen hin, worauf er sagt: »Ach ich Narr vergaß der Zauberdinge!« Hier zeigen sich erneut die Kräfte, die aus dem Unbewussten wirksam werden können und die häufig allzu leicht in Vergessenheit geraten.

Wichtig scheint mir in diesem Zusammenhang darauf hinzuweisen, dass auch Papageno seine Prüfungen und schmerzhaften Erfahrungen durchstehen muss, denn häufig haben Intellektuelle die Vorstellung von einem unkomplizierten Glück bei so genannten einfachen Menschen. Mozart widerlegt dies hier auf eine sehr anschauliche Weise. Gerade in dieser Schlussszene in G-Dur wird das besonders deutlich. Nachdem er über sein Glöckchen sein Weibchen bekommt, mündet das fröhliche Duett am Ende in ein einfaches Glücklichsein, indem beide künftigen Elternfreuden entgegensehen. Dieser generative Aspekt, der hier ins Spiel kommt, dass die beiden nämlich über die künftige Familienplanung miteinander sprechen, wird oft bei intellektuellen Begegnungen ausgeklammert.

Es folgt dann noch ein kurzer Auftritt der Königin der Nacht mit ihren Damen und Monostatos, der sich inzwischen den matriarchalen Kräften angeschlossen hat. In der Gestalt des Monostatos, also der abgespaltenen schattenhaften Seite des Sarastro, gibt es dann doch noch eine männliche Verbindung zur Königin der Nacht. Inwieweit sich aber die Königin den triebhaften Seiten des Männlichen anvertrauen kann, bleibt offen. Möglicherweise schlüpft auch Monostatos an die Stelle des Papageno, der sich ja durch sein eigenes Erwachsen- und Reifwerden und durch die Beziehung zu Papagena aus dem Machtbereich der Königin der Nacht entfernt hat.

Die Mächte der Dunkelheit versuchen, in den Tempel Sarastros einzudringen und dort eine Palastrevolution zu veranstalten, doch sie werden unter Donner, Blitz und Sturm in die ewige Nacht gestürzt. So kann zum Schluss Sarastro singen: »Die Strahlen der Sonne vertreiben die Nacht, vernichten der Heuchler erschlichene Macht.« Damit ist die Spaltung endgültig vollzogen, die Spaltung zwischen Licht und Dunkel, zwischen oben und unten, zwischen gut und böse und zwischen männlich und weiblich. Die Herrschaft der einen, der männlichen Hemisphäre ist besiegelt, und Sarastro, als Vertreter der patriarchalen Gesellschaft, ist stolz darauf. Aber auch hier bleibt ihm jeglicher Triumph versagt, denn Pamina hat sich eindeutig für ihren eigenen Individuationsweg entschieden, weg von Sarastro und losgelöst von der Mutter. Tamino hat letztlich Pamina aus der Hand Sarastros befreit, sie damit auch aus der ödipalen Bindung an ihren Vater gelöst, aber eben nicht im Sinne des Auftrags der Königin der Nacht, wie es ursprünglich vorgesehen war, sondern durch seinen eigenen Individuationsweg.

Es kann also festgehalten werden, dass Männliches und Weibliches, wenn es reift und erwachsen wird, sich der Macht der großen Mutter wie auch der des mächtigen Repräsentanten des Patriarchats entzieht. Anders ausgedrückt: Es kommt zu einer Befreiung von den übermächtigen Eltern-Imagines.

Der Chor wendet sich abschließend noch einmal ganz dem edlen Paar zu, womit ausgedrückt wird, dass es das Ziel der Individuation ist – und zwar sowohl des Einzelnen wie des Paares –, vor dem Hintergrund des Machtkampfes zwischen matriarchalen und patriarchalen Kräften und der vollzogenen Spaltung im kollektiven Bereich die Conjunctio oppositorum, die Vereinigung der Gegensätze, zu vollziehen und damit die Spaltung im individuellen Bereich wieder aufzuheben.

Durch die Figur des Papageno, der seine Papagena bekommt, wird zudem aufgezeigt, dass es auch möglich ist, ohne Prüfungen, also auf einem natürlichen Weg zu Reife und Ganzheit zu gelangen.

Die *Zauberflöte* ist ein Lehrstück. Sie lehrt aber nicht mit philosophischen Begriffen, sondern primär mit Bildern, Tönen und Tänzen. Sie wendet sich in ihrer Aussage an die sich entwickelnde Vernunft, die aus dem Unbewussten ins Bewusste drängt. Ihre beiden Schöpfer, Wolfgang Amadeus Mozart und Emanuel Schikaneder, verwenden dazu sowohl die mythischen Überlieferungen des Altertums als auch die Bilder der Seele, des Unbewussten, und dadurch appellieren sie sowohl an die Vernunft als auch an die Emotion des Hörers und Betrachters. Die *Zauberflöte* ist ein Lehrstück allererster Ordnung mit einer Weisung an den Menschen, sich ausschließlich solchen Institutionen anzuschließen, unter deren Rahmenbedingungen Individuation möglich wird.

Denn nur solche Institutionen sind als menschenwürdig anzuerkennen, die dem Individuum dazu verhelfen, seinen inneren Kern, das heißt den göttlichen Funken in ihm, so zur Entfaltung zu bringen, dass es sich als erwachsenen reifen Menschen versteht und begreift. Tamino und Pamina ordnen sich der Führung und Weisheit des Bundes der Eingeweihten unter, Papageno und Papagena entwickeln über ihre naturhafte Verbundenheit einen Zugang zu ihrem göttlichen Funken. Beide Paare gelangen so auf ihre Weise zum höchsten Reifegrad und können in gegenseitiger Würde und Achtung miteinander leben und ihr Leben, so wie es ist, annehmen.

Literatur

Andreas-Salome, Lou: *Die Erotik*. Frankfurt 1992

Abert, Hermann: *Wolfgang Amadeus Mozart. Teil II*. Leipzig 1990

Barth, Karl: *Wolfgang Amadeus Mozart*. Zürich 1982

Born, Gunthard: *Mozart's Musiksprache. Schlüssel zu Leben und Werk*. München 1985

Braunbehrens, Volkmar: *Mozart – Ein Lebensbild*. München 1994

Braunbehrens, Volkmar: *Mozart in Wien*. München 1986

Campbell, Joseph: *Schöpferische Mythologie. Die Masken Gottes, Band 4*. München 1996

Carr, Francis: *Mozart und Constanze*. Stuttgart 1986

Csampai, Attila und Holland, Dietmar (Hrsg.): *Wolfgang Amadeus Mozart: Die Zauberflöte*. Hamburg 1990

Csampai, Attila und Holland, Dietmar (Hrsg.): *Wolfgang Amadeus Mozart: Cosi fan tutte*. Hamburg 1984

Csampai, Attila und Holland, Dietmar (Hrsg.): *Wolfgang Amadeus Mozart: Die Entführung aus dem Serail*. Hamburg 1983

Das Neue Lexikon der Musik: Limitierte Sonderausgabe zur Neuen MGG. Die Musik in Geschichte und Gegenwart. Stuttgart 1996

De la Grange, Henry-Louis: *Wien – eine Musikgeschichte*. Frankfurt 1997

Der kleine Köchel: Mozarts Werke. Wiesbaden 1951

Der Kleine Pauli. Lexikon der Antike in 5 Bänden. München 1979

Die Klangwelt Mozarts: Eine Ausstellung des kunsthistorischen Museums Wien. Wien 1991

Einstein, Alfred: *Mozart – Sein Charakter, sein Werk*. Frankfurt 1997

Elias, Norbert: *Mozart – Zur Soziologie eines Genies*. Frankfurt 1991

Fenichel, Otto: *Psychoanalytische Neurosenlehre, Band 1-3*. Frankfurt/Berlin/Wien 1983

Ferenczi, Sandor: *Bausteine zur Psychoanalyse, Band 1-4*. Bern 1984

Fischer, Malte (Hrsg.): *Psychoanalytische Literaturinterpretation.* Aufsätze aus Imago. Zeitschrift für Anwendung der Psychoanalyse auf die Geisteswissenschaften 1912-1937

Franz, Marie-Louise von: *Schöpfungsmythen. Bilder der schöpferischen Kräfte im Menschen.* München 1990

Frenzel, Elisabeth: *Stoffe der Weltliteratur.* Stuttgart 1992

Freud, Sigmund: *Gesammelte Werke, Band 1-18.* London/Frankfurt 1952

Fromm, Erich: *Gesamtausgabe, Band 1-10.* Stuttgart 1980

Gadamer, Hans-Georg: *Gesammelte Werke, Band 1-10.* Tübingen 1960

Goertz, Harald: *Mozarts Dichter Lorenzo Da Ponte.* München 1988

Goethe, Johann Wolfgang von: *Sämtliche Werke, Band 1-18.* Zürich 1979

Goes, Albrecht: *Mit Mörike und Mozart.* Frankfurt 1991

Greither, Aloys: *Die sieben großen Opern Mozarts. Versuche über das Verhältnis der Texte zur Musik.* Heidelberg 1956

Gruber, Gernot: *Mozart und die Nachwelt.* Salzburg/Wien 1985

Hamel, Michael-Peter: *Durch Musik zum Selbst.* München/Bern 1976

Hesse, Hermann: *Musik.* Frankfurt 1976

Hesse, Hermann: »Das Glasperlenspiel«. Aus: *Die Gedichte.* Frankfurt, 1970

Hildesheimer, Wolfgang: *Mozart.* Frankfurt 1977

Höhfeld, Kurt/Schlösser, Anne-Marie (Hrsg.): *Psychoanalyse der Liebe.* Gießen 1997

Imiela, Hans-Jürgen und Roland, Berthold: *Slevogt und Mozart.* Mainz 1991

Jung, C.G.: *Gesammelte Werke, Band 1-19.* Zürich/Stuttgart 1966

Kaiser, Joachim: *Who's who in Mozarts Meisteropern.* München 1997

Kant, Immanuel: *Was ist Aufklärung? Aufsätze zur Geschichte und Philosophie.* Göttingen 1994

Kernberg, Otto: *Liebesbeziehungen.* Stuttgart 1998

Kindlers Psychologie des 20. Jahrhunderts. Tiefenpsychologie, Band 1-4. Weinheim/Basel 1982

Kierkegaard, Sören: *Gesammelte Werke, Band 1-27.* Köln 1960

Kloiber, Rudolf: *Handbuch der Oper.* Regensburg 1978

Knepler, Georg: *Wolfgang Amade Mozart. Annäherungen.* Berlin 1991

Küng, Hans: *Mozarts Spuren der Transzendenz.* München 1991

Kunze, Stefan: *Mozarts Opern.* Stuttgart 1984

Kutter, Peter: *Moderne Psychoanalyse.* München/Wien 1989

Lacan, Jacques: *Die vier Grundbegriffe der Psychoanalyse.* Olten 1978

Lauer, Hans-Erhard: *Mozart und Beethoven im Entwicklungsgang der abendländischen Kultur.* Basel 1956

Lessing, Gotthold Ephraim: *Lessings Werke in 5 Bänden, Band 5.* »Sinngedichte und Lieder«. Berlin/Weimar 1982

Leupold-Löwenthal, Harald: *Handbuch der Psychoanalyse.* Wien 1986

Loch, Wolfgang: *Die Krankheitslehre der Psychoanalyse.* Stuttgart/Leipzig 1999

Merian, Hans: *Mozart's Meisteropern.* Leipzig 1902

Mörike, Eduard: *Mozart auf der Reise nach Prag.* Berlin 1921

Mozart, Wolfgang Amadeus: *Don Giovanni in der Prager Fassung von 1787.* Programmbuch der Salzburger Festspiele 1995

Mozart, Wolfgang Amadeus: *Don Giovanni.* Hrsg. von Attila Csampai und Dietmar Holland, Hamburg 1981

Mozart, Wolfgang Amadeus: *Don Giovanni.* Programmheft der Wiener Festwochen 1991

Mozart, Wolfgang Amadeus: *Die Entführung aus dem Serail.* Programmheft der Staatsoper Stuttgart, Stuttgart 1998

Mozart, Wolfgang Amadeus: *Cosi fan tutte.* Programmheft der Bayerischen Staatsoper, München 1978

Mozart, Wolfgang Amadeus: *Die Entführung aus dem Serail.* Programmheft Nationaltheater, Mannheim 1988

Mozart, Wolfgang Amadeus: *Die Entführung aus dem Serail.* Programmheft, Frankfurt 1981

Mozart, Wolfgang Amadeus: *Die Entführung aus dem Serail.* Programmheft Komische Oper, Berlin 1982

Mozart, Wolfgang Amadeus: *Die Entführung aus dem Serail.* Programmheft der Staatsoper, Wien 1992

Mozart, Wolfgang Amadeus: *Die Entführung aus dem Serail.* Programmheft der Städtischen Oper, Nürnberg 1996

Müller, Wolfgang (Hrsg.): *Wolfgang Amadeus Mozart.* Rowohlts Monographien, *Hamburg 1992*

Nagel, Ivan: *Autonomie und Gnade. Über Mozarts Opern.* München/London 1991

Neumann, Erich: »Archetypische Symbolik des Matriarchalischen und Patriarchalischen in der Zauberflöte«, in: Erich Neumann: *Zur Psychologie des Weiblichen. Band 2.* Freiburg 1953

Neumann, Erich: *Kunst und schöpferisches Unbewußtes. Umkreisung der Mitte. Band 3.* Zürich 1954

Nietzsche, Friedrich: *Werke in zwei Bänden.* München 1967

Ostwald, Peter und Zegans, Leonard S. (Hrsg.): *Mozart – Freuden und Leiden des Genies.* Stuttgart 1997

Pahlen, Kurt (Hrsg.): *Musik-Therapie*, München 1973

Pahlen, Kurt: *Opernlexikon.* München 1995

Paumgartner, Bernhard: *Mozart.* Zürich 1945

Perl, Helmut: *Der Fall Zauberflöte. Mozarts Oper im Brennpunkt der Geschichte.* Darmstadt 2000

Pfeiffer, Konrad: *Von Mozarts göttlichem Genius.* Berlin 1956

Rank, Otto: *Psychoanalytische Beiträge zur Mythenforschung.* Leipzig/Wien/Zürich 1922

Rank, Otto: *Die Don Juan-Gestalt.* Leipzig/Wien/Zürich 1924

Rank, Otto und Sachs, Hans: *Die Bedeutung der Psychoanalyse für die Geisteswissenschaften.* Amsterdam 1965

Rilke, Rainer M.: »Gedicht über den Tod«. Aus: *Die Gedichte.* Frankfurt 1998

Ringel, Erwin: *Unbewusst höchste Lust. Die Oper als Spiegel des Lebens.* Wien 1998

Ringenbach, Reginald: *Gott ist Musik. Theologische Annäherung an Mozart.* München 1986

Robbins, H. und Landon, C. (Hrsg.): *Das Mozart-Kompendium. Sein Leben – seine Musik.* München 1991

Rosenberg, Alfons: *W.A. Mozart – Der verborgene Abgrund.* Zürich 1976

Rosenberg, Alfons: *Die Zauberflöte.* München 1981

Rosenberg, Alfons: *Don Giovanni. Mozarts Oper und Don Juans Gestalt.* München 1980

Rosenberg, Alfons: *Don Giovanni.* München 1968

Rudhyar, Dane: *Die Magie der Töne, Musik als Spiegel des Bewußtseins.* München 1984

Schenk, Erich: *Mozart.* Wien 1955

Schiller, Friedrich von: *Sämtliche Werke, Band 1-13.* Leipzig 1921

Schmidbauer, Wolfgang: *Das Geheimnis der Zauberflöte.* Freiburg 1995

Schopenhauer, Artur: *Werke in 10 Bänden.* Zürich 1977

Schopenhauer, Artur: *Der handschriftliche Nachlaß, Band 1-5.* München 1985

Soldan, Kurt (Hrsg.): *Die Zauberflöte – Klavierauszug.* Leipzig 1951

Soldan, Kurt: *Wolfgang Amadeus Mozart. Don Giovanni – Klavierauszug.* Frankfurt/New York/London

Spohr, Wilhelm: *Mozart – Leben und Werk.* Berlin 1951

Sündermann, Hans und Ernst, Berta: *Klang, Farbe, Gebärde, Musikalische Graphik.* Wien 1981

Teuschert, Roland: *Mozart.* Leipzig 1931

Timmermann, Tonius: *Die Musen der Musik. Stimmig werden mit sich selbst.* Zürich 1989

Timmermann, Tonius: *Musik als Weg. Das Erfahren des Seins mit dem Klang.* Zürich 1987

Tripp, Edward: *Reclams Lexikon der antiken Mythologie.* Stuttgart 1974

Tschitscherin, Georgi W.: *Mozart – Eine Studie.* Hamburg 1987

Valentin, Erich: *Mozart.* Hameln 1947

Valentin, Erich: *Kleine Bilder großer Meister. Ein musikbiographisches Lesebuch.* London 1951

Valentin, Erich: *Wege zu Mozart.* Regensburg 1941

Walter, Bruno: *Vom Mozart der Zauberflöte.* Frankfurt 1956

Weber, Horst (Hrsg.): *Metzler Komponisten-Lexikon.* Stuttgart 1992

Willaschek, Wolfgang: *Mozart Theater. Vom Idomeneo bis zur Zauberflöte.* Stuttgart 1996

Wittman, Brigitte (Hrsg.): *Don Juan. Darstellung und Deutung.* Darmstadt 1976

Zeman, Herbert (Hrsg.): *Wege zu Mozart. Don Giovanni.* Wien 1987

Zeman, Herbert (Hrsg.): *Wege zu Mozart. Wolfgang Amadeus Mozart in Wien und Prag. Die großen Opern.* Wien 1993

Zwetajewa, Marina: *Mutter und die Musik.* Frankfurt 1993

Discographie

Die Entführung aus dem Serail
Monteverdi Chor England, Englische Barocksolisten; John Eliott Gardiner Dirigent; Orgonasova, Sieden, Olsen, Beber.

Die Entführung aus dem Serail
Orchester der Bayerischen Staatsoper München; Eugen Jochum Dirigent; Köth, Schädle, Lenz, Wunderlich, Böhme.

Die Entführung aus dem Serail
Wiener Philharmoniker; Sir Georg Solti Dirigent; Gruberova, Battle, Winbergh, Zednik, Talvela, Quadflieg.

Don Giovanni
Chor und Orchester der Oper Paris; Lorin Maazel Dirigent; Raimondi, Kanawa, Berganza, Moser, van Dam, King, Riegel, Mac Urdy.

Don Giovanni
Chor der Wiener Staatsoper, Wiener Philharmoniker; Wilhelm Furtwängler Dirigent; Berger, Casa, Grümmer, Dermota, Berry.

Don Giovanni
London Philharmonic Orchestra; Sir Georg Solti Dirigent; Terfel, Luperi, Fleming, Lippert, Murray, Pertusi, Scaltrity, Groop.

Don Giovanni
Philharmonic Orchestra London; Viktor Klemperer Dirigent; Freni, Watson, Ludwig, Getta, Berry, Crass.

Cosi fan tutte
Berliner Philharmoniker, Rias Kammerchor Berlin; Daniel Barenboim Dirigent; Bartoli, Cuberli, Rodgers, Streit.

Cosi fan tutte
Chor der Wiener Staatsoper, Wiener Philharmoniker; Nikolaus Harnoncourt Dirigent; Gruberowa, Stratas, Ziegler, Lima, Furlanetto.

Cosi fan tutte
Chor der Wiener Staatsoper, Wiener Philharmoniker; James Levine Dirigent; Kanawa, Mc Laughlin, Murray, Blochwitz, Hampson, Furlanetto.

Cosi fan tutte
Wiener Philharmoniker; Karl Böhm Dirigent; Janowitz, Fassbender, Prey, Schreier, Grist, Panerai.

Cosi fan tutte
Wiener Staatsopernchor, Wiener Philharmoniker; Karl Böhm Dirigent; della Casa, Ludwig, Dermota, Kunz, Schoeffler, Loose.

Die Zauberflöte
Berliner Philharmoniker; Karl Böhm Dirigent; Crass, Wunderlich, Peters, Fischer-Dieskau, Otto.

Die Zauberflöte
Berliner Philharmoniker, Chor der Deutschen Oper Berlin; Herbert von Karajan Dirigent; Mathis, Ott, Berry, Tomowa.

Die Zauberflöte
Chor und Sinfonieorchester des Bayerischen Rundfunks München; Bernard Haitink Dirigent; Gruberova, Lindner, Popp, Richardson.

Die Zauberflöte
Monteverdi Chor London, Englische Barocksolisten; Sir John Eliott Gardiner Dirigent; Oelze, Sieden, Schade, Finley.

Die Zauberflöte
Philharmonisches Orchester, London; Viktor Klemperer Dirigent; Giebel, Janowitz, Popp, Pütz, Reynolds.